EDITORA AFILIADA

SUPERVISÃO EM SERVIÇO SOCIAL
O supervisor, sua relação e seus papéis

Dados Internacionais de Catalogação na Publicação (CIP)
(Câmara Brasileira do Livro, SP, Brasil)

Buriolla, Marta Alice Feiten
  Supervisão em serviço social : o supervisor, sua relação e seus papéis / Marta Alice Feiten Buriolla – 6. ed. – São Paulo : Cortez, 2011.

  Bibliografia.
  ISBN 978-85-249-0522-3

  1. Serviço social I. Título.

94-0396   CDD-361

Índices para catálogo sistemático:

1. Supervisão : Serviço social   361

MARTA A. FEITEN BURIOLLA

SUPERVISÃO EM SERVIÇO SOCIAL
O supervisor, sua relação e seus papéis

6ª edição
4ª reimpressão

SUPERVISÃO EM SERVIÇO SOCIAL: O supervisor, sua relação e seus papéis
Marta Alice Feiten Buriolla

Capa: Carlos Clémen sobre foto de Luis Trimano
Revisão: Eliana Martins, Maria de Lourdes de Almeida
Composição: Dany Editora Ltda.
Coordenação editorial: Danilo A. Q. Morales

Nenhuma parte desta obra pode ser reproduzida ou duplicada sem autorização expressa da autora e do editor.

© 1994 by Autora

Direitos para esta edição
CORTEZ EDITORA
Rua Monte Alegre, 1074 – Perdizes
05014-001 – São Paulo – SP
Tel.: (11) 3864-0111   Fax: (11) 3864-4290
E-mail: cortez@cortezeditora.com.br
www.cortezeditora.com.br

Impresso no Brasil – fevereiro de 2018

Na história da sociedade, os agentes são homens dotados de consciência, que agem movidos pela reflexão ou a paixão, perseguindo determinados objetivos; nada acontece aí sem uma intenção consciente, sem um objetivo colimado.

Marx - Engels

Ao meu querido José, companheiro e amante, pela compreensão, cooperação, estímulo, disponibilidade e paciência, com muito amor

Aos meus queridos pais, Pedro Léo e Florentina, exemplos de vida, com carinho e gratidão.

Aos supervisores e alunos-estagiários em Serviço Social, pelo "aqui e agora" e pelo "devenir"

SUMÁRIO

Apresentação 9
Introdução 13

Capítulo I **Concepção de Supervisão em Serviço Social**
1. Considerações preliminares 19
2. Representação da Supervisão em Serviço Social de Estevão, Marques e Toledo 28
   a. A Supervisão como processo de formação da matriz de identidade profissional 30
   b. A Supervisão como processo de ensino-aprendizagem 41
   c. A Supervisão como uma terapia profissional 59
3. Representação da Supervisão em Serviço Social das supervisoras e alunas-estagiárias 63

Capítulo II **O supervisor e o aluno-estagiário e suas relações**
1. Alguns fundamentos do ser humano e de suas relações 77
2. A representação da relação supervisor e supervisionado em Serviço Social das docentes, supervisoras e supervisionadas 82
3. A visão dos sujeitos entrevistados sobre o aluno-estagiário e seu papel 95
4. A visão das entrevistadas sobre quem é o supervisor . 114

Capítulo III **Os papéis do supervisor**
1. Papéis do supervisor em uma perspectiva histórica . . . 143
2. Alguns aspectos a serem considerados no desempenho do papel de supervisor 155
   a. A competência do supervisor 156
   b. A pessoa do supervisor 157
   c. As condições de trabalho do assistente social supervisor 158
   d. A concepção de mundo do supervisor 159
   e. A seleção e execução de ações consideradas prioritárias no processo da Supervisão 161
3. Os papéis do supervisor hoje 164
   a. Papel de educador 166
   b. Papel de transmissor de conhecimentos-experiências e de informações 170
   c. Papel de facilitador 171
   d. Papel de autoridade 173
   e. Papel de avaliador 177

Capítulo IV **Um resgate conclusivo sobre a Supervisão em Serviço Social na formação do assistente social e a indicação de algumas possibilidades** 179

Bibliografia 191

Apresentação

A presente obra é constituída de três capítulos de minha tese de doutoramento em Serviço Social, cuja temática é "A Supervisão em Serviço Social na formação profissional do assistente social", apresentada e defendida na Pontifícia Universidade Católica de São Paulo, em 15 de fevereiro de 1992.[1] Este texto tece considerações acerca de alguns aspectos relacionados à Supervisão em Serviço Social na formação do assistente social, destacando, no Capítulo I, substratos conceituais históricos sobre a Supervisão e a sua visão na atualidade, ao nível da representação de professoras, supervisoras e alunas-estagiárias. No Capítulo II abordo aspectos relevantes na relação profissional supervisor e supervisionado, no processo da Supervisão. No Capítulo III tento resgatar o papel do supervisor no próprio caminho percorrido pelo Serviço Social e pela Supervisão em Serviço Social, no Brasil. Apresento, ainda, neste capítulo, já como resultados de minhas reflexões, algumas indicações de

---

1. Os substratos aqui transmitidos inserem-se nos capítulos originais da tese, que são: Capítulo III — A concepção da Supervisão em Serviço Social; Capítulo VI — O supervisor e o aluno-estagiário e suas relações; Capítulo VII — Um resgate conclusivo sobre Supervisão em Serviço Social na formação do assistente social e a indicação de algumas possibilidades. Os demais conteúdos contemplados na tese, nos capítulos IV, V e também VII — a matéria-prima da Supervisão, a questão da prática profissional, o planejamento da ação supervisora, a configuração do estágio, a relação unidade de ensino e unidade campo de estágio e parte da conclusão — serão publicados em breve, em outra obra. Esclareço que os capítulos aqui considerados sofreram algumas alterações, tanto em sua estrutura, quanto em seu conteúdo, porém não consideradas por mim substanciais.

9

papéis do supervisor, na hodiernidade e determinados aspectos a serem contemplados no desempenho da ação supervisora.

No Capítulo IV procuro resgatar conclusivamente conteúdos ao nível da representação das entrevistadas e das minhas análises, imbricando e estendendo-se ao contexto sócio-histórico, à visão do Serviço Social (totalidade) e da Supervisão em Serviço Social (parcialidade). Esse resgate analítico aponta para algumas possibilidades.

A análise teórico-prática procura aproximar-se e ter por base o método estruturalista genético de Lucien Goldmann,[2] e foi desenvolvida a partir de conteúdos teóricos, discursivos e depoimentos atinentes à Supervisão em Serviço Social, tanto em sua natureza e estrutura, quanto em suas determinações sócio-históricas e no cotidiano pessoal-profissional.

O estudo se apóia na convicção de que a prática realizada em campo de estágio supervisionado é componente estrutural e essencial na formação dos assistentes sociais.

Inicialmente, eu tencionava apenas analisar a produção teórica significativa da Supervisão em Serviço Social, no Brasil. Para tanto, detive-me exaustivamente no levantamento dessa produção teórica brasileira, desde a fundação da Escola de Serviço Social de São Paulo (1936), até 1987.

---

2. Trata-se de um método rigoroso de investigação, que tem suas bases edificadas no pensamento de Marx, Luckács e Piaget. Goldmann parte da categoria analítica da *totalidade* que é estruturada, dinâmica e significativa. O fenômeno social é visto sob uma perspectiva mais ampla, a partir das suas relações estruturais que articulam a *parte* — a estrutura parcial — e o *todo* — a estrutura maior que a engloba. Não é possível entender uma parte, sem percebê-la na sua totalidade e na relação que ela mantém com as totalidades mais amplas. O sujeito, para Goldmann, não é o indivíduo, mas a *coletividade de indivíduos* que agem, pensam e produzem como *sujeitos coletivos, transindividuais*. Nesta perspectiva, os grupos sociais, as classes sociais etc. compõem sujeitos coletivos, detectando-se nestes uma certa unidade de pensamento e de ação, em cujo interior os conhecimentos e as ações podem variar sem que haja mudança essencial das estruturas existentes. Para maiores informações ver: GOLDMANN, Lucien. *Dialética e Cultura*. 2ª ed., Rio de Janeiro, Paz e Terra, 1979; _____. *A Sociologia do Romance*. 2ª ed., Rio de Janeiro, Paz e Terra, 1976; _____. *A Criação Cultural na Sociedade Moderna*. São Paulo, Difusão Européia do Livro, 1972; _____. *Epistemología e Filosofía Política*. Lisboa, Presença, 1984; _____. Estructura: realidad humana y concepto metodológico, in *Los Lenguajes Críticos y las Ciencias del Hombre — Controversia Estructuralista*. Barcelona, Barral Editores S/A, 1972; _____. *Ciências Humanas e Filosofia — o que é a Sociologia?* 8ª ed., São Paulo, Difel, 1980.

A partir deste levantamento selecionei a produção teórica sobre Supervisão expressiva no Brasil. Fiz, também, recorrência à produção do exterior. Esta seleção permitiu-me identificar os profissionais historicamente significativos na produção teórica sobre Supervisão em Serviço Social, no Brasil.

Esta investigação permitiu também apreender que, no momento, a produção sobre Supervisão em Serviço Social quase inexiste. Nos últimos dezessete anos, ela é escassa e fragmentada. Como o meu interesse era saber como se configurava a Supervisão em Serviço Social no *hoje* e, neste sentido, encontrei apenas alguns artigos esparsos e variados sobre o tema, não representando uma significância para o conhecimento do objeto, foi necessário repensar a maneira de abordá-lo.

Desta forma, sabendo que há um grupo de assistentes sociais, professores do Curso de Serviço Social da PUC/SP, que, desde 1975, ministra em Escolas de Serviço Social e em instituições que desenvolvem programas de Serviço Social, cursos, seminários, palestras sobre Supervisão em Serviço Social (cujo conteúdo abordado não é publicado),[3] considerei que este grupo seria significativo. Essa significância se liga ao fato de que ele expressa, de alguma forma, o pensamento deste *sujeito coletivo* que é a totalidade dos professores-supervisores em Serviço Social no Brasil, conforme a proposta goldmanniana.

Daí, além das referências teóricas relevantes sobre o assunto, ative-me a analisar, também, o conteúdo do discurso sobre Supervisão em Serviço Social, de Laisa Regina Di Maio Campos Toledo, Ana Maria Estevão e Maristela Gasbarro Marques, expressivas do grupo citado. Selecionei, ainda, três supervisoras de estágio e três alunas-estagiárias, representativas em seus segmentos e respectivamente: Aparecida Bernardes, Regina Machado Rodrigues Marques e Silvia Helena Chuairi; Iraceles Fátima de Morais,

---

3. Até o momento, trinta e três Cursos de Supervisão em Serviço Social foram ministrados por este grupo, em São Paulo, capital e interior (Campinas, Bauru, Taubaté, Santos, Lins, Presidente Prudente, São José dos Campos), Rio de Janeiro, João Pessoa e Recife.

Maria Luiza Pereira Ventura e Priscila Gonçalves, todas do Curso de Serviço Social da PUC/SP e por mim entrevistadas.[4]

Nesta medida, parte deste estudo analisa a concepção atual da Supervisão em Serviço Social na formação do assistente social, ao nível da representação desses sujeitos coletivos.

O delineamento, o encadeamento e o desvelamento do conteúdo expresso nos depoimentos dos três segmentos dos sujeitos coletivos conduziram-me a detectar a estrutura de sua visão de mundo e a alcançar noções claras da realidade da Supervisão. Essa compreensão me permitiu captar as configurações de imediato do conjunto do discurso dos entrevistados, em suas significações mais ou menos coerentes, em um esforço de compreender como vêem a Supervisão, quais os significados subjetivos que eles lhes atribuem (análise interna — visão do mundo) e sua relação com os grupos sociais dos quais fazem parte (análise externa).

Esta análise do desvelamento do discurso e a contextualização histórico-social do sujeito coletivo dos segmentos escolhidos e a determinação das linhas mestras de minhas idéias e reflexões, ofereceram-me uma percepção significativa das polêmicas, dos limites e das possibilidades que perpassam hoje na teoria-prática, no desempenho da ação supervisora e na formação do assistente social.

Embora o trabalho esteja direcionado à Supervisão em Serviço Social, acredito que este estudo indique elementos crítico-analíticos àqueles que se dedicam à Supervisão de estágio em nível superior.

---

4. Havendo maior interesse pelos detalhes na escolha desses sujeitos coletivos entrevistados, ver: BURIOLLA, Marta Alice Feiten, *A Supervisão em Serviço Social na Formação do Assistente Social*, Tese de doutoramento — Pontifícia Universidade Católica de São Paulo, 1991, pp. 18 a 35.

Introdução

A questão da Supervisão em Serviço Social tem se assegurado no contexto genético e histórico da formação do assistente social. Contudo, não se tem consolidado na profissão uma reflexão crítica, analítica, expressiva e necessária sobre o assunto, que busque a sua compreensão atual.

Existem esparsos produtos teóricos sobre o tema em estudo no Brasil, predominando, ainda, material traduzido e importado, especialmente dos Estados Unidos e dos primórdios do Serviço Social. Desse modo, o vácuo da produção nesta área, nas últimas décadas, desvela um certo desprezo em aprofundar esta questão, não acompanhando o seu avanço teórico mais amplo. Por que isto ocorre? Não é a Supervisão importante na profissão? Como entendê-la no binômio unívoco da teoria-prática, no Serviço Social, se ela supõe ser parte integrante dessa prática e alicerçada à luz da teoria?

A minha prática em cargos e funções afins à Supervisão em Serviço Social, em docência de disciplinas práticas, em coordenação de estágios, em supervisão de alunos-estagiários e de profissionais, em cursos de formação de supervisores, subsidiaram-me dados empíricos relacionados ao assunto. Além disso, contribuíram para o presente estudo as observações e o contato direto com o concreto real, convivendo com os alunos, estagiários, supervisores de instituições-campos de estágio, bem como colegas docentes que atuam na mesma área e profissionais, supervisores ou não, do Brasil, que me levaram a constatar certos impasses, conflitos, contradições, indefinições, insatisfações expressas por eles em relação ao estágio e à supervisão e, conseqüentemente, à formação profissional do assistente social.

E o que nos diz essa realidade? Que existe, por um lado, queiramos ou não, um descompasso, uma defasagem entre o ensino teórico e a prática supervisionada do aluno, acompanhada de uma ausência de parâmetros sobre Supervisão legitimados pela profissão. Tal configuração rebate diretamente na prática profissional e, por conseguinte, no estágio prático do aluno; portanto, entra em jogo, aqui, o processo ensino-aprendizagem, a formação profissional do futuro assistente social. Embora a Supervisão seja uma das atribuições do assistente social, este, em grande parte, parece recusá-la, não a incorporando ao exercício profissional como algo inerente à profissão.

Estas constatações, ante a temática, impulsionaram-me a ponderar sobre outros aspectos da Supervisão, por mim considerados relevantes, conflitantes e sem resposta:

• confusão e indefinição da própria natureza da Supervisão;

• indefinição de papéis do supervisor e supervisionado e de suas responsabilidades;

• Supervisão não-planejada e não-sistematizada (o ensino no estágio, quando se dá, se desenvolve, em sua maioria, de forma assistemática);

• despreparo do assistente social em exercer a ação supervisora;

• indefinição das Escolas de Serviço Social quanto à política de estágio supervisionado e a ausência de respaldo legal, por parte da categoria, para a proteção do exercício da Supervisão;

• desintegração do supervisor em relação à Faculdade e ao Curso de Serviço Social e vice-versa;

• sentimento de exploração sentido pelo supervisor com relação à instituição onde trabalha e às unidades de ensino e pressão pelos alunos estagiários (o supervisor percebe que dando Supervisão trabalha mais e não é reconhecido profissionalmente por tal tarefa);

• não-reconhecimento, por parte das instituições (de ensino e campo de estágio), da função supervisora, com o agravante de que o próprio profissional não luta por isto.

A constatação de parte da problemática real do tema está aí, mas isto não basta. Há motivações contextuais (tanto internas quanto externas ao Serviço Social e à Supervisão) que determinam este panorama caótico. Os reflexos da reconceituação ainda se assomam ao âmbito profissional. Há um emaranhado de idéias, ações, conflitos, contradições; existe o estereótipo externo da profissão e do próprio profissional, do discurso e da ação. Assistentes sociais deixaram, a meu ver, um pouco de lado a reflexão sobre a prática do Serviço Social; outros o desacreditaram, ao observar um discurso dialético e uma prática institucional funcionalista. O espaço do Serviço social institucional, contraditoriamente, torna a sua ação, por um lado, mais limitada, e, por outro, quase ilimitada: o profissional faz de tudo, é tarefeiro, é administrativo, burocrático, paliativo etc., e quase nada faz de Serviço Social. Grupos minoritários de assistentes sociais aparecem, abrindo espaços novos de ação profissional, mas essa ação se ressente da falta de concepções claras de pensamentos e, conseqüentemente, de estratégias viáveis de ação.

A averiguação dessas práticas heterogêneas, contudo, permite constatar nuances de possibilidades que vislumbram alternativas de ação, as quais dependem do posicionamento do profissional e, naturalmente, refletem na problemática da Supervisão.

Estas questões e os dados da realidade da Supervisão, já aqui levantados, levaram-me ao presente estudo. Reforçou-me, também, tal idéia, o contato e observações durante três meses e meio, em três Cursos de Serviço Social, na República Federal da Alemanha, onde se apresentam distintas formas de Supervisão. Dá-se isto por ser outra realidade que não a nossa? Será que a Supervisão e o estágio, como transcorrem no Brasil, estão voltados para responder aos desafios de nossa realidade atual?

Considero a Supervisão em Serviço Social como um dos componentes do exercício profissional. Ela se processa em função da prática profissional. Neste sentido, ela desenvolve o acompanhamento da prática cotidiana do profissional ou do estagiário. Interessa-me, neste estudo, a Supervisão relacionada a alunos de Serviço Social; como tal, vista como um processo educativo, de ensino-aprendizagem, que se relaciona ao conjunto de conhecimentos referentes à formação para o Serviço Social. Neste sentido, somente a aquisição de conhecimentos não basta; deve haver uma formação para intervir.

A Supervisão realiza-se na área do agir e se dá em função da prática profissional, desenvolvendo o acompanhamento do trabalho prático cotidiano do aluno-estagiário. Desta forma, a formação profissional deve contemplar:

a. uma sólida base teórica e metodológica (conhecimento teórico-metodológico e técnico que fundamente o estabelecimento de estratégias de ação);

b. uma prática profissional (compreensão, efetivação, reconstrução e inovação que permitam o preparo efetivo para o agir);

c. uma iniciação à pesquisa (inserção crítica do aluno no debate presente na profissão que lhe permita uma reflexão teórica sobre a sua prática profissional e um conhecimento mais sistematizado e apurado da realidade);

d. uma dimensão pedagógica (domínio de recursos operativos e técnicos na efetivação de estratégias de ação).

Assim, a formação profissional em Serviço Social pode ser entendida como um conjunto de experiências que incluem a transmissão de conhecimentos, a possibilidade de oferecer ao aluno um campo de ação — vivência de situação concreta relacionada à revisão e ao questionamento de seus conhecimentos, habilidades, valores etc., e que possam levá-lo a uma inserção crítica e criativa na área profissional e no mundo mais amplo.

Nesta perspectiva, a Supervisão de estágio é essencial à formação do aluno de Serviço Social, enquanto lhe propicia um momento específico de aprendizagem, de reflexão sobre a ação profissional, de visão crítica da dinâmica das relações existentes no campo institucional. Esta visão confere à Supervisão um caráter dinâmico e criativo, possibilitando a elaboração de novos conhecimentos. Considerados desta forma, a Supervisão e o estágio devem ser parte integrante da educação para o Serviço Social e não um apêndice! Eles devem se dar no decorrer da formação profissional do aluno e de forma integrada ao conteúdo programático do curso, onde a aprendizagem que propicia deve ser resultante da vivência cumulativa e refletida da prática, levando a recriá-la, a dar continuidade ao desenvolvimento da profissão, atendendo às necessidades sociais de hoje.

Considero que esta concepção de Supervisão é expressão das exigências históricas colocadas hoje à profissão, pelas mudanças da própria sociedade. Sei que é um desafio, mas temos que dar crédito à nossa capacidade de mudança.

CAPÍTULO I
Concepção de Supervisão em Serviço Social

1. Considerações preliminares

A Supervisão em Serviço Social, para ser analisada e compreendida, precisa ser configurada e considerada como parte integrante da formação e do exercício profissional. Esta análise se faz sob uma perspectiva totalizante da profissão, que envolve, na mesma reflexão, a teoria, a prática e as relações da categoria profissional com a sociedade, nos diferentes momentos históricos.

Neste sentido, sua concepção nunca está acabada — ela vai se configurando historicamente, a partir das determinações estruturais e contextuais, à medida que seus profissionais vão estruturando diferentes visões de mundo e de propostas de ação.

Parafraseando Goldmann,[1] pode-se afirmar que a marcha do conhecimento da Supervisão em Serviço Social aparece como uma perpétua oscilação entre as partes — Supervisão — e o todo — Serviço Social — os quais se devem esclarecer mutuamente, na medida em que, no conhecimento dialético,

---

1. GOLDMANN, Lucien. *Dialética e Cultura*. 2ª ed., Rio de Janeiro, Paz e Terra, 1979, p. 6.

"... toda verdade parcial só assume sua verdadeira significação por seu lugar no conjunto, da mesma forma que o conjunto só pode ser conhecido pelo progresso no conhecimento das verdades parciais".[2]

De início, é importante assinalar que a Supervisão não é um processo privativo do Serviço Social. Várias outras áreas a utilizam e já a utilizavam muito antes. Assim, discorrendo genericamente, a natureza do processo da Supervisão já estava, de certa forma, configurada anteriormente à sua emergência no Serviço Social.

Deste modo, tradicionalmente, falar de Supervisão, seja em Serviço Social, seja em outras áreas, tem implicado analisá-la a partir de, basicamente, três enfoques: administrativo, educativo e operacional.

1. **Administrativo** — a Supervisão é considerada como o processo pelo qual se estabelece um método adequado ao controle de serviços, com vistas ao aperfeiçoamento profissional. Esta Supervisão está ligada a tarefas administrativas e à melhor prestação de serviços. Para tanto, são acionados mecanismos de controle e de treinamento.

2. **Educativo** — aqui, a Supervisão está relacionada ao processo educacional, portanto, ao ensino e à formação profissional; aos processos pedagógicos e aos programas de ação educacionais. Esta Supervisão exige uma sistematização constante da "matéria-prima" que vai sendo trabalhada, analisada no decorrer do processo de ensino-aprendizagem.

3. **Operacional** — a Supervisão é vista como um processo operativo, quando se realiza diretamente na área do agir, do fazer profissional. Nessa perspectiva, são empregados meios didáticos específicos para o alcance das metas desejadas na ação propriamente dita.

Na prática, estes enfoques têm se inter-relacionado, sobressaindo ora um, ora outro, dependendo da atividade em evidência, o que faz com que, de forma geral, a Supervisão seja concebida como um processo administrativo e educacional pelo qual uma pessoa (o supervisor), possuidora de conhecimentos e prática, tem

2. Id. ib.

o compromisso de treinar outra (o supervisionado), possuidor de menos recursos ao nível do conhecimento e da prática.

Acredito que esta concepção advenha e tenha seus fundamentos na própria etimologia da palavra supervisão, que é formada pelo prefixo latino "super" (por cima, sobre) e do sufixo "videre", "visere" (significando ver, olhar, mirar).[3]

Esta maneira de focalizar o estudo e a etimologia da palavra Supervisão, que tem sido a maneira tradicional de nortear os estudos sobre o tema, encontrada na literatura do Serviço Social, é apenas um ponto de partida do caminho que deverá permitir, por aproximações sucessivas, a compreensão do fenômeno em estudo.[4]

Também se faz necessário, nessa aproximação, o conhecimento dos eventos significativos que marcaram a trajetória da Supervisão na profissão. Um breve retrospecto histórico da Supervisão em Serviço Social permite ver que ela começou com a primeira Escola de Serviço Social, em 1898, nos Estados Unidos, quando se criou uma classe para o treinamento filantrópico.[5] Porém, a necessidade de uma formação sistemática para a Supervisão em Serviço Social verificou-se em 1941, explicitada por Lucille Austin, no momento em que a ação profissional se sofisticava, exigindo uma formação mais apurada de seus agentes.

A análise dos estudos sobre Supervisão em Serviço Social, realizados nessa época, evidencia que esta não recebeu influência direta das teorias da supervisão administrativa, uma vez que os textos acentuam o ensino e a formação dos profissionais na perspectiva da relação psicossocial.

3. Balbina Ottoni Vieira, em seu livro *Supervisão em Serviço Social*, faz esta análise, o que me dispensa de fazê-la aqui.
4. A literatura existente sobre Supervisão em Serviço Social, desde o início de sua produção até meados de 1975, aborda esta vertente; portanto, dispensa, aqui, levantar o conteúdo desta concepção, o que não é o meu objetivo. Para isto, ver: REYNOLDS, Bertha, *Learning and Teaching in the Practice of Social Work*, New York, Rinehart, 1942; ROBINSON, Virginia. *The Dynamics of Supervision under Functional controls, a Process in Social Case Work*, Philadelphia, University of Pensylvania Press, 1949; VIEIRA, Balbina Ottoni. *Supervisão em Serviço Social*, Rio de Janeiro, Agir, 1973.
5. A primeira produção teórica sobre o assunto, em 1936, foi elaborada por Virginia Robinson, *Supervision in Social Case Work* (editado pela University of Caroline Press).

No Brasil, a Supervisão em Serviço Social também não recebeu influência das teorias da supervisão administrativa, mas da produção sobre Supervisão em Serviço Social, basicamente importada dos Estados Unidos. Assim, a literatura sobre o assunto, existente desde o início da primeira Escola de Serviço Social no Brasil[6] (de 1936 a 1946), é sempre tradução de produções oriundas, predominantemente, dos Estados Unidos, com alguns esparsos textos vindos do Canadá, da Bélgica e da Itália, trazidos por profissionais que foram se aperfeiçoar naqueles países.[7]

Nota-se um incremento de preocupação com a Supervisão em Serviço Social, no Brasil, a partir de 1947, quando começam a aparecer as primeiras produções próprias, que expressam, no entanto, marcante influência das idéias advindas dos Estados Unidos, perdurando até a década de 1970. Em 1948, Maria Josephina P. Albano, que voltava dos Estados Unidos, ministra o primeiro Curso de Formação de Supervisores. Em 1949, efetua-se o segundo curso, dado por Helena Iracy Junqueira. Ambos são realizados na Escola de Serviço Social de São Paulo.[8]

Pela análise que realizei da produção sobre Supervisão em Serviço Social, no Brasil, desde a sua emergência, três foram as expoentes historicamente significativas:

• Helena Iracy Junqueira, com dez produções sobre Supervisão em Serviço Social, realizadas no período de 1947 a 1962;

• Nadir Gouvea Kfouri, com dez produções sobre o assunto, desenvolvidas no período de 1949 a 1969;

• Balbina Ottoni Vieira, com dezoito produções sobre o tema, escritas no período de 1961 a 1981.[9]

<small>6 Esta escola fundou-se em 15 de fevereiro de 1936, sendo a atual Faculdade de Serviço Social da PUC-SP. É relevante assinalar que a preocupação com a Supervisão — e aqui ampliando para os Cursos de Serviço Social e o próprio Serviço Social — foi sempre contemplada muito fortemente por esta Escola (até meados de 1985), determinando a direção da profissão no Brasil.

7. Consultar: Pasta nº 5.2: *Documentação Coligida sobre Supervisão*. São Paulo, Escola de Serviço Social de São Paulo, s/d.

8. Para consulta, ver: Pasta nº 3: *Textos sobre Supervisão*. São Paulo, Departamento de Trabalhos Práticos, Escola de Serviço Social de São Paulo, s/d.

9. Percebe-se que Junqueira e Kfouri escreveram quase que no mesmo período e, na década de 60, quando elas pararam, Vieira iniciou suas produções.</small>

Analisando o discurso dessas produções, percebo o desvelamento da grande influência direta que estas autoras receberam do exterior, especialmente de pensadores norte-americanos, tendo como recorrências determinantes, principalmente, as seguintes autoras: Bertha Reynolds, Lucille Austin, Margareth Williamson, Charlotte Towle e Virginia Robinson.[10] Este fato está ligado à própria produção teórica do Serviço Social no período, em uma relação parte-todo — uma vez que a Supervisão está inserida no Serviço Social, que enfatiza o ensino individual prático — a partir dos estudos realizados sobre essa abordagem nos Estados Unidos, dando prioridade:

a. ao aspecto psicológico, oriundo da influência psicológica e psicanalítica do "Serviço Social de Casos Individuais", enfocando o relacionamento supervisor e supervisionado, e

b. ao procedimento metodológico, enfatizando as técnicas de entrevistas, de redação, de análise de casos, de relatórios.

Na década de setenta, com o movimento da reconceituação, o Serviço Social tentou cortar o cordão umbilical com os Estados Unidos. Nesse processo, houve uma rejeição à prática ligada às relações psicossociais que embasava toda a produção relacionada à Supervisão até aquele momento. Iniciou-se, então, uma variedade de produções reconceituadas latino-americanas; no entanto, a literatura sobre a Supervisão em Serviço Social não acompanhou esse impulso. Localiza-se apenas uma produção significativa, cujas

---

10. As produções mais citadas são: REYNOLDS, Bertha. *Learning and Teaching in the Practice of Social Work*. New York, Rinehart, 1942; AUSTIN, Lucille. An evaluation of supervision, in *Social Casework*. v.37, n° 8, 1956; _____. Case conference, in *Social Casework*. v. 3, n° 8, 1957; _____. *Basic Principles of Supervision. Techniques of Staff and Student Supervision*. New York, FSAA, 1957; _____. *The Changing Role of the Supervision, Ego-Oriented Casework: Problems and Perspectives*. New York, Ed. Howard J. Parad, FSAA, 1963; ROBINSON, Virginia. *The Dynamics of Supervision under Functional Controls, a Process in Social Casework*. Philadelphia, University of Pensylvania Press, 1949; _____. *Training of Social Casework*. Philadelphia, University of Pensylvania Press, 1942; TOWLE, Charlotte. *The Learner in Educacion for the Professions*. Chicago, University of Chicago Press, 1954; _____. Supervision, some general principles in the light of human needs and behavior motivation, in: *Common Human Needs*. Chicago, NASW, 1957; _____. The role of supervision in the union of cause and function in social work, in: *Social Service Review*. v. 36, n° 4, 1962; _____. The place of help in supervision, in: *Social Service Review*. v. 38, n° 4, 1963; WILLIAMSON, Margareth. *Supervision — New Patterns and Processes*. New York, FSAA, 1961.

idéias rompem com as tradicionais: *Supervisión en Trabajo Social*, de Teresa Sheriff et alii (1973). As idéias do grupo de Sheriff têm suas referências no humanismo marxista e nos insumos de Paulo Freire, que marcam toda a sua sistematização. A Supervisão é concebida como um

"processo educativo e administrativo de aprendizagem mútua entre supervisor e supervisionado, no qual ambos são sujeitos do processo, tratando de que sejam portadores de uma educação liberadora."[11]

Esta nova proposta de Supervisão, que rompe com a tradicional, tem seu suporte em Ernesto "Che" Guevara, especialmente em seu livro *El Socialismo y el Hombre en Cuba*.

A Supervisão é vista como um processo educativo e operacional, onde os atores são portadores de uma educação libertadora, de consciência crítica dos fatos e sua inserção na realidade para transformá-la. Nesta medida, supervisor e supervisionado buscam, criam conjuntamente, como sujeitos da história, uma nova sociedade, via "revolução comunitária".

O grupo apresenta uma filosofia de Supervisão, destacando-se os valores: diálogo conscientizador, compromisso, visão crítica da realidade, co-responsabilidade pessoal e social, criatividade.

Propõe uma relação horizontal entre supervisor e supervisionado — situados em um mesmo nível, com experiência individual, pautando-se nos princípios: "não existe aquele que aprende e aquele que ensina" — ambos fazem parte do processo — e o processo é de "educador-educando com educando-educador".

Os objetivos da Supervisão direcionam-se a dois níveis:

1. ao nível institucional — proporcionando oportunidades educativas de reflexão sobre os modos de ação e da legitimidade e da intencionalidade desta ação, para melhor atender às necessidades dos usuários;

2. ao nível dos Cursos de Serviço Social — contribuindo na formação e crescimento profissional, onde o supervisor e

---

11. SHERIFF, Teresa et alii. *Supervisión en Trabajo Social*. Buenos Aires, Editorial ECRO, série ISI/2, 1973, p. 26, no original: "proceso educativo y administrativo de aprendizaje mutuo entre el supervisor y el supervisado, en el que ambos son sujetos del proceso, tratando de que los sean portadores de una educación liberadora".

supervisionado ajudam a definir e instrumentar a intencionalidade proposta para o campo específico da prática, convertendo-a em ação.[12]

Também no Brasil, a Supervisão em Serviço Social não acompanhou a marcha das produções teórico-metodológicas do Serviço Social reconceituado. O livro do grupo de Sheriff tornou-se seu único recurso inovador, a "bíblia atualizada" da Supervisão que, infelizmente, só foi ultrapassada, em parte, até o momento.

Considero pertinente, aqui, fazer uma ressalva em relação às produções de Vieira. Apesar de ela merecer louvor, por ser uma autora que realmente se dedica à questão da Supervisão em Serviço Social, dando continuidade a Junqueira e Kfouri, o seu último livro, de 1981, *Modelos de Supervisão em Serviço Social*, traz idéias idênticas àquelas veiculadas em seu livro anterior, de 1973, *Supervisão em Serviço Social*, não contendo avanços no desvelamento da questão e se restringindo a um aprofundamento de aspectos pedagógicos, sob grande influência da teoria de Educação de Imideo Nerici e mantendo as raízes notadamente, ainda, norte-americanas.

A explicação para este quadro parece-me poder ser encontrada na própria dinâmica do movimento de reconceituação que, se de um lado mexeu na estrutura do Serviço Social, avançando teoricamente, por outro lado deixou lacunas de instrumentação para as exigências do agir profissional. A quase negação à prática individual e institucionalizada determinou, também, de alguma forma, a negação da Supervisão. No entanto, contraditoriamente, a literatura sobre esta continuou apresentando, como estratégia imprescindível, no desempenho da ação supervisora, a supervisão individualizada. A supervisão grupal, como estratégia da prática supervisora, é ainda hoje considerada um instrumento secundário ou complementar, o que abordarei no Capítulo III, referindo-me aos papéis do supervisor.

A situação sócio-político-cultural brasileira (universo social, ligado ao modo de produção capitalista, e as ampliações de expectativas e de compromissos assumidos pelos profissionais que trabalham com as questões da sociedade), que, de certa forma,

12. Id., p. 40.

vem determinando o modo de ser do Serviço Social, trouxe exigência ao nível teórico que explicam o fato de a Supervisão ter ficado estagnada e não ter feito um avanço, tanto em sua produção, quanto em sua execução, a um nível real, viável, adequado às exigências atuais, bem como às exigências de uma práxis do Serviço Social.

Na medida em que o movimento de reconceituação deu um salto teórico-metodológico, que não foi acompanhado por uma concretização ao nível da prática, privilegiou-se a busca da explicação científica e política do Serviço Social, pela via do discurso, deixando a intervenção prática em plano secundário.

Também, alguns aspectos evidentes na profissão — como a prática mecanicista, tarefeira, pragmática, assistencialista — que levam à desvalorização e ao conseqüente achatamento salarial dos profissionais de Serviço Social, refletem-se na posição frente à Supervisão, que deixa de ter sua razão de ser, em termos de aprimoramento profissional.

Recentemente, alguns órgãos da categoria recomeçaram a preocupar-se com esta questão. Cito a ABESS — Associação Brasileira de Ensino de Serviço Social — que em várias convenções nacionais adotou a Supervisão em Serviço Social como tema de discussão.[13] Em São Paulo, o CRAS/SP 9ª Região, em 1980, implantou uma "Comissão de Supervisão e Estágio", em resposta às insistências de alguns Cursos de Serviço Social preocupados com este assunto, aos problemas relacionados às instituições-campos de estágio e aos profissionais supervisores. Esta Comissão foi levada adiante até 1986, quando definhou por si e o CRAS/SP (atualmente CRESS), na gestão 1987/90, parece tê-la extinguido.[14]

---

13. Verificar, especialmente, os registros sobre as convenções: IV Nacional de ABESS, realizada em 1954, em São Paulo (SP); XVII Nacional de ABESS, ocorrida em setembro de 1971, em Florianópolis (SC); XIX Nacional de ABESS, realizada em Piracicaba (SP), em 1975; XXI Nacional de ABESS, efetivada em 1979, em Natal (RN); XXII Nacional de ABESS, realizada em Vitória (ES), em agosto/setembro de 1981. A temática desta última foi, prioritariamente: "A prática na formação profissional".

14. Nas duas últimas reuniões realizadas, ainda na gestão de 1986, duas profissionais (sendo uma, eu) foram as únicas que compareceram. Nem ao menos a coordenadora desta Comissão, por parte do CRAS/SP, deu satisfação sobre sua ausência. Uma análise desta questão, contextualizada no Serviço Social (muitas experiências e alternativas de ação também acabam bruscamente), parece-me ser material significativo de estudo, não sendo este meu intento, neste momento.

De forma geral, posso concluir que a Supervisão em Serviço Social apresentou, e apresenta, uma aparente evolução analítica e prática, hoje, restrita à sua operacionalidade proeminente e adequada, a um número bem reduzido de profissionais e, ainda, contendo muitos resquícios do passado.[15]

Estes dados são suficientes para elucidar, ou melhor, explicar porque, na última década, pouco ou quase nada se produziu significativamente sobre Supervisão. O que existe são artigos esparsos e fragmentados.

A recorrência à gênese da Supervisão fez-me concluir que mesmo as três autoras — Junqueira, Kfouri e Vieira — embora sejam historicamente significativas, não têm atualizado os conteúdos de sua produção, tendo, há muito, parado de escrever sobre o tema, sem, portanto, abordar a problemática que envolveu o Serviço Social durante e após o período de reconceituação.

Os escassos e fraccionados artigos sobre o tema também não apresentam uma significância para saber como se configura a Supervisão junto aos alunos de Serviço Social, hoje.

Estes foram fatores desencadeantes e determinantes para que eu optasse, neste estudo, pela análise do discurso de profissionais assistentes sociais, que hoje são considerados significativos, na medida em que estes profissionais se preocupam com a Supervisão em Serviço Social e divulgam suas idéias a respeito, via cursos de supervisão, seminários, palestras, debates etc., em diferentes locais do Brasil.

A significância deste grupo se liga ao fato de que ele expressa, de alguma forma, o pensamento hegemônico do "sujeito coletivo", que é a totalidade heterogênea dos professores supervisores em Serviço Social no Brasil. Nesta medida, as concepções de Supervisão em Serviço Social de Ana Maria Estevão, Laisa Regina Di Maio Campos Toledo e Maristela Gasbarro Marques

---

15. Exemplificando, recente tese de mestrado sobre Supervisão (1985), de Heloísa S.C. BARRILI, embora tendo como proposta avançar na produção deste tema, embasa sua análise nos fundamentos americanos da Supervisão em Serviço Social, explicitando, como exemplo, a "conferência individual de Supervisão", como o instrumento de trabalho, que desvela uma concepção de supervisão cristalizada em sua gênese, não acontecendo a ultrapassagem. Analiso esta questão no Capítulo III, seção 1.

traduzem as linhas mais amplas da concepção atual significativa da Supervisão em Serviço Social, dos docentes a ela dedicados.

Reporto-me novamente à concepção da Supervisão em Serviço Social (e, às vezes, com mais profundidade) no Capítulo III, porém, situando-a historicamente no contexto do Serviço Social e objetivando, especificamente, apontar a configuração dos papéis do supervisor, no caminho percorrido pela Supervisão em Serviço Social, no Brasil.

2. Representação da Supervisão em Serviço Social de Estevão, Marques e Toledo

Estevão, ao falar de Supervisão, não se preocupa em defini-la, mas, em sua exposição, em alguns momentos, a sua configuração se explicita. A sua preocupação centraliza-se mais em caracterizar o conteúdo da Supervisão no momento histórico, o como esta se dá na prática, e em apresentar as dificuldades e desvios que ocorrem em relação à Supervisão, ao curso de Serviço Social e aos agentes implicados, aspectos estes que analisarei no decorrer deste estudo.

Na explicitação de Estevão, a concepção de Supervisão em Serviço Social aponta para as seguintes características: processo de formação da matriz de identidade profissional e processo de ensino-aprendizagem para a vivência profissional, conforme os trechos que seguem:

"(...) Supervisão em Serviço Social pode ser considerada como o processo de formação da matriz de identidade profissional (...) no sentido de preparação para a vida profissional, de ensino para a vida profissional, de estar pinçando as coisas do cotidiano profissional, do dia a dia, onde nós vamos sempre discutindo com o aluno as coisas relativas ao que se faz no Serviço Social."

Para Maristela Gasbarro Marques, os dois enfoques de Estevão — o processo de formação da matriz de identidade profissional e o processo de ensino-aprendizagem — estão fortemente presentes na sua concepção de Supervisão em Serviço Social, embora com nuances diferenciadas e complementares. Assim, Marques fala sobre sua concepção de Supervisão:

"A primeira idéia que me ocorre é a Supervisão como processo. Um processo que envolve uma relação: o estabelecimento de uma relação, um contato próximo e uma definição em cima de que material este processo vai estar se desenvolvendo. (...) Fundamentalmente, a Supervisão é um processo de transmissão de conhecimento teórico, é muito mais um resgatar deste conhecimento através da vivência do aluno."

"(...) a Supervisão é uma aprendizagem para a recuperação de conhecimento através de vivência (...) é um trabalhar em conjunto; é uma realidade toda inserida uma na outra; é um jeito global de ver as coisas e fazer uma síntese com a própria vivência pessoal do novo. É um processo, que eu tenho vivido, ultimamente, de aprendizagem das minhas crianças, da vida..."

"Marquei muito um processo de matrização de um papel profissional; quer dizer, um ensino-aprendizagem voltado para a formação profissional."

"Eu vejo a Supervisão acontecendo no sentido da troca; isto é fundamental em Supervisão — que o conhecimento construído por cada um seja vivido, seja trocado e que, principalmente, a sistematização, que cada um está construindo, seja vista de onde é que vem e assim se valorize um pouco esse cotidiano. Não valorizar, não mistificar tanto a teoria, como produto de cabeças ilustres."

Na concepção de Supervisão de Laisa Regina Di Maio Campos Toledo, aparece marcadamente o segundo enfoque — o processo de ensino-aprendizagem, enquanto o primeiro não é ressaltado. Mas apresenta um outro aspecto, não evidenciado em Estevão e Marques — é a Supervisão concebida como terapia profissional. Os trechos abaixo ilustram o seu pensamento:

"Eu acho que a Supervisão é uma atividade necessária e muito importante na formação de qualquer profissão, principalmente a que atua diretamente com uma prática institucional (...) para mim, a Supervisão é uma forma de ensino."

"(...) na medida em que seu esteja concebendo a Supervisão como um processo de ensino-aprendizagem; é aquela idéia de 'troca' que eu chamo hoje de 'debate'!"

"Eu acho que a Supervisão é uma terapia profissional — por que não? Eu estou considerando a terapia como um processo educativo, de mudança; para mim a Supervisão é uma terapia profissional, que está em jogo uma proposta de mudança — uma visão que você tem, às vezes, arraigada por conta de uma educação, de uma socialização, da realidade — que você começa a percebê-la de uma forma diferente e a agir nesta realidade também de uma forma diferente. (...) A Supervisão, para mim, é um processo educativo, terapêutico, do papel profissional. Neste sentido, ela não é restrita apenas ao momento que o aluno está estudando. Ela tem que ser uma proposta mais para a frente — se ela é um debate, um contínuo questionamento, a profissão não acabou e não ficou pronta para o aluno, na hora em que ele saiu da Faculdade. (...) A gente tem que estar sempre se reciclando, ou ajudar, neste processo da Supervisão, o aluno como ele pode se reciclar sozinho. Ele sai com esta postura do 'curioso': então, o que tem de novo na profissão? Eu fico de olho! Fico com os ouvidos abertos! Eu vou procurar os últimos cursos, os últimos livros, os últimos debates! Este é o 'olho do curioso' — como eu o chamo. Ele pode, talvez, sozinho procurar isto; de alguma forma ele está procurando alguém — ele não fica sozinho. Eu acho que a solidão profissional é a pior de todas.

> Concebendo assim a Supervisão, ela é um processo que acompanha a vida profissional, sempre na proposta do debate e da reciclagem!"

Analisando-se as verbalizações das três autoras, considero importante desvelá-las, ora *de per si*, ora articulando-as, dependendo do conteúdo em foco e da contextualização.

Seguindo as três características que se evidenciam nas falas quanto à concepção de Supervisão em Serviço Social, destaco-as:

a. A Supervisão como processo de formação da matriz de identidade profissional

> Estevão inicia a entrevista afirmando que a
>
> "Supervisão em Serviço Social pode ser considerada como o processo de formação da matriz de identidade profissional",

o que me leva a algumas indagações preliminares: o que seria esta matriz de identidade profissional? No processo de ensino-aprendizagem cabe haver uma matriz de identidade profissional? O que ela significa para o aluno? De que elementos se compõe?

Estevão, ao se referir à matriz de identidade profissional, diz:

> "Acho isso meio complicado, porque a formação de matriz de identidade profissional é quase a formação de um modelo. Não é

bem uma idéia de modelo... Com o tipo de supervisão que existe ou se tem a negação do modelo que o aluno tem do profissional, ou a sua afirmação. Quando se fala de formar uma identidade profissional, fica meio complicado porque, em geral, os alunos não querem ser parecidos com os supervisores que eles têm (isto eu discuto muito com os alunos). Eles têm tantas críticas para aceitarem ser parecidos profissionalmente com os supervisores. Eu ligo a idéia de formar a identidade profissional, a partir ou da negação do tipo de profissional, ou de sua afirmação; depende de como o profissional é na Supervisão, de sua postura como supervisor. A matriz de identidade profissional é conteúdo da Supervisão, desde que esteja presente a idéia de que o supervisor pode formar a matriz também pela negação. Não é este tipo de profissional que eu quero ser!"

Desvelando a fala de Estevão, ela identifica a formação da matriz de identidade profissional com a formação de um modelo. Fica clara a sua inquietação quando se refere a um modelo profissional. Mesmo não deixando claro que modelo é este, constantemente aparece, em sua fala, a necessidade e a importância da Supervisão se referenciar nesse modelo, enfatizando um profissional que seja competente na sua vivência pessoal e profissional, incluindo sua vivência na Supervisão.

Parece que, à primeira vista, a concepção de um "modelo", segundo Estevão, encontre seus fundamentos em Kaplan, quando ele analisa os diversos significados e tipologias de modelos. Nessa perspectiva, a concepção de um modelo embutida no discurso de Estevão encontra ressonância no modelo analógico físico. Isto me leva a clarificar essa concepção.

Kaplan acredita que é mais defensável empregar a terminologia modelo quando é utilizada

> "como correspondendo apenas àquelas teorias que explicitamente concentram atenção em certas semelhanças entre as entidades teóricas e o objeto real".[16]

Portanto, quando são procuradas similaridades significativas apontando e sistematizando estas semelhanças, construindo um traço analógico e assimilando similitudes.

Esta tipologia, segundo o autor, apresenta

---

16. KAPLAN, Abrahm. *A Conduta na Pesquisa*. São Paulo, Herder - EDUSP, 1972, p. 272.

"uma similaridade relativamente ao caráter da classe e que pode se dar em um conjunto de símbolos ou em algum sistema físico efetivo".[17]

Ele chama a estes modelos de analógicos ou análogos, e um tipo de modelo analógico que estuda é o físico. Aponta como sendo este modelo o mais antigo e o mais comum, mas que somente agora começa a ser explorado nas ciências do comportamento. Kaplan exemplifica o psicodrama como um modelo analógico físico, que possui componentes que podem ser tanto atos, acontecimentos, como objetos. O modelo analógico físico institui um padrão com base em correlações bem definidas, observando-se em seguida as propriedades desse padrão para a sua aprendizagem.

Desvelando mais profundamente a concepção de modelo de Estevão, o tipo analógico de Kaplan que ela incorpora em seu discurso é o psicodrama. Daí debruçar-me mais aqui, por entender que a autora se direciona mais nesta vertente, ao falar de modelo. O supervisor é um padrão, um paradigma que pode ou deve ser ou não seguido pelo supervisionado. Este se identifica, através do supervisor, com as suas semelhanças relativas à impressão traçada da categoria profissional do assistente social.

O modelo físico apresenta-se sob a forma de ídolos, bonecos, efígies, imagens de diferentes espécies. Esta forma de conceber o modelo físico me remete à conotação de "moldar", "modelar", "imitar" — conotações estas que estão contidas na concepção de Kaplan e no discurso de Estevão, ao se referir à concepção de Supervisão.

Quando Estevão afirma que

"os alunos não querem ser parecidos com os supervisores que eles têm" e "eles têm tantas críticas para aceitarem ser parecidos profissionalmente com os supervisores"

subentende-se o significado da terminologia modelo, como

"algo eminentemente digno de imitação, exemplar ou ideal".[18]

Aqui, o depoimento de Estevão concretiza a negação deste significado, ou seja, o supervisor da prática profissional, hoje, é "um não-modelo ideal", "um não-exemplo".

17. Id., p. 273.
18. Id., p. 265.

32

O modo de conceber a Supervisão sob este ângulo leva-me a várias indagações: É papel do ensino moldar o aluno? O Serviço Social deve moldar seus profissionais? As Escolas de Serviço Social devem, de antemão, delinear que tipos de profissionais querem formar? A variedade de Cursos de Serviço Social, que existe no Brasil, apresenta uma heterogeneidade de tipos de profissionais — é possível ter-se um único modelo? É aconselhável padronizar-se o profissional, na diversidade da realidade brasileira? Estas indagações afluem sobremaneira nos últimos sete anos ao se observar, conversar com alunos e professores e conhecer a estrutura da elaboração dos programas de cursos de algumas universidades da República Federal da Alemanha. Nesta realidade, cada aluno, com orientação, elabora o seu "plano de estudo", de acordo com seus interesses, motivações etc.[19]

19. Exemplifico o Curso de Serviço Social da Gesamthocschule Kassel Universität, situada em Kassel. É a mais nova universidade do Estado de Hessen (1971) e que resultou de uma reforma universitária, produto da influência da estrutura política do norte de Hessen, a qual levou à unificação de várias faculdades e cursos superiores isolados. A universidade é considerada alternativa por oferecer todo um complexo conjunto teórico-prático de saber, a partir do qual o estudante faz, sob orientação, o seu "plano de estudo". É também singular pela oferta de cursos integrados, em diversas áreas, onde dois terços de seus mais de 9.000 estudantes (2.000 são do Curso de Serviço Social) decidiram engajar-se. O Curso de Serviço Social é também alternativo, segundo Goeschel (professor e chefe de estágio do Curso de Serviço Social dessa universidade) pois "é o único curso que é departamento de uma universidade". Os outros Cursos de Serviço Social localizam-se nas chamadas *Facchoschulen*, onde se alocam os cursos superiores técnicos e que se intermeiam entre o curso secundário e a universidade. O Curso de Serviço Social de Kassel não é organizado segundo disciplinas, mas segundo os problemas e as situações da realidade sócio-histórica alemã e da prática do Serviço Social. Existem os chamados "pontos essenciais" ou "áreas", como: planejamento, terapia social, serviços sociais, ajuda social etc. Em torno destas áreas, o estudante escolhe, dentre um leque variado de temáticas, (às vezes chegando a mais de oitenta temas por núcleo), as que são de sua prioridade. "Não existem cursos onde os estudantes fazem as mesmas coisas. Há o princípio de que há muitos perfis diferentes de alunos e que estes devem ser respeitados na individualidade de seus interesses pessoais, intelectuais e profissionais", como diz Goeschel. O curso desenvolve-se de forma integrada com outros nove cursos, o que o leva a ter professores das mais diversas especialidades e a um trabalho interdisciplinar. Pelo seu modo especial de ser, o Curso de Serviço Social não tem objetivos definidos, nem definição de um perfil profissional. A sua identidade se estabelece na medida em que segue os princípios norteadores oficiais, emanados no último "Parecer da Associação Alemã de Serviço Social e Pedagogia Social", de 17 de maio de 1983, que contém as exigências para a qualificação profissional e para a formação do assistente social e do pedagogo social. Havendo maior interesse, consultar: Stellungnahme des Deutschen Vereins für offentliche und private Fürsorge, *Anforderungen an eine berufsqualifizierende Ausbildung der Sozialarbeit/Sozialpädagogen*, Federal Republic Germany, 17. März, 1983.

A formação de um modelo parece-me reduzir o potencial do aluno e, ademais, direcionar, ou melhor, estreitar seus conhecimentos teórico-práticos etc., para uma certa direção específica. Muitas vezes ouvi nossos alunos queixarem-se:

"Vocês querem nos colocar numa fôrma!" "Direcionar nossa cabeça!" "Vocês, professores, dão apenas uma direção para nós!"

Além disso, a questão da formação de um modelo é bastante arrojada e, por vezes, arriscada, porque entramos aí na questão da cultura, dos valores, da visão de mundo de cada pessoa e de cada grupo social. Desta forma, o que pode ser um "modelo" para um, pode não sê-lo para outro, dependendo da ótica em que é configurada, alicerçada e desvelada esta concepção.

Acredito que a questão que se coloca não é tanto a de um modelo, mas a de que o aluno em formação necessita ter uma referência em relação ao profissional do curso que escolheu, que será o ponto de partida para se identificar, ou não, com a profissão. Esta referência deve contemplar os princípios básicos norteadores que alicerçam a profissão e a prática profissional.

Por outro lado, a concepção de matriz de identidade profissional de Estevão não está explícita no seu discurso e, para abordá-la, lancei mão de meu conhecimento pessoal sobre a formação educacional da autora entrevistada e do seu uso constante de um conceito, cujos fundamentos estão em Jacob L. Moreno. Este aponta a matriz de identidade como resultante da co-existência, co-ação e co-experiência da criança na sua fase primária, em relação às pessoas e coisas que a cercam — lançando os alicerces do primeiro processo de aprendizagem emocional da criança, que ocorre em cinco fases (as quais são também obedecidas no trabalho com adultos).[20]

20. A teoria moreniana pressupõe que a criança passe por cinco fases de desenvolvimento que se sobrepõem e, com freqüência, operam conjuntamente:

"A primeira fase consiste em que a outra pessoa é, formalmente, uma parte da criança, isto é, a completa e espontânea identidade.

A segunda fase consiste em que a criança concentra a sua atenção na outra e estranha parte dela.

A terceira fase consiste em separar a outra parte da continuidade da experiência e deixar de fora todas as demais partes, incluindo ela mesma.

A quarta fase consiste em que a criança se situa ativamente na outra parte e representa o papel desta.

A matriz de identidade é, para Moreno, a

"placenta social da criança, 'o locus' em que ela mergulha suas raízes."[21]

Assim, o mundo em torno da criança é denominado o primeiro universo. Nesta medida, a matriz de identidade para a criança é a matriz materna que deve oferecer-lhe uma variedade de recursos, que a levem a

"um esforço para ir além, ou fora do que a pessoa é (...)",[22]

chegando ao ponto de fazer tudo por si mesma, sem a ajuda de outrem.

Nesta medida, a criança vai ganhando autonomia, experiência, e declina a dependência, permitindo-lhe "saltos" na busca desta autonomia e de sua realização pela espontaneidade e criatividade. Estes dois conceitos são básicos para Moreno. A espontaneidade deve ser liberada em cada situação vivida pela pessoa. Esta deve dar vazão a seu próprio processo de descobrir as ações, pensamentos e emoções, adequadas à situação. Por sua vez, a este conceito ele liga o de criatividade, pois a espontaneidade favorece a criação de produtos, novos conhecimentos, novas realidades, modos de comportamento etc. que, para o autor, constituem a herança cultural. Nesta medida, há a necessidade de a pessoa liberar sua espontaneidade, cultivando suas habilidades de criar sempre novas respostas que a satisfaçam e que atuem como elementos revitalizadores da própria cultura.

Sob esta perspectiva é que se pode entender Estevão ao falar de modelo, referindo-se ao modelo relacionado mais à expectativa prescrita a papel, à representação do papel; papel este socialmente determinado como modelo e, aqui, na análise do discurso de Estevão, encarnado pelo supervisor. Desta forma, o supervisor pode ser para o aluno-estagiário o modelo ou o não-modelo, como referência mais próxima da representação do

---

A quinta fase consiste em que a criança representa o papel da outra parte, a respeito de uma outra pessoa, a qual, por sua vez, representa o seu papel. Com esta fase, completa-se o ato de inversão de identidade."
Ver MORENO, Jacob. *Psicodrama*. São Paulo, Cultrix, 1975, p. 112.
21. Id., p. 114.
22. Id., p. 114.

35

papel profissional, esperado pelo aluno ou determinado, via conhecimentos do Serviço Social apreendidos até então, no seu processo de formação profissional.

Operacionalizando as fases propostas pela teoria de Moreno à situação da Supervisão, a aprendizagem vai se desenvolvendo conforme o aluno-estagiário interage com o meio em que vive (faculdade, família, trabalho, estágio, pessoas etc.), através de sua espontaneidade e do estabelecimento de vínculos com pessoas desse meio. A matriz de identidade profissional, neste contexto, não é só o supervisor, mas é o resultado de várias concepções de conteúdo. No contexto contemplado, ela é o somatório da concepção de homem-usuários do Serviço Social, da profissão, da prática profissional, do assistente social, da instituição de ensino e do campo de estágio, de educação, da realidade social, enfim, de todo o contexto sócio-econômico-cultural que circunda o aluno estagiário de forma mais imediata.

A matriz de identidade profissional deve fornecer condições para contínuas mudanças, reformulações no processo de ensino-aprendizagem. Neste sentido, esta é necessária e importante no processo de formação do aluno, especialmente no momento em que ele inicia o estágio prático supervisionado, onde, diante do desconhecido, do novo, ele apresenta insegurança profissional. Minha experiência tem mostrado que, no processo de ensino-aprendizagem, o aluno de Serviço Social tem como matriz de identidade profissional o seu "supervisor da prática", o "supervisor de campo", como muitos o denominam, e não o professor da teoria, ou o supervisor da faculdade. Cabe, então, ao supervisor, seu protótipo, acompanhar o aluno-estagiário neste processo de amadurecimento de sua formação profissional. Supervisor e supervisionado vão conjuntamente desvelando os diversos conteúdos relacionados à sua prática e, aos poucos, por aproximações sucessivas, as diversas concepções vão se alterando. Este processo leva o aluno a uma maturação gradativa, a uma segurança profissional, a tal ponto que se espera, no final do curso, que ele tenha encontrado a sua própria identidade profissional.

No transcorrer de toda entrevista, Marques incorpora em sua linguagem os princípios morenianos, ao aprofundar a temática da matriz de identidade profissional; em vários momentos de seu discurso reforça, detalha e/ou complementa sua posição, o que, muitas vezes, vai ao encontro das minhas ponderações anteriores. Desta forma, por exemplo, ela afirma que:

> "Teríamos que definir o perfil do profissional que estamos querendo formar e quais os fundamentos essenciais para atingir este objetivo. A ação do supervisor envolve uma estruturação e um desenvolvimento de funções, de atividades, de programas etc."

A falta de uma referência sólida da profissão deixa o aluno inseguro, o que se depreende da fala desta autora:

> "Tem um conjunto muito grande de solicitações, na realidade, por uma indiferenciação da profissão, e eu acho que o aluno fica um pouco a reboque disso, sem ter respostas muito claras. Eu sinto que o que ele mais precisa hoje é descobrir o que é mais valioso, que contribuição é mais rica (...) porque ele (estagiário) tem que ter uma formação ampliada do papel profissional e todos os sujeitos com quem ele estiver envolvido na formação do papel profissional vão ser uma referência."

No processo de amadurecimento profissional, Marques comunga com a minha idéia de que o supervisor deve ajudar o aluno a definir a sua identidade profissional. Embora ela coloque o supervisor como modelo, o aluno não deve ficar preso a este modelo:

> "(...) iniciar a estruturação de seu papel profissional, quer dizer, construir o início de uma matriz. Eu defino o papel do supervisor como aquele que oferece um modelo de matrização do papel. O aluno participa com o supervisor em tudo o que é fundamental para o desenvolvimento do papel profissional... (...) Eu fico pensando: se conseguimos, na disciplina Estágio Supervisionado e na faculdade como um todo, dar referência ao aluno para construir seu papel profissional, mesmo lado a lado de um supervisor que já está desacreditando da profissão, talvez a figura de supervisor modelo, dentro dos padrões que eu valorizo, não seja tão fundamental. (...) Algumas (alunas) tiveram um modelo ou outro de Supervisão mais solidamente colocado, às vezes uma postura mais tradicional. (...) Já tive aluno desenvolvido, que acaba até transcendendo muito o modelo e se tornando muito amigo do supervisor. Hoje eu percebo a finitude do papel profissional. (...) Seja de que nível for o aluno, é a experiência que se está vivendo junto que o ajuda a ir redimensionando seu cotidiano, de uma forma que o modelo teórico sirva para ele como uma coisa importante que foi a construção de um conceito da profissão."

Dessa forma, sua preocupação, neste sentido, está retratada na sua atuação junto ao aluno-estagiário. Veja-se a explicação que Marques dá:

> "Daí eu elaboro um pouco com ele, planejo aquele atendimento, porque eu quero que ele tenha a coisa estruturada para chegar lá (no estágio) e sentir-se instrumentado para ir se soltando. Porque a referência é fundamental para o sujeito construir uma espécie de um 'rascunho', entre aspas, da ação dele. Com este rascunho, ele vai lá e começa a delinear uma experiência que ele vive, outra experiência e mais outra. Daí ele vai transformando este 'rascunho' numa elaboração mais definitiva e vai montando a matriz profissional dele — que seria a construção peculiar dele — com seu referencial."

Este depoimento, bem como outros, revela uma concepção de Supervisão, de homem e de mundo que inclui o aluno como o próprio sujeito que formula e elabora sua identidade profissional. Há um respeito pelo aluno. É a proposta de liberação da espontaneidade e criatividade do aluno. Como afirma Marques, a Supervisão é um processo que

> "envolve uma relação, o estabelecimento de uma relação, um contato próximo" com o aluno-estagiário e que o "conhecimento construído por cada um (supervisor e supervisionado) seja vivido, seja trocado."

Outro aspecto a ser ressaltado nesse conteúdo é que Marques, como Estevão, adota uma teoria de modelos na educação e na Supervisão. Em vários dos excertos anteriores, diversas nuances de modelo são citadas. Observe-se, por exemplo, a primeira citação de Marques.

Percebe-se nitidamente que é a teoria moreniana que está presente. Moreno, em sua teoria, não rejeita o "modelo". Ao explicitar suas idéias quanto à matriz de identidade, ele apresenta momentos onde, no processo de desenvolvimento da identidade, o ser humano parte de modelos, mas no sentido de rever, de desmontar os modelos que estão presentes na "conserva cultural", como ele denomina quando os aspectos da herança cultural[23]

---

23. Os diferentes aspectos da cultura — criação de produtos, conhecimentos, modos de comportamento, valores, tradições — constituem a herança cultural e respondem às exigências que o homem experimenta em determinadas situações. Ver, quanto a esta questão da herança e conserva cultural; MORENO, Jacob. *Psicodrama*. São Paulo, Cultrix, 1975, pp. 157-164.

adquirem para os indivíduos um valor em si, um caráter sacralizado, impondo-lhe normas, regras, mesmo que estas não sejam mais adequadas ao momento.

Assim, no meu entender, o modelo moreniano é uma expressão do papel cristalizado e que tende a ser trabalhado para a sua superação, no sentido de levar o homem a desvencilhar-se dessa cristalização e a encontrar a sua matriz.

Toledo, ao preocupar-se com a questão de a concepção da Supervisão não estar definida e clara para os profissionais supervisores, refere-se ao modelo, mas a um modelo que seja uma referência para o aluno situar-se, nortear-se na profissão e não sentir-se inseguro e sem direção:

"Bom, falando um pouco da Supervisão de alunos — acho que aí eu tenho mais experiências — há, na Supervisão dos mesmos, algumas questões que estão complicando um pouco o contexto. Atualmente, nós delegamos a Supervisão ao assistente social da instituição. Talvez o que esteja faltando hoje é um modelo, um parâmetro, um paradigma, algo assim, uma referência do que seria uma Supervisão, e cada um está do jeito que quer!"

O exemplo que Marques expressa de sua vivência maternal é transferido para a vivência educacional, além de este depoimento desvelar o respeito pela montagem da matriz de identidade profissional de cada um:

"Hoje eu me sinto diferenciada das minhas filhas de seis anos, que estão entrando numa montagem de uma identidade, que tem sua semelhança com a identidade da matriz profissional, que o aluno começa a montar..."

"Eu sempre tive uma inquietação que me levava ao questionamento da autoridade. Eu acho que quando eu topava com um aluno que apresentava esta questão, às vezes eu me identificava um pouco com ele. E não conseguia dar segurança para ele e dizer: 'Tem certas coisas que são assim mesmo'! Assim é o 'meu modo'! A gente vai experimentar este modo, e, se ele achasse que não dava certo, depois ele ia construir o 'modo dele'. Eu acho isso uma coisa muito necessária: você tem que ter clareza de algumas questões que são fundamentais e de outras que não são — e, aí, você vai permitir ao aluno construir o modo particular dele."

Além disso, a forma de direcionar a prática da Supervisão, sob influência moreniana, conduz à troca de experiências, conhecimentos etc., entre supervisor e supervisionado, bem como dá oportunidade ao estagiário de construir a sua própria matriz profissional:

"(...) Estou tentando configurar o recurso dramático, para a troca de experiência com a aprendizagem que desfoca a relação do professor/aluno, do supervisor/supervisionado. Nesta minha visão, alarga-se a possibilidade de o estagiário construir a sua matriz; de ele perceber a produção de conhecimento, sem descolar dos modelos, de seus tipos de produção, e perceber que existem níveis de conhecimento diferenciados. Existe um nível que, como diz José Paulo Netto, não é a construção de teoria, mas é a sistematização de algum conhecimento da prática, que não é produção teórica, mas cabe a um profissional e cabe a um aluno."

Sintetizando, percebo que o conteúdo das três autoras sobre a concepção de Supervisão é densamente permeado pelo conteúdo vivencial da teoria moreniana, mesmo que Toledo não o tenha explicitado claramente. Mas não é por acaso que isso ocorre! Há a necessidade de contextualizar tal fato. É significativo verificar quando o Serviço Social se apropria do psicodrama como recurso educativo, tanto ao nível de formação profissional, quanto de sua ação. Dá-se justamente quando impera a hegemonia do sociologismo no Serviço Social (década de 70 e início da de 80), quando há a tentativa de excluir da análise sociológica o estudo dos propósitos: pensa-se mais nas necessidades funcionais e se esquece das motivações do indivíduo. Nesta medida, há no Serviço Social um corte entre a sua intencionalidade teórica e a sua ação. Não há compatibilidade entre a teoria e os mecanismos de ação. Daí, a anulação do indivíduo se expressa mais especialmente nos meios acadêmicos. Sob tal conjuntura é que alguns grupos na categoria, principalmente de professores, buscam saídas para tal impasse. É relevante ressaltar que entre eles se incluem as três professoras supervisoras, Marques, Estevão e Toledo, que têm a formação psicodramática.[24]

O psicodrama parece ser, então, uma das saídas, uma tentativa de movimento de gênese e de superação não só para o plano

---

24. No período de 73 a 83 se acentua a procura pela formação psicodramática no Curso de Serviço Social da PUC-SP. Exemplificando, em 1975, 18 dos professores faziam sua formação nesta área.

individual (Estêvão e Marques), mas para a dinâmica da relação com o coletivo profissional do próprio Serviço Social. Portanto, o movimento em direção ao conteúdo e recurso psicodramático apresenta-se como uma proposta de liberação da espontaneidade e criatividade do indivíduo, mas, também, do próprio profissional-supervisor.

b. A Supervisão como processo de ensino-aprendizagem

A Supervisão de estagiários em Serviço Social é intrinsecamente um processo de ensino-aprendizagem, como Toledo tão bem reforça:

"A categoria da concepção de Supervisão e as processuais são, talvez, as mesmas, na medida em que eu esteja concebendo a Supervisão como um processo de ensino-aprendizagem. É aquela idéia da 'troca' que eu chamo hoje de 'debate'. Quando eu digo debate, eu estou dando condições para o aluno se abrir — que ele pense!"

"A Supervisão em Serviço Social pressupõe, necessariamente, uma concepção de educação e uma concepção de profissão, porque, como é específico em Serviço Social, eu não posso supervisionar se eu não tenho claro que proposta, que concepção de profissão eu tenho para debater com esse aluno, para passar para esse aluno. Isso vale para qualquer profissão: medicina etc. Eu tenho que ter claro como ensinar e o que ensinar — a forma e o conteúdo. Para mim, a Supervisão é uma forma de ensino. Então, no caso do Serviço Social, o conteúdo é a profissão hoje no seu debate; ela não está fechada e acho também que em nenhum momento a gente pode passar uma profissão fechada."

Marques também deixa clara sua posição: da Supervisão ser um processo de ensino-aprendizagem, onde há aprendizagem de recuperação de vivências, onde há a troca do cotidiano profissional e da vida, do que está sendo construído por cada um. Nesta perspectiva, afirma:

"Até agora, abordei muito o processo e não mencionei o conteúdo do que abordamos no curso com os supervisores: que a visão de educação é um processo de ensino-aprendizagem. Marquei muito um processo de matrização de um papel profissional; quer dizer, um ensino-aprendizagem voltado para a formação profissional. Eu marquei muito pouco a questão de ser um processo de ensino-aprendizagem — aquelas questões do desenvolvimento humano, o que se espera de um processo educativo. Dentro de um processo educativo existe um conteúdo que é fundamental para o supervisor que é a visão de educação — que dá um pouco a natureza do processo."

"Pensando nos elementos todos que trabalhamos conceitualmente com os supervisores, achei que, quanto à natureza da Supervisão, eu abordei pouco até agora. É a questão de ser um processo de ensino-aprendizagem. Eu estou pensando naqueles textos que trabalhamos com eles, do Paulo Freire — *Educação para Transformação* e *Pedagogia do Oprimido*. São textos que trazem a visão do sujeito participante do processo; dos sujeitos situados no processo, e aí entra o aluno como participante integrante do processo. Julgo importante marcar esta visão de educação, que caracteriza a montagem do plano de estágio, e partir, depois, para a parte mais operacional, como as estratégias do processo da Supervisão. (...) Seria melhor a estratégia que estabelecesse essa relação pedagógica e que desenvolvesse a matriz profissional do sujeito, guardando, em si, um conteúdo de aprendizagem. Não é uma aprendizagem qualquer, no sentido teórico de ser uma transmissão de informação; esse não é o privilégio da Supervisão. A transmissão de informação até parte desse pressuposto de que o aluno já detém informações teóricas fundamentais. A Supervisão é mais uma integração entre o cognitivo, o afetivo e toda expressão disto. O supervisor faz com o aluno a síntese de toda vivência dele, porque ele já tem um conjunto muito intenso de teoria no 1º e no 2º anos, e tem centrado para a realidade, no 3º ano, todo um conjunto de disciplinas teóricas mais de imediações de instrumentos para ele poder lidar com a realidade. Inclusive, é o momento que a Laisa marcava muito, no material dela, o que ela chamava de 'impacto com a realidade': o choque que o aluno tem quando entra em contato com essa realidade. Com isso tudo, não dá para fazer uma aprendizagem tradicional! Mesmo que você tenha espaço em uma sala de aula com essa minha proposta de um ensino de prática, tem que se buscar uma metodologia de prática entre aspas. Porque não dá para você ensinar, compartilhar com o aluno uma experiência antes de ela ser vivida. É impossível preparar essa experiência da melhor forma possível, ou, depois de vivida, recuperar e olhar direito para ela, sem uma metodologia que facilite isso!"

Este pensar deve ter embutida a dimensão do debate. Toledo esclarece seu pensamento a respeito:

"A Supervisão fica cada vez mais necessária, principalmente agora, para ajudar esse aluno a pensar, a esclarecer dúvidas, etc. Neste sentido, ela tem uma dimensão formativa e também informativa, porque os alunos hoje estão carecendo de muitas informações."

Estevão também clarifica esta questão, mostrando a necessidade do conhecimento e a relação que o ensino deve ter com a prática e com a vida:

"Como é que você pode estar discutindo, como supervisora, as relações sociais que se estabelecem, a relação que aquela instituição estabelece com a população e a que o estagiário estabelece com a população, se você não conhece o lugar? Como você pode estar ensinando uma coisa que você não se permitiu conhecer? (...) A coisa acaba se voltando muito mais para a questão interna do ensino. A preocupação do ensino, com a vida interna da instituição é uma coisa muito forte; é uma exigência! E, daí, não dá para se ter mesmo uma idéia de Supervisão, porque não se tem aquela visão de o ensino ser parte da vida, do mundo, que é fonte de assunto para você estar ensinando; o material pedagógico está aí no mundo, está na sociedade, está no teu trabalho! Então, fica difícil mesmo! É muito frágil a relação entre o ensino e a profissão; acaba abrindo-se um abismo entre a teoria e a prática. Acho que isto nos Cursos de Serviço Social em geral, porque o ensino de Serviço Social pretende produzir conhecimento, produzir a crítica a partir daí, e não produzir profissionais."

Toledo endossa a importância de o ensino, na Supervisão, fazer parte da vida, do cotidiano, da realidade em que se vive:

"Aí a gente podia pôr o pé no chão, crescer junto — o pessoal da faculdade conseguir chegar mais perto da realidade, aprender a fazer esta leitura também! Vai ser necessário fazer esta leitura da realidade! E ajudar, a quem está na prática, a ler, a entender o que está escrito nas propostas teóricas."

Marques também assinala a importância de o ensino estar inserido nas "vivências", no "vivido". É a aprendizagem vivencial que se configura como o produto desse processo, em cima de vivências:

"Nisto entra a recuperação de permitir o vivido e a recuperação do vivido. Este é o aspecto nobre do nosso processo: permitir que o aluno discuta conosco o que ele está percebendo do todo que ele está vendo, aí, no papel profissional. Por isso, eu considero que a troca, o aprender com iguais é fundamental, que o processo de agrupamento do sujeito que está envolvido na formação profissional é fundamental, e que uma disciplina que os envolva em grupo é fundamental na Faculdade. (...) O intercâmbio deve ser dimensionado da forma mais ampla possível; aí é que o aluno aprende; é entre os iguais, discutindo as questões com o supervisor, com os professores.

A faculdade tem que organizar formas de encontros de vários campos de alunos com realidades diferentes, tem que discutir com o supervisor e com o aluno. Eu vejo a Supervisão acontecendo no sentido da troca; isto é fundamental em Supervisão — que o conhecimento construído por cada um seja vivido, seja trocado e que, principalmente, a sistematização, que cada um está construindo, seja vista de onde é que vem e assim se valoriza um pouco esse cotidiano! Não valorizar, não mistificar tanto a teoria como produto de cabeças ilustres!"[25]

Esta forma de se concretizar a aprendizagem atende ao conteúdo da formação da matriz de identidade profissional, na medida em que há uma preocupação de desenvolver, no aluno-estagiário, a espontaneidade e a criatividade, o que se percebe na fala de Estevão:

"A faculdade devia ter um papel importante de ensino, de estar despertando a curiosidade, a vontade de aprender, de saber mais, de ser melhor profissional, para ele transferir isto para o estágio. Aí entra de novo a questão da personalidade! Quer dizer, esta disponibilidade para saber tudo o que lhe interessa na vida profissional tem um pouco a ver com a formação da personalidade dele também."

Toledo também defende e aclara tal questão, quando diz:

"Acho que se deve partir do que o aluno sente e pensa como material muito importante na Supervisão. Ele pode estar entendendo, de alguma forma, todas as regras da instituição, as normas, as políticas dentro da instituição, mas se eu não trabalhar com as imagens e representações que ele faz disso tudo, que podem estar muito ligadas a uma visão conservadora da realidade, eu não vou mudar nada; não vou inovar nada e não vou colocar o verdadeiro sentido da formação profissional. Não dá para negar! Como também não se pode ficar só no âmbito do psicologismo das relações."

Contudo, no processo de ensino-aprendizagem, o sentir e o pensar a realidade devem ser concretizados no real, e devem estar bem claros para o aluno-estagiário. Isto se denota na posição de Toledo:

"Quantas vezes o aluno pode estar desempenhando uma tarefa que não está clara por uma questão do 'mando' ou do 'ensino'! Ele precisa estar sempre muito atento para questionar isto a toda hora!

---

25. O trecho final encontra-se citado na p. 29, porém aqui tem sua significação especial. Aliás, neste estudo, por vezes isto ocorre, pelo fato de os desvelamentos dos depoimentos adquirirem conotações diversas, no contexto analisado.

Ele precisa ter claro até que ponto as tarefas que ele está desempenhando podem atender a estes dois aspectos — mas até onde ele vai para um lado e até onde ele vai para o outro? Realmente, eu acho que a melhor forma de aprender é executando tarefas. Mas, precisa-se debruçar sobre elas para refletir: o que é que eu fiz? Como fiz? Por que fiz?"

O ensino-aprendizagem, ao processar-se, envolve um tempo, envolve momentos, envolve o somatório de um conjunto de vivências, em um processo de sucessões cumulativas que nem sempre são previsíveis. É o que se depreende do depoimento de Marques:

"Agora, fundamentalmente, alguma percepção dessa realidade o aluno 'saca'. Eu acredito nisto, mesmo que seja pouco e pode não ser naquele momento, mas daí a algum tempo, daí a seis meses, dois meses, cinco anos... É aí que eu retomo a questão do processo: nem sempre é possível para o supervisor a percepção da contribuição que ele pode dar para o aluno, por ter vivido com ele só um momento no processo de sua formação. Às vezes, o aluno vai poder dar um salto que o supervisor não vê, ou vê muito tempo depois; isto depende de cada sujeito e de cada circunstância. Não dá para se viver o desenvolvimento do aluno. Às vezes você vive o momento de maior limite dele, de mais dificuldade. Não tem importância! Houve tempo de aluno difícil me dizer: 'Pô, que droga eu queria?' E ter um aluno desenvolvido: 'Que delícia! É ótimo mesmo!' Já tive aluno desenvolvido, que acaba até transcendendo muito ao modelo e tornando-se muito amigo do supervisor."

Um aspecto a ser ressaltado, neste processo de ensino-aprendizagem, é que ele é decorrente não só de vivências positivas. Estevão já apontou um supervisor não-modelo. Marques ressalta a aprendizagem em situações de conflito. Ela exemplifica:

"Eu me lembro que uma vez estávamos trabalhando, usando a técnica da 'história do cabelo', para as pessoas se conhecerem. E elas trouxeram vivências muito difíceis relacionadas com cabelo. Com técnicas de 'mão'[26] também isto ocorreu. Então colegas de equipe

---

26. Trata-se de técnicas psicodramáticas que se usam para um aquecimento específico ou para o início de uma integração grupal e vivencial, enfocando não só o conhecimento do grupo, mas de sua dinâmica. São técnicas facilitadoras no processo de ensino-aprendizagem, que propiciam não só o conhecimento da rede sociométrica do grupo, mas a incorporação do conjunto de conhecimentos gerais (prática profissional, exercício do papel de aluno-estagiário e dos outros papéis, conteúdos, vivenciais, relacionais, afetivos, familiares, socioculturais etc.).

me perguntaram, preocupadas com a direção: como é isto? É didático? Como é isto para a questão Supervisão? E até nós ficamos com esta preocupação! Quando ocorriam conflitos, quando ocorriam dificuldades de relação, a relação sociométrica estava toda conflitante, complicada. Existe uma noção de que ocorre aprendizagem quando está tudo bem! Às vezes, numa circunstância em que ocorreu um conflito, foi de onde se tirou mais aprendizagem! O aluno que, às vezes, no processo da Supervisão, entra em conflito com o supervisor, consegue maior desenvolvimento, tanto próprio como do supervisor, em termos da estruturação do papel profissional. Mesmo quando ocorrem algumas questões que ele recupera, ou vivências pessoais, ou familiares, ou de relações dele que estão dificultando o processo, eu não me preocupo com estas questões terapêuticas. É um pouco o que o psicodrama ensina para nós: a solução não está fora da situação! Eu não esqueço uma coisa que a Mariza sempre trabalhou muito conosco em psicodrama pedagógico. Foi a questão de que, quando você busca a solução, a solução está na situação, ela não pode estar fora da situação; então, discutir a situação e tudo o que a envolve é, num certo sentido, encaminhar-se para a resposta. Não tem jeito de você negar questões da situação e responder a ela; a resposta para qualquer questão está na própria situação. Se ocorre um conflito no grupo, é ali que o conflito tem que ser resolvido, e não adianta querer passar por cima e executar uma tarefa e imaginar que o conflito vai se resolver, mesmo que o grupo diga: 'Tá bom, não quero resolver este conflito agora; eu quero trabalhar a questão de Supervisão!' Durante a discussão de alguma questão em que o grupo está envolvido, você está atento à questão do conflito que está instaurado ali. Você pode não estar focando a questão para trabalhar, mas ela está presente. Você não a nega e vai, através da tarefa, discutindo um atendimento."

Além do aspecto da matriz de identidade profissional, Estevão concebe, também, a Supervisão como um processo de ensino-aprendizagem, na medida em que a entende como "um ensino para a vida profissional", como uma "preparação para a vida profissional". Esta perspectiva de compreender a Supervisão desvela uma concepção de ensino que não se restringe ao espaço acadêmico, mas à vida do aluno, denotando uma visão de totalidade deste mesmo aluno e do ensino. Este enfoque se depreende em sua própria fala, quando diz que:

"Outra coisa que poderia compor a Supervisão é tentar dar a idéia de generalização, que, no ensino, o aluno não tem muito claro. Ele a tem, ao nível teórico. O generalizar, a idéia da totalidade das coisas, o nível da vida prática, da vida profissional podem ser, também, conteúdo da Supervisão.

Todos estes aspectos aí — de técnica, de empatia, do que é a formação da matriz de identidade profissional — são encadeados via profissão, na cabeça do aluno. Mas, em geral, não se faz isto na Supervisão. Quando se fala de identidade profissional, mexe-se um pouco com a questão da personalidade também... você está ajudando a preparar uma personalidade mais afinada com a profissão.

Quando eu dava Supervisão, eu mandava ler certos romances que eu li, o que não é atividade da universidade, mas eu vejo como fundamental para o aluno fazer certas relações.

Eu lia, porque gostava, tudo o que se relacionava com a questão humana, todos estes grandes romances são coisas importantes, são coisas que a Supervisão poderia estar dando. Ler o *Germinal* seria uma coisa ótima para ser discutida na Supervisão, porque ali está presente tudo."

Esta conotação da Supervisão se afina com a posição de Marques, na qual a Supervisão extrapola o mundo acadêmico e a educação passa a ser um "ensino compartilhado", onde há uma relação horizontal, de um ensino onde o "sujeito vai se desenvolvendo até conseguir inverter o papel com a gente (supervisor), e sair um profissional".

Para Marques, a Supervisão é um processo que se volta para determinado objeto e objetivo e que envolve uma relação de troca entre o supervisor e o supervisionado. Esclarece a autora que é um processo onde há um recobrar do conhecimento teórico na vivência do aluno-estagiário. Os trechos a seguir ilustram o seu pensamento:

"No processo de ensino-aprendizagem existe a troca, o debate; supõe-se que a relação do supervisor e supervisionado seja uma relação horizontal, o que não exime o supervisor de desempenhar o seu papel, diferenciando-o do aluno estagiário."

Este fato se constata na própria fala de Toledo, quando ela salienta os papéis de cada um:

"A relação supervisor e supervisionado é a relação do debate no processo de ensino-aprendizagem. Mas, também, é uma relação de saber! Não se pode camuflar isto! O supervisor sabe mais e, por isso, ele está numa situação de poder ajudar! Só que não é um saber fechado, é um saber que pode ser questionado, é um saber que pode ser reciclado! Mas ele tem uma posição de saber!

Nós enfatizamos muito, anos atrás, a relação do supervisor e supervisionado, como uma relação de igualdade. É claro que havia aí toda uma proposta, ou uma resposta crítica da relação bancária depositária do saber. O professor ou o supervisor sabe mais do que o aluno. Na questão da Supervisão se dava aquela imagem do sujeito mais alto que estava numa posição superior, que joga as coisas para o aluno e ele tem que absorver tudo isto. No fundo era uma crítica ao próprio sistema que ele estava vivendo, de autoritarismo. Então, a gente tinha um medo de cair no autoritarismo ou de ser autoridade! A gente confundiu muito tempo autoridade com autoritarismo! Eu me lembro quando eu soube o que era a palavra autoridade: 'aquele que ajuda a crescer' — e eu levei um susto — porque, para mim, falar de autoridade, eu já via um militar na minha frente, uma farda! De fato, até você entender que você tem uma autoridade que lhe confere seu papel, que lhe confere seu saber, seu 'talento' — demorou! E a mesma coisa o aluno: ele tem uma autoridade, que lhe confere o seu papel, que lhe confere o seu saber e que lhe confere o seu potencial. Então, a relação se dá nisto, é uma relação de autoridades, com debates a partir de alguma coisa, de uma referência, do saber do supervisor e do aluno. Sem dúvida, o supervisor pode ter condições de orientar melhor o caminho, ou seja, a direção do caminho, porque ele tem a experiência acumulada, ele tem um conhecimento acumulado — não se pode negar isto — e até uma posição na instituição, seja na instituição-escola ou trabalho, que facilita isto. Então, ele pode dar uma direção, um caminho, que também pode ser questionado. Mas cabe a ele dar uma direção, ter uma iniciativa, sem dúvida nenhuma."

Destes destaques, posso apontar alguns enfoques que ela menciona no tocante à composição da natureza da Supervisão em Serviço Social. Assim, enfatiza a Supervisão como uma atividade imprescindível na formação profissional, destacando especialmente as profissões ligadas diretamente à prática, ou seja, aquelas que por um caráter permanente são especializadas no exercício técnico-prático profissional. Contudo, isto não quer dizer que estas profissões se isentem de conhecimento, como já abordei anteriormente.

O conteúdo desse enfoque da Supervisão — processo de ensino-aprendizagem — apontado pelas três docentes, parece demarcar toda uma crítica de superação à educação bancária, (como Toledo tão bem expressou) e a busca de uma saída, pela prática de educação para a liberdade. Alguns movimentos de abertura política e social que o país patenteia são aplicados, aproveitados e assumidos pelas três autoras, que cultivam e assumem teoricamente uma concepção mais aberta, que escapa do ensino contaminado pelo autoritarismo. O desvelamento de suas falas descortina uma referência de educação e profissão em Paulo Freire. Este autor, mesmo quando esteve exilado (década de 60/70), influenciou sobremaneira a categoria profissional, estando ele muito próximo e ligado a vários trabalhos sociais e vice-versa, o que desencadeou avanços profissionais na época da ditadura.

Cabe aqui, então, explicitar as duas posições antagônicas e contraditórias de educação, ambas apontadas por Paulo Freire, que, diretamente, influenciaram o Serviço Social e as docentes aqui implicadas: a educação bancária e a educação para a liberdade.

Quanto à educação bancária, ela é o legado da sociedade opressora, dominadora; é a escola autoritária por estrutura e tradição, no Brasil. É uma educação vertical em que o professor é um ser superior que ensina para aquele que não sabe — o aluno; o que, segundo Paulo Freire, "forma uma consciência bancária". Por que bancária? Porque, nesta visão, o aluno-educando recebe passivamente os conhecimentos, "tornando-se um depósito do educador".[27] Daí a educação ser um ato de depositar, em que os educandos são meros depositários do saber e o educador, o depositante. O educando recebe pacientemente, perdendo o seu poder de criatividade, de inovação, de ser ele próprio. Assim concebido, o educando não é o sujeito de sua ação. Freire expressa-se claramente sobre tal questão:

> "Esta é a educação bancária em que a única margem de ação que se oferece aos educandos é a de receberem os depósitos, guardá-los e arquivá-los.[28](...) Na visão 'bancária' da educação, o 'saber' é uma doação dos que se julgam sábios aos que julgam nada saber. O educador nesta visão é sempre o que sabe, enquanto os educandos serão sempre os que não sabem."[29]

27. FREIRE, Paulo. *Educação e Mudança*. Rio de Janeiro, Paz e Terra, 1979, p. 38.
28. FREIRE, Paulo. *Pedagogia do Oprimido*. Rio de Janeiro, Paz e Terra, 1975, p. 66.
29. Id., p. 67.

Assim, na educação bancária, "a educação é o ato de depositar, de transferir valores e conhecimentos",[30] em uma relação vertical. Nesta perspectiva, não há chance de criatividade, não há transformação, não há saber, não há debate, não há diálogo. Mas há, sim, o monopólio da palavra, do discurso, da direção, do ativismo; há a mediocridade, a dominação, a massificação e a anulação do indivíduo que é colocado em uma posição de autodesvalia, inferioridade, característica da alienação que anestesia o espírito criador.

Resumindo, na educação bancária analisada por Freire, há o intelectualismo alienante, o autoritarismo do educador bancário, a anulação do educando e a falsa consciência do mundo.

Contrapondo à "educação bancária", Paulo Freire apresenta a "educação para a liberdade", a "educação problematizadora", como ele a denomina.

As idéias de Paulo Freire começam a ser discutidas no início da década de 60, como uma das expressões de emergência política das classes populares brasileiras. Por essa época, a crise vivenciada pelas elites dominantes, que já apontavam sinais das condições históricas brasileiras em trânsito para uma ditadura marcada pela desigualdade e opressão, fomentará a necessidade de ampliação de reflexões e de práticas dirigidas aos movimentos populares para enfrentamento dessas tendências.[31]

Nesta conjuntura, para a superação da educação bancária, Paulo Freire apresenta uma nova idéia de educação, ou seja, perceber a educação como prática da liberdade. Ele explica essa prática:

---

30. Id., p. 66.
31. O Golpe de Estado, em 1964, teve, entre seus resultados e também entre seus objetivos, a desestruturação do movimento de educação popular, encabeçado por Paulo Freire, que foi o maior esforço de democratização da cultura já realizado no Brasil. O seu método pedagógico de alfabetização foi desenvolvido no curto período de 1962-1964, iniciando-se no Nordeste e depois expandindo-se para vários outros Estados: Rio Grande do Norte, Sergipe, Bahia, Rio de Janeiro, Rio Grande do Sul. Ver: FREIRE, Paulo. *Educação como Prática da Liberdade*. 7ª ed., Rio de Janeiro, Paz e Terra, 1977.

"(...) ela só encontrará adequada expressão numa pedagogia em que o educando tenha condições de, reflexivamente, descobrir-se e conquistar-se como sujeito de sua própria destinação histórica."[32]

O aluno é sujeito que se deve autoconfigurar de forma responsável. Daí expressa a sua concepção de homem e, conseqüentemente, de educando e educador. O homem é um

"ser na busca constante de ser mais (...) O destino do homem deve ser criar e transformar o mundo, sendo o sujeito de sua ação;[33] "o homem como sujeito de todo o processo histórico da cultura",[34]

processo que o faz e refaz. E ainda afirma que

"o homem é um ser inacabado — 'está sendo' e com uma realidade, que sendo história também, é igualmente inacabada".[35]

O homem está em permanente movimento de busca do ser mais! Não é o individualismo, mas a individualidade, de ser mais, com uma consciência criadora, comunicativa e de compromisso.

Assim concebido o homem, o educador e o educando,

"co-intencionados à realidade, encontram-se na tarefa em que ambos são sujeitos no ato, não só de desvelá-la e, assim, criticamente conhecê-la, mas também no de criar este conhecimento".[36]

O educador é aqui o coordenador,

"(...) já não é o que apenas educa, mas o que, enquanto educa, é educado, em diálogo com o educando que, ao ser educado, também educa. Ambos, assim, se tornam sujeitos do processo em que crescem juntos e em que os argumentos de autoridade, já não valem".[37]

E Freire complementa a sua posição:

"(...) ninguém educa ninguém, como tampouco ninguém se educa a si mesmo; os homens se educam em comunhão, mediatizados pelo mundo".[38]

32. _____. *Pedagogia do Oprimido.* Rio de Janeiro, Paz e Terra, 1975, p. 1.
33. _____. *Educação e Mudança.* Rio de Janeiro, Paz e Terra, 1979, p. 38.
34. _____. *Pedagogia do Oprimido.* Rio de Janeiro, Paz e Terra, 1975, p. 4.
35. Id., p. 83.
36. Id., p. 61.
37. Id., p. 78.
38. Id., p. 79.

Portanto, a educação que se coloca aos que se comprometem com a libertação baseia-se nos

"homens como 'corpos conscientes' e nessa consciência, como consciência intencionada ao mundo, não pode ser a do depósito de conteúdos, mas a da problematização dos homens em suas relações com o mundo".[39]

A conscientização não é apenas conhecimento ou reconhecimento, mas opção, decisão, compromisso. Aprende-se em reciprocidade de consciências, onde o mundo é o lugar do encontro de cada um consigo mesmo e os demais. Desta forma, ao objetivar o seu mundo, o aluno nele reencontra-se com os outros e nos outros; e, da consciência das intenções que o objetivam, surge a comunicação, o diálogo que critica, o que leva à recriação crítica do seu mundo. É um processo educativo de "critização", e na crítica há o diálogo, pois o diálogo, para Freire, nasce de uma matriz crítica que gera criticidade.

Na educação para a liberdade e para a problematização, a relação é de "*educador-educando com educando-educador*".[40] Ambos estabelecem juntos uma forma de pensar e de atuar.

"Pensar-se a si mesmos e ao mundo, simultaneamente, sem dicotomizar este pensar da ação".[41]

Há um caráter autenticamente reflexivo que implica um constante ato de desvelamento da realidade, que conduza à sua reconstituição e a possibilidades concretas de ultrapassagem. Assim, é

"um pensar que percebe a realidade como processo, que a capta em constante devir e não como algo estático".[42]

Para Freire, o diálogo, a dialogicidade, é a essência da educação como prática de liberdade. Diz que

"no diálogo, no debate não há ignorantes absolutos e nem sábios absolutos, há homens que, em comunhão, buscam saber mais".[43]
"Como posso dialogar, se me sinto participante de um 'gueto' de

---

39. Id., p. 77.
40. Id., p. 78.
41. Id., p. 82.
42. Id., p. 97.
43. Id., p. 95.

homens puros, donos da verdade e do saber, para quem todos os que estão fora são 'essa gente', ou são 'nativos inferiores'?"[44]

Assim, o

"diálogo fenomeniza e historiciza a essencial intersubjetividade humana; ele é racional e, nele, ninguém tem iniciativa absoluta. Os dialogantes põem-se e opõem-se ao mundo. O diálogo é a própria historicização".[45]

Essas idéias de Freire se alastraram pelo Brasil, redundando em ações concretas na realidade social mais ampla, e esta realidade não podia ser negada pelo Serviço Social.

O Serviço Social opera em uma sociedade capitalista que possui mecanismos para absorver seus componentes dentro de sua dinâmica (valor, prestígio, *status quo*, aspirações de vida burguesa etc.) e esses componentes, por outro lado, desenvolvem contramecanismos, que se configuram em organizações coletivas, em representações e lutas populares, que apontam para a construção de alternativas de ação, condizentes com as exigências sociais históricas. Nesse contexto, na medida em que o Serviço Social, após o movimento de reconceituação, propôs-se a tomar uma posição clara frente a essa contradição, no sentido de fortalecer aqueles contramecanismos, teve que buscar uma forma nova de realizar o processo de ensino-aprendizagem, que fosse um delineamento estratégico que respondesse às opções desse grupo da sociedade, e que se desenvolvesse junto à realidade concreta, a qual se manifesta no seu cotidiano. Essa busca exigiu, por parte dos implicados no processo, a consciência do contexto da situação, de suas contradições e das possibilidades que delas emergem. A realidade do ensino no Serviço Social nos mostrou a necessidade de mudança da filosofia que o informava, para que ele se tornasse um meio viável de formação a serviço do processo de transformação, de melhoria da qualidade de vida e libertação do homem, respondendo às suas legítimas necessidades e interesses, dados historicamente.

Esta possibilidade de romper com estruturas sociais limitantes, de sentir-se que não se pode atuar só e isoladamente e que se

44. Id., p. 95.
45. Id., p. 9.

pode buscar um novo tipo, uma outra alternativa de realização da Supervisão, levou a pensar que a forma tradicional e atual devia ser superada.

E é esta a visão das três docentes, anunciando-a como uma superação crítico-libertadora do homem no contexto do capitalismo opressor, sem espaço para o ser no sentido ontológico. Nesta perspectiva, as falas de Estevão, Marques e Toledo desvelam uma visão de mundo em que o indivíduo (aluno e supervisor) ganha uma posição, um destaque que lhe foi negado na profissão e na sociedade. Marques, ao discorrer sobre sua concepção de aluno e educação, explicitamente, aponta tal visão, referendando-a em Paulo Freire:

> "Eu estou pensando naquele texto que a gente trabalha com eles (alunos), do Paulo Freire — *Educação para a Transformação* e *Pedagogia do Oprimido* — são textos que colocam a visão do sujeito participando do processo, dos sujeitos situados no processo e entra aí o aluno como participante integrante do processo. Acho importante marcar isso, no sentido da visão de educação, que caracteriza a montagem do plano de estágio e partir, depois, para a parte mais operacional."

No Curso de Serviço Social da PUC-SP, a fonte teórica do currículo é, e era, a ética marxista, compreendida, equivocadamente, com destaque ao indivíduo apenas enquanto sujeito coletivo, muitas vezes em detrimento de sua individualidade;[46] daí a indicação de sua participação nos órgãos de expressão coletiva: sindicato, partido, movimentos sociais/populares etc. O aluno é um sujeito coletivo. Não desmerecendo tal posição, Estevão, Marques e Toledo, aqui significativas, bem como outros profissionais, preocupados com a excessiva preponderância desta posição (que esquecia o indivíduo enquanto individualidade, enquanto sujeito ativo e partícipe de seu processo de aprendizagem), procuram resgatar a posição do indivíduo-aluno, no processo de sua formação profissional. Este não é um sujeito depositário de informações, conhecimentos, dogmas, modelos e regras institu-

---

46. Essa compreensão errônea, muito difundida no Serviço Social — principalmente por uma ala progressista radical, no período pós-reconceituação — apresenta um equívoco entre *individualidade* (a que Marx dá destaque e privilégio) e *individualismo* (criticado e rebatido por Marx). Refiro-me novamente a esta questão no item *c*, "A supervisão como uma terapia profissional".

cionais, mas tem de ser respeitado enquanto pessoa-indivíduo, sujeito de sua ação e inserido em um contexto social e coletivo.

É desta forma que as três professoras supervisoras direcionam apropriadamente a Supervisão como processo que é movimento, só possível na relação com o outro, na igualdade e na diferença; isto pressupõe dinamismo, crítica, debate, crescimento, movimento, revisão, metamorfose, transformação, conteúdos esses que aparecem em suas falas, que pressupõem uma série de fatos relacionados e que, em seu dinamismo, produzem uma energia, uma luta em certa direção, que, aqui, traduz-se no "ensino-aprendizagem profissional".

Contudo, há uma ressalva a se fazer em suas visões de educação. Mais destacadamente, Estevão e Marques têm perspectivas que freqüentemente apontam posições ecléticas. Seguem duas linhas de educação. Embora assumam seu norteamento pela teoria freiriana, adotam, também, a teoria de modelos. Em seus depoimentos fica patente que ora se utilizam de uma proposta, ora de outra, procurando conciliar ambas, mas não deixam claro o tratamento que dão a esta questão.

Houve uma preocupação das docentes em não caírem nos extremos, tanto do coletivismo, quanto do individualismo, ou seja, de, por um lado, não se deixarem cair na armadilha de ir dissolvendo o indivíduo no coletivo social, não tomando consciência da singularidade concreta de cada indivíduo e, por outro lado, não tomarem essa singularidade como a dimensão única da relação supervisor-supervisionado. Acredito que se pode e se deve falar em individualidade social, mesmo que possa haver uma contradição semântica; mas não dá para deixar de reconhecer o caráter dialético do indivíduo. É uma unidade que inclui uma distinção real que distingue (o indivíduo) do social, mesmo que ele seja um indivíduo transindividual, em que a sua essência humana se objetive no conjunto das relações sociais. Portanto, o que é preciso evidenciar (e que é a posição das três docentes) é que não dá para cair no erro oposto e mergulhar em um sociologismo que não tem poder para abrir caminho para a consciência do que realmente somos (como indivíduos e profissionais), e do que é ou deve ser o Serviço Social (como profissão), na atual conjuntura. Não podemos também separar o Serviço Social e a sua prática das condições sociais no meio das quais estas se dão; temos que ter consciência da sua clara socialidade e contextualidade histórica.

O processo de ensino-aprendizagem que se desenvolve no ensino de Serviço Social tem, portanto, a Supervisão como espaço privilegiado. Esse processo não pode ser separado do contexto mais amplo que o determina e o direciona para a necessidade de se estudar as relações que se imprimem neste movimento, para compreender a sua complexidade e superá-la.

É significativo destacar algumas determinações que agem como forças dinâmicas e que se inter-relacionam a partir de representações da realidade. Destaco duas como sendo as principais:. o contexto e o processo.

1. **Determinantes contextuais** — embora externos ao processo de ensino-aprendizagem, estes determinantes atuam sobremaneira sobre o supervisor, sobre o supervisionado e sobre o processo da Supervisão. A própria cotidianidade está condicionada histórica e socialmente, e o mesmo se pode dizer da visão que o supervisor e o supervisionado, como sujeitos coletivos, têm do mundo. De uma forma, suas consciências nutrem-se de aquisições de diversas espécies: idéias, valores, juízos, preconceitos etc., vigorando determinados princípios ideológicos.

A visão de mundo está penetrada de idéias que estão no ambiente, as quais ela aspira e, na maior parte das vezes, reflete. Assim, a estrutura social, as relações sociais de classe, a estrutura político-econômica, a estrutura e organização do sistema das instituições sociais e escolares e as ideologias que as norteiam, a localização geográfica, os recursos e o tempo são alguns exemplos de conteúdos determinantes no processo de ensino-aprendizagem.

Portanto, não se deve isolar a Supervisão do contexto das relações sociais, da realidade social, devendo-se situá-la na medida em que prepara profissionais na divisão social técnica do trabalho. Aparece fortemente o marco institucional e intencional em que se desenvolvem o agir profissional do Serviço Social e a política social que o rege, tanto na eleição dos seus objetivos, como nos seus programas de ação.

2. **Determinantes internos no processo da supervisão** — estes são as forças internas que provêm da dinâmica do próprio

processo da Supervisão, ou seja, da rede de relações entre os "sujeitos coletivos" — o supervisor e o supervisionado. Deste modo, o conjunto de aspirações, de sentimentos, de idéias do supervisor e supervisionado, o que fazem, o que pensam, o que produzem como seres coletivos determinam, junto com o contexto, o processo da Supervisão.

O supervisor, enquanto pessoa e profissional, enquanto ser transindividual, ou seja, sujeito coletivo, é determinado pelo contexto; mas, por sua vez, ele, como supervisor, possui determinantes ao nível pessoal e profissional, que também perpassam pelo processo da Supervisão. Desta forma, ele, enquanto *pessoa*, possui, indubitavelmente, conhecimentos, determinadas habilidades, interesses, atitudes etc. Enquanto *profissional*, espera-se dele que esteja munido de experiência, conhecimentos teóricos, qualificação técnica etc.

Do mesmo modo que o supervisor, o supervisionado, como elemento de um "sujeito coletivo", sofre determinações do contexto. Ele tem uma estrutura de visão de mundo. Por outro lado, ele, enquanto *pessoa e estagiário*, também possui determinados conhecimentos, habilidades intelectuais, interesses, atitudes. Enquanto estagiário, uma característica é a insegurança ante o novo, a inexperiência, a postura crítica e inovadora etc.

Estes elementos perpassam pelas relações sociais entre estes dois sujeitos coletivos — o supervisor e supervisionado. Estes determinantes são indispensáveis para compreender tanto a totalidade quanto as partes, as peculiaridades do supervisor e do supervisionado, vistos transindividualmente. Dedicar-me-ei especificamente a esta questão no capítulo seguinte.

Na medida em que o ensino e a aprendizagem na Supervisão se desenvolvem em um processo, na medida em que este se dá por aproximações sucessivas, na medida em que o agir profissional é realizado, refletido e recriado em um processo de trocas mútuas e inter-relacionadas socialmente, na medida em que não existe aquele que ensina e aquele que aprende — pois ambos, supervisor e supervisionado, passam pelo processo (o supervisor ensina, mas ele também aprende do estagiário; o aluno-estagiário aprende, mas ele também ensina para o supervisor, dadas as individualidades e as experiências vivenciais diversas de cada um, coletivizadas) —, na medida em que a concepção da realidade e a visão de mundo têm influência no processo de ensino-aprendizagem, abrangendo as relações internas e externas (determinantes do contexto e do processo da Supervisão), estas influências, determinantes e determinadas, só podem gerar um produto no sujeito coletivo — supervisor e supervisionado — indicativo de mudanças ao nível:

• de consciência e de conhecimento;
• de habilidades operativas;
• de motivações, de interesses, de atitudes, de valores etc.;
• da própria prática profissional.

Estas determinações devem ser conteúdo e devem estar sempre presentes na análise e efetivação do processo de ensino-aprendizagem.

A concretização desta visão do processo de ensino-aprendizagem na Supervisão em Serviço Social supõe, portanto, que a situemos no contexto concreto das realidades nas quais este processo está inserido, e que tenhamos clareza das visões que temos de homem, de sociedade, de educação e de Serviço Social. Na educação, o processo de ensino-aprendizagem procura dar conta dessas dimensões. Somente nesta perspectiva a Supervisão como processo de ensino-aprendizagem assume o "processo total", a sua representação na consciência, permitindo ao homem-indivíduo compor o seu projeto histórico, seu mundo na práxis criadora.

Quando o estagiário inicia a sua prática de estágio, de forma geral, é possuidor de maior competência teórica do que técnica. Ele possui um cabedal de informações, conhecimentos que lhe foram passados no curso, mas não tem a experiência profissional. Desencadeia-se, então, um processo gradativo e que deve ser respeitado, para se chegar a mudanças. Considero que um processo pressupõe uma série de fatos relacionados que, em seu dinamismo, produzem um caminhar, um lutar em certa direção. Portanto, durante o processo da Supervisão, vai se desenvolvendo uma maturação no estagiário em formação. Aqui, duas questões devem ser levadas em conta: a primeira é a posição do supervisor no sentido de entender, respeitar este processo de amadurecimento, considerando que o estagiário passa por diversas aproximações sucessivas que garantem a totalidade da aprendizagem,[47] que é a "totalidade possível", pelo menos durante o período em que é estagiário.

A outra questão é que o aluno chega ao estágio com determinadas concepções em relação ao Serviço Social, ao assistente social, ao usuário do Serviço Social, à instituição, à realidade etc., em parte fruto do que lhe foi ministrado sobre estes conteúdos e, em parte, pelas suas próprias representações da realidade social e da profissão.

Com o transcorrer do processo, estas concepções vão se modificando. A vivência cumulativa de observações, de prática, de novos conhecimentos etc., vai conduzindo o estagiário à maturação e a concepções próprias, porém, não descoladas das demais referências.

Aspecto relevante é a concepção inicial que o aluno-estagiário tem de seu supervisor. Minha experiência tem mostrado que não é o professor da teoria, o docente que é o "protótipo" do profissional assistente social para o aluno, mas o seu "supervisor". Tem-no como paradigma. Desta forma, o supervisor é, no início, a sua matriz de identidade profissional. Daí a importância de quem assume a *função supervisora* ser uma pessoa responsável e competente. Cabe ao supervisor, através do processo de reflexão e ação, do diálogo e da crítica, trabalhar junto com o estagiário suas inseguranças e suas concepções, para que este encontre sua própria identidade profissional. Espera-se que, ao final do curso, o aluno alcance este objetivo.

Como já foi visto, a Supervisão em Serviço Social não se detém só no aspecto cognitivo, mas, especialmente, nos conhecimentos práticos e operativos (aptidões, habilidades e atitudes).

---

47. Estudos existem na linha tradicional, embora não-atualizados, relativos à aprendizagem em Serviço Social, destacando este processo por etapas, que merecem consideração, mas devem ser lidos sob a ótima crítica, e atual, do Serviço Social. Ver: REYNOLDS, Bertha. *Learning and Teaching in the Practice of Social Work.* New York, Rinehart, 1965; ONU. *O Conteúdo da Formação para o Serviço Social. Teoria e Métodos — Ensino Prático ou Supervisão.* trad. Departamento de Trabalhos Práticos da Escola de Serviço Social — PUC-SP, São Paulo, 1965, Cap. XII do "Training for Social Work — Ibird International Survey United Nations.

c. A Supervisão como uma terapia profissional

Toledo ainda concebe a Supervisão como uma "terapia profissional". De início, estranhei tal concepção. Qual o cunho desta terapia profissional? Parece-me que se configura como algo que se põe em permanente prática, utilizando os meios adequados para atingir o proposto na Supervisão, na medida em que Toledo diz que, ao se lidar com o ser humano, deve se fazer de uma "forma mais intensa, mais abrangente — com o 'outro', com 'você mesmo', de uma forma 'mais inteira'". É por isso que ela considera a terapia profissional como "um processo educativo, de mudança" do papel profissional, como algo que deve constantemente ser questionado, debatido, reciclado e que não se esgota no término de um curso profissional.

Tal visão inclui um processo de revisão de padrões estabelecidos socialmente para o indivíduo, que este reproduz sem questionar muitas vezes, isto é, sem se questionar como sujeito de uma história que ele também faz e da qual participa; portanto, ele não é só determinado! A visão de mundo, embutida nesta concepção de Toledo, parece ser uma restauração do indivíduo como sujeito ativo, participante do seu processo de aprendizagem.

Além do mais, se eu for contextualizar a fala de Toledo, ela expressa esse momento de "guetos", de tolhimento à livre expressão no seio do próprio Serviço Social. Nesta perspectiva, é um discurso em um tom defensivo, porque era rotulado de marginal, de psicologizante. Assim, quando Toledo concebeu a Supervisão como terapia profissional, tinha por detrás a crítica da faculdade à sua forma de trabalhar (como também de outras suas seguidoras), utilizando o psicodrama, através do qual se propunham a resgatar a relação, o indivíduo, tanto dentro do ensino, quanto dentro da profissão. E eram justamente esses professores, que, na contradição ou no movimento de correlações de forças, multiplicaram-se, arriscando, via supervisões, profissionais, palestras, cursos de Supervisão, aulas etc., divulgando as suas idéias. E eles também trabalhavam com os alunos em uma disciplina[48] inovadora que concebia o ensino de forma diferente, referendado pelos princípios já elucidados.

Sintetizando as idéias de Toledo, Marques e Estevão, as suas concepções de Supervisão apontam para uma visão de homem e mundo que inclui o aluno e o próprio sujeito que formula essa concepção. Nesta medida, o indivíduo (aluno, supervisor e professor) ganha uma posição de realce, de importância, sendo sujeito de si, de sua ação e de sua própria história.

Enfatizam o indivíduo e sua responsabilidade com o coletivo. O horizonte para esse indivíduo é a libertação do que o oprime. Por exemplo, na condição de aluno, é a busca da libertação do supervisor/professor autoritário; do fazer apenas o que a instituição espera dele, ou seja, apenas o que está prescrito; de aceitar a opinião do supervisor/professor como verdade e não como um conhecimento possível de ser questionado, e tantas outras formas opressoras que perpassam pela relação supervisor-supervisionado ou aluno-professor.

Daí, o aluno-estagiário não é o sujeito passivo, depositário de conhecimentos e de ações, mas o sujeito participante de seu processo de aprendizagem. Dá-se ênfase a uma nova proposta de relação supervisor-supervisionado, aluno-professor, e procura-se quebrar, superar a visão bancária de autoritarismo.

Assim, o discurso das três docentes é todo um discurso que se, de um lado, revela uma visão de mundo em que elas acreditam e seguem, ao mesmo tempo desvela um tom defensório, face à não-aceitação de seu discurso e de sua ação na faculdade (através do rótulo de discurso psicologizante e de ação terapêutica), o que justifica suficientemente o tom "emocionado" com que este discurso é enunciado. Posso ir até mais longe — ele desvela até alguns momentos contaminados pela perspectiva salvadora do aluno — "uma vítima nas mãos do supervisor e da faculdade", ou pela perspectiva maternalizada (Marques), não muito diferente da anterior, mas explicável particularmente pela própria condição feminina na profissão.

48. Era a disciplina Estágio Supervisionado, onde se formavam grupos de quinze alunos e o professor, em conjunto com eles, refletia a prática de estágio, procurando resgatar o conteúdo teórico-prático do Serviço Social, o qual fornecia elementos para alicerçar o papel profissional e buscar alternativas de ação.

61

Uma contradição categoricamente se avista: as três professoras são sujeitos coletivos significativos no que se refere à questão da Supervisão, mas não são significativos na profissão, no período em que as entrevistei. Elas não representavam o pensamento dominante no meio acadêmico de professores, mas, talvez, sim, no meio dos supervisores. Elas não representavam aquele tipo de marxismo que reduzia o indivíduo à classe social e, também, que legitimava como ação profissional só aquela que emergia através da ação dos assistentes sociais nos movimentos sociais, nos partidos, nos sindicatos. Pelo contrário, faziam parte de um grupo então rotulado como psicologizante, que não sabia dar "vôos teóricos" à altura do marxismo na sua perspectiva política de superação de uma ordem social (o capitalismo). Para o coletivo da faculdade, a perspectiva política da proposta que elas apresentavam não se evidenciava, embora existisse realmente (mesmo que elas não usem essa palavra no seu discurso). Elas não negavam o marxismo, mas a forma como ele se apresentava, na sua vulgata simplificadora e, ao mesmo tempo, castradora.

Mesmo assumindo referências ecléticas (ora Moreno, ora Marx, ora Freire, ora as três), essas professoras supervisoras demonstram a busca de algo diferente na forma de conceber o homem e o mundo; desenvolvem uma tentativa de resgatar o papel do indivíduo em uma forma de tornar objetiva a subjetividade, embora, às vezes, tornem claro que não sabiam bem por onde começar. É como se vissem alguma luz no túnel (gênese), sem possibilidades ainda de uma estruturação de uma nova forma de pensar.

Este ecletismo pode ser explicado, também, pelo fato de Toledo, Estevão e Marques terem se formado em uma linha tradicional (início da década de 70), quando as idéias marxistas ainda não tinham adentrado, ou, se tinham, era muito pouco, no Curso de Serviço Social, e dominava a visão bancária de educação.

Ante à questão que elas se colocavam — como o homem rompe com o determinismo, com a opressão? — estava aqui em jogo a questão da ontologia do ser, uma vez que elas próprias eram anuladas, negadas como individualidade, na faculdade. Essa tendência esteve mais forte e presente no período de 1978 a 1986, quando se dogmatizou o marxismo e ficou um vácuo, perdendo-se de vista o indivíduo — portanto o aluno — enquanto sujeito da ação. Este vazio se encontrava tanto no discurso como na ação: havia pouco lugar para o indivíduo na ação e na reflexão dos assistentes sociais que militavam principalmente na área acadêmica.

A saída encontrada, que dava a possibilidade para relevar o indivíduo, para resgatar o seu papel e para o rompimento do determinismo e da opressão foi, então, a adoção de, primeiramente, Paulo Freire, principalmente as suas concepções de "ser situado e sujeito de seu processo histórico"; "ninguém educa ninguém; os homens se educam em comunhão, mediatizados pelo mundo"; de Moreno, pela adoção de sua proposta de matriz de identidade, resgatando o sujeito e o seu papel — este visto não como cristalizado, mas dinâmico e em cuja representação a pessoa tende a se desvencilhar da conserva cultural — é o papel em movimento; de Marx, enfocando a transformação, a classe social, o coletivo, o movimento. A adoção de conceitos marxistas decorreu basicamente da implantação do currículo do Curso de Serviço Social, em 1984 (inicialmente passando idéias marxistas de fontes indiretas, como Althusser e Gramsci).[49]

3. Representação da Supervisão em Serviço Social das supervisoras e alunas-estagiárias

Em relação às supervisoras, sua preocupação não está na concepção da Supervisão, mas em buscar relatar a sua vivência, a sua relação com a instituição-campo de estágio e a faculdade, as dificuldades que daí decorrem etc. Os relatos centralizam-se mais na vivência prática cotidiana do "fazer viver" a Supervisão. Esta maneira de se colocar, de se comunicar (mesmo que eu tenha conduzido a entrevista da mesma forma e abordado o mesmo conteúdo) é significativamente relevante para ser analisada.

Assim, em um ou outro momento, *en passant*, as três supervisoras, Aparecida Bernardes, Regina Machado Rodrigues Marques e Sílvia Helena Chuairi, sujeitos significativos do coletivo

---

[49] Hoje estamos em um movimento de gênese quanto à concepção do indivíduo. Houve uma retomada, na faculdade, quanto ao resgate da posição do indivíduo, em uma ótica marxista. Foram realizados seminários, cursos, debates, com a assessoria de José Paulo Netto e cujos estudos prosseguem.

de meu estudo, expressam-se quanto à concepção de Supervisão. Seguem vários trechos onde Bernardes se coloca a respeito:

"Eu entendo a Supervisão como um processo educativo, onde se aprende dos dois lados. É a forma como eu entendo as coisas. Não é nada sofisticado; é uma coisa bem pé no chão. Estou lhe falando, considerando a minha prática. (...) A concepção de Supervisão, no meu entendimento, é uma relação aberta com o aluno. (...) A Supervisão é também um processo de aprendizagem educativa. Nós também aprendemos. (...) Deste modo, faz-se uma ponte entre a teoria e a prática. (...) Essa preocupação de colocar a teoria dele na prática, de viabilizar essa prática é muito grande, e percebemos o aluno com uma ansiedade muito grande neste sentido. (...) Esta prática está embasada naquilo que você está vendo na escola. Então, esse gancho você tem que ter em mente; o aluno tem que ter em mente para poder estar produzindo e estar revertendo essa prática para ele, em forma de ação e reflexão. Isso é o aprendizado que ele vai comentar lá fora quando for um profissional; essa concepção de caminhar pela prática, mas não uma prática desprovida de teoria. Daí nossa ênfase na relação prática-teoria! Entendo por Supervisão um processo que tem fases, tem seqüências de aprendizagem e vejo, assim, que existem situações que você pondera até a empatia. (...) Vamos estar preocupados com a formação dos estagiários... (...) Quando você apresenta o aluno para a assistente social que vai ficar com ele, normalmente, leva uma pasta com a prova que ele fez, enfatizando alguns pontos que nos mostram em que momento de compromisso com o curso o estagiário se encontra, e o que este curso representa para ele. De repente, tem assistente social que quer ser professora do aluno, e não é por aí! Cabe a nós mostrarmos o ponto certo entre a prática e a teoria."

Nos depoimentos de Bernardes, identificam-se vários aspectos enfatizados pelas três docentes já analisadas. Um deles é o da Supervisão como um processo que envolve uma "relação aberta" entre os implicados, o que Marques e Toledo também ressaltam.

O processo de ensino-aprendizagem é fortemente marcado em Bernardes. A Supervisão é um "processo educativo", onde o supervisor e o supervisionado aprendem em conjunto, onde há a troca, o debate. Existe a preocupação de a prática profissional estar respaldada em uma teoria, e de a visão da unidade teoriaprática, na ação supervisora.

Outro aspecto no ensino-aprendizagem que Bernardes destaca são os momentos de aprendizagem que se processam com o aluno-estagiário, tanto ao nível teórico, como de vivência prática de estágio, e que devem ser compreendidos e respeitados pelo supervisor.

Rodrigues Marques também concebe a Supervisão como processo de ensino-aprendizagem, e clarifica sua posição:

"Acho que o processo de ensino-aprendizagem, como Paulo Freire coloca, é vida, é repensar e recriar a realidade. Eu adoto isso enquanto Supervisão. É você ir vivendo e refletindo em cima e tentando criar alguma coisa! De estar mesmo refletindo e criando no enfrentamento das diversas situações. E como isso é difícil! A nossa educação não favorece!"

Percebe-se, incorporada à sua fala a espontaneidade, o espírito crítico e de criatividade, o espírito do "novo" que se opera no processo de ensino-aprendizagem, além da criticidade e consciência do que se faz enquanto profissional, que se concretiza pela reflexão sobre o "fazer profissional", aspecto este salientado inúmeras vezes por Rodrigues Marques. Contudo, há aqui um destaque que não aparece em Bernardes: Rodrigues Marques não parte da teoria; ela não fala da apropriação da teoria. A Supervisão para ela é o *locus* onde vai se construindo e refazendo a teoria existente, como ela diz

"É você ir vivendo e refletindo em cima e tentando criar alguma coisa..."

Essas idéias são reproduzidas em outras falas suas, quando a supervisora dá sua visão de Supervisão e aponta outros aspectos pertinentes:

"É aí que entra, basicamente, a Supervisão: de você estar revendo a questão da teoria e da prática, estar questionando o que você está ouvindo na faculdade, mas, principalmente, enquanto postura profissional. Do estagiário se definir enquanto profissional, definir uma linha de trabalho; eu considero que um aluno está apto para exercer a profissão quando sinto que ele definiu uma linha de trabalho para si. (...) Que seja uma experiência onde você tem a oportunidade de refletir em cima do que você está fazendo. De você ter uma parada para discutir essa prática; de ter oportunidade de aprofundar teoricamente o que você está fazendo na prática; no sentido de ter alguém que acompanhe você. Acho que é isso. De você ter esta chance de estar achando seu próprio caminho."

Perpassa novamente a posição da supervisora. Embora apontando a Supervisão como o momento de rever a teoria e a prática — "De você estar revendo a questão da teoria e da prática" (...) "Que seja uma experiência onde você tem a oportunidade de refletir em cima do que você está fazendo" — não deixa claro o fato de que a Supervisão precisa estar respaldada em uma teoria e qual o papel dessa teoria.

Rodrigues Marques reforça ainda um ponto importante no processo da formação profissional, já indicado por Marques e Toledo — a definição do estagiário enquanto profissional e a de seguir uma linha de trabalho. Desta forma, estando o estagiário seguro de si e do que faz, realizando uma reflexão aprofundada sobre o conteúdo da Supervisão, ele encontra o seu próprio caminho profissional a trilhar. Eu complementaria que, assim concebida e realizada a Supervisão, o aluno-estagiário naturalmente encontrará sua identidade profissional, como já analisei quando discorri sobre a matriz de identidade profissional.

A supervisora mostra a sua preocupação em que o supervisor tenha essa consciência para proporcionar ao estagiário este processo de reflexão-ação-criação no estágio, oferecendo-lhe a oportunidade de escolhas no "fazer profissional", possibilitando-lhe um espaço de desenvolvimento para se formar um profissional competente. Veja-se:

> "Para que se evite a assistente social tarefeira sem consciência das implicações maiores de sua ação profissional, você tem que propiciar esta experiência de reflexão e criação frente à problemática enfrentada pela profissão. Você, para criar segurança, tem que passar pela crise e ultrapassá-la. Você também tem que levar em conta se o trabalho que a aluna está desenvolvendo está dentro do que ela quer; acho que não é qualquer trabalho numa obra social que você pode dar para a estagiária fazer. Acho importante ela sair do estágio com sentimento de realização — de que ela fez alguma coisa também — não é só frustração. Acho que eu descobri isso trabalhando em Supervisão: pensar duas vezes antes de a estagiária iniciar o trabalho! Acho que algumas coisas, por melhor que seja a estagiária, ela não tem experiência ainda para enfrentar — isso nós avaliamos junto com o nosso grupo de estagiárias".

O desvelamento de sua verbalização mostra a preocupação em conduzir o educando a uma postura consciente de sua ação;

contudo, parece querer "proteger" o aluno — "(...) tem que levar em conta se o trabalho que a aluna está desenvolvendo está dentro do que ela quer". Esta posição é louvável, na medida em que proporciona motivação, realização ao aluno, como ela mesma destaca. Porém, não é só o que o aluno quer que faz parte do processo de sua formação profissional; existem outros conteúdos e enfoques que o estagiário precisa saber e que cabe ao supervisor proporcionar. O estágio tem que ser programado, planejado, o ensino-aprendizagem tem que ser gradual mas não só no sentido de que o aluno-estagiário não faça determinadas coisas, senão ele não estará preparado para assumir todas as situações que o cotidiano e a emergência da ação profissional manifestam.

Outro aspecto a ser ressaltado é o de que o processo de Supervisão é um movimento que ora se desencadeia em crise, ora em superação dessa crise; ora em mudança, que se concretiza na ultrapassagem da situação anterior, o que, segundo Ciampa, vem a ser a metamorfose, a transformação.

Em seu depoimento, Chuairi, em dois momentos, refere-se à visão que tem de Supervisão:

"Eu encaro a Supervisão como uma forma, ou um processo de ensino-aprendizagem, com vista à formação profissional do assistente social. (...) Daí, eu encaro a Supervisão assim: você tentar estar discutindo, estar entendendo esse momento e levar o estagiário a fazer uma análise maior, relacionando a sua profissão ao contexto da sociedade.

Para mim, essa atitude é muito importante, para que o estagiário não saia com aquela idéia de que amanhã, como profissional, ele vai para o mercado de trabalho e só pode encontrar uma instituição fechada ou sair com uma imagem até meio fantasiosa: 'Então, amanhã, quando eu for profissional, eu não vou atuar como o meu supervisor! Eu vou fazer isso, vou conseguir aquilo, eu tenho uma informação que ele não tem!'"

Analisando esses depoimentos de Chuairi a respeito da concepção de Supervisão, vemos que ela marca três aspectos: o da Supervisão ser um processo de ensino-aprendizagem voltado para a formação profissional; o da Supervisão ser o momento propício para a reflexão sobre a ação profissional, mas situando-a no contexto mais amplo. Este é um ponto não abordado pelas duas supervisoras anteriores. Ela avança na concepção de Supervisão, no sentido de relacioná-la com o contexto da sociedade. É uma visão de Supervisão que não se fecha em si, mas extrapola para o externo do Serviço Social. Finalmente, Chuairi destaca, como terceiro aspecto, o que Marques e Estevão já frisaram — a questão do modelo ou não-modelo — "Eu não vou atuar como o meu supervisor". Faz o questionamento do "não-modelo", referendando o seu questionamento com os limites institucionais da profissão. Deixa clara a necessidade da superação desse não-modelo, o que fará com que o estagiário se sinta seguro e determinado — "Eu vou fazer isso, vou conseguir aquilo..."

Correlacionando as idéias sobre a concepção de Supervisão das supervisoras, denota-se que todas enfocam a Supervisão concebida como processo de ensino-aprendizagem. A sua importância vem à tona a todo momento.

A Supervisão é um processo de aprendizagem educativa em que ambos — supervisor e supervisionado — aprendem juntos, como esclarece Bernardes. Mas é um processo em que o supervisor tem

> "um compromisso com ele (o aluno), tem a responsabilidade de desenvolver um *trabalho educativo* com ele",

como diz Rodrigues Marques e Bernardes reforça:

> "Eu acho importante que nós tenhamos uma preocupação com o ensino aqui (na instituição). Isto faz com que a gente tenha responsabilidade."

Além disso, é um processo que "tem fases, tem seqüências de aprendizagem", como continua Bernardes, e ela mesma exemplifica:

> "Ele precisa ter na cabeça aquela visão acadêmica: eu estou atendendo um caso, mas eu tenho que analisar este caso para perceber como é esta realidade, eu tenho que fazer uma relação com a minha teoria, tenho que rever melhor por onde passa a realidade. Então é assim: no sentido de não perder o espírito acadêmico, o estagiário vai sendo inserido paulatinamente em todos os programas. Vai fazer tudo o que o assistente social faz mas de forma gradativa e com muita reflexão para que ele tenha uma prática consciente. (...) Então o estagiário adquire uma liberdade que ele vai conquistando gradativamente."

Outro aspecto ressaltado, especialmente por Bernardes e Rodrigues Marques, é a postura crítica, que permeia todo o processo de ensino-aprendizagem. Veja-se Bernardes:

"Uma visão crítica é importante — a gente insiste muito sobre isto. (...) a preocupação é para que esse aluno vá se tornando consciente e adquira uma visão crítica daquilo que está fazendo. (...) não podemos perder nunca a visão da crítica, porque senão vai se formar um assistente social já com a instituição na cabeça e daí, ele fica fechado naquilo! Não! Ele tem que criticar, estar sensível para isto! (...) é parte da formação dele (do assistente social) e ele tem que estar desenvolvendo uma visão crítica no estagiário. Já estamos despertando, também, uma visão crítica no aluno, e isto é fundamental: a gente quer que o aluno observe se ele tem sensibilidade para estar percebendo as coisas como são e não siga a rotina."

E complementa Rodrigues Marques:

"(...) deixo abertura para o aluno se colocar, da gente se autocriticar e um criticar o outro, se eu estou dando uma boa Supervisão ou não; o que ele gostaria de ter mais no próprio estágio, o que está faltando".

Fica evidente que as supervisoras referendam-se no tocante à educação para a liberdade, em que ambos — supervisor e supervisionado — são sujeitos no processo de aprendizagem e em que há troca, há respeito mútuo, há incentivo à criatividade e à criticidade. Embora elas não deixem expressadas suas referências, denota-se que é também Paulo Freire quem norteia a ação supervisora, como explicitamente diz Rodrigues Marques, quando enfoca o aspecto da criticidade nesse processo educativo:

"(...) o processo de ensino-aprendizagem, como Paulo Freire coloca, é vida, é repensar e recriar a realidade."

Essa referência e concepção de educação é novamente reforçada quando elas se reportam à crítica sobre a educação bancária. Observe-se Bernardes:

"Existe supervisor que quer mandar. Existem assistentes sociais que seriam ótimas supervisoras, que fizeram o curso de Supervisão e fazem pós-graduação, porém sempre têm problemas! Há professoras na faculdade que exercem uma relação autoritária de 'professor com o aluno'. Não dá certo, porque o aluno quer ser quase um profissional! Ele não gosta do supervisor autoritário. Você tem que ter muito cuidado na relação com o estagiário. O profissional de outra área se refere ao aluno de Serviço Social como um profissional. Na ação, o supervisor precisa ter um pouco de humildade, embora ele saiba muito da prática. É muito fácil (nós) estarmos exercendo o poder autoritário. O ideal seria uma relação aberta, mas com responsabilidade dos dois lados. O supervisor às vezes terá que colocar: 'Olha, não é por aí!' Às vezes precisa ser mais diretivo. (...) Mas ter o cuidado de não estar exercendo 'poder' como se ele fosse o 'dono da clínica', à semelhança dos 'professores que são os senhores feudais'! As assistentes sociais na clínica também têm um pouco disto: 'minha mesa, minha cadeira...'. Vamos dividir este espaço com o aluno. Queremos que elas abram este espaço para o aluno. O aluno terá o espaço dele mas, ao mesmo tempo, tem sua responsabilidade por aquilo que vai fazer. (...) Felizmente, estamos conseguindo não ter mais aquela concepção de visão 'do alto'. É evidente que você ainda detém o poder, por mais que não queira, que prefira ter uma relação aberta. Quando isto ocorre? Quando o aluno vem para o estágio e se impõe a ele alguma coisa."

A respeito, Rodrigues Marques afirma:

"Quanto à relação supervisor e estagiário, há uma forte tendência do estagiário encarar você como alguém que sabe, que vai avaliá-lo no final do ano. Difícil essa troca, até de expectativas, de críticas mútuas também; fica muito na linha 'daquele que sabe' e 'daquele que aprende'. O pessoal tem a tendência de querer alguém superior e eu não me encaixo nisso; para mim é muito difícil, sinto-me mal de ter que falar para alguém: 'Faça!' ou 'Você tem que fazer assim!' Bom, para dizer a verdade, eu não falo. Mas acho que é preferível ir por aí, do que assumir o papel que querem nos dar — de alguém que sabe, que vai levar as coisas, e tudo mais! Acho que o processo de Supervisão, e qualquer outro processo educativo, tem que ser basicamente de troca."

E Chuairi complementa:

"Acho esses assuntos bem polêmicos e mereciam ser aprofundados. Eu penso que isto ainda está ligado ao processo histórico que vivemos e a uma educação social e pedagógica de princípios mais rígidos e tradicionais, em que as coisas eram solucionadas de cima para baixo. Nós passamos muito superficialmente por esses assuntos; veja, por exemplo, a avaliação de estágio. Outro dia eu estava conversando com uma assistente social e ela comentava comigo seu período de estagiária, dizendo: 'A minha supervisora chegava, pegava a avaliação e dizia para mim — você é uma ótima estagiária e você tem a nota que você precisa para fechar'."

Esses depoimentos desvendam com transparência a posição e a consciência dessas supervisoras quanto a essas duas concepções contraditórias de educação.

Concluindo e confrontando ainda as suas visões de Supervisão, elas acentuam outro ponto essencial — a questão da Supervisão imprescindir do processo de reflexão e da relação teoria e prática. Creio que eu poderia resumir suas idéias, afirmando que a Supervisão é o movimento do *pensar-fazer-aprender-se* que se identifica na unidade da consciência, da ação e da identidade pessoal e profissional.

As três alunas estagiárias — Iraceles Fátima de Morais, Maria Luiza Pereira Ventura e Priscila Gonçalves — também falam da concepção de Supervisão em Serviço Social.

Vejamos Morais:

"Eu acredito que a Supervisão seja isto: uma troca, em que as pessoas vão estar não só se medindo pelos instrumentos de trabalho, mas pelo que realmente fazem pela sua iniciativa, pela sua vontade de conhecer a profissão, pelo seu interesse, até ao nível dos estudos. (...) Então, eu consigo entender que a Supervisão não se dá só ali, naquele campo restrito, mas até mais adiante, até o que você pode buscar, e realmente estar usando sua criatividade, usando a sua prática, enquanto cidadão; os meios que você conhece, os mecanismos que você conhece e estar juntando isso à prática; justamente para não estar setorizando as coisas, não estar se dividindo, porque você enquanto pessoa já se divide: fulana, filha de ciclano, estudante da PUC, estagiária da delegacia. Então, é uma forma de juntar isso tudo! Eu acho que este exercício está vindo também da Supervisão, que está auxiliando. (...) Então, eu sempre esperei esta Supervisão — uma Supervisão que fizesse a relação da teoria e da prática e que partisse não só das questões da teoria. (...) É importante a Supervisão. Eu consegui percebê-la de várias formas. Um dos pontos seria estar conseguindo, realmente, fazer uma relação com a sua prática, com a sua ação e ter um embasamento teórico, que o supervisor pode estar fazendo através de cursos, e que consiga ligar isso. Até mesmo porque, na faculdade, eu não vejo muito espaço para estar discutindo a prática; você se prende mais à questão teórica."

Gonçalves afirma, quanto à concepção de Supervisão:

"Eu acho que a Supervisão é uma coisa muito importante, porque ela faz pensar sobre o que se está fazendo, faz encontrar outras alternativas de trabalho, embora isso não aconteça no meu estágio!

"(...) Se eu tivesse uma Supervisão sistemática, um acompanhamento, muitas dúvidas estariam esclarecidas. Na minha cabeça tem muita miscelânea! A gente tem que trocar idéias, porque eu acho que, na medida em que você troca idéias na Supervisão, você cresce, você amadurece naquilo que você tinha pensado, ou afirma que é isso mesmo que você pensava. Isto é o importante da Supervisão — não tanto o mostrar como fazer, mas alargar a visão da gente, das coisas e que há outros caminhos que podem levar a gente; estar sempre repensando as coisas! (...) A Supervisão deve ser um acompanhamento do aluno, que amanhã vai ser um profissional e vai estar atuando. Na Supervisão devem se colocar alguns pontos importantes e discutir, colocando idéias — querendo sempre pensar mais, refletir mais. Você sempre está querendo entender mais o porquê das coisas, o porquê da profissão, o porquê de certos pontos, e não ficar uma coisa parada. Então, a Supervisão seria isto — o supervisor estar discutindo com o aluno o que é importante, o que ele acha importante, o que o aluno acha importante, e estar repensando a profissão, partindo para o debate."

Ventura também se posiciona a respeito, ao discorrer sobre a concepção de Supervisão:

"Eu me dou conta de que a Supervisão tem dois níveis: um é o da universidade, o do ensino. O outro nível é o da própria prática da gente, da Supervisão lá no estágio, do assistente social que acompanha a gente. O papel da Supervisão do estágio, nos dois níveis, é o papel de estar recuperando a teoria que a gente tem e vendo como isso acontece na prática, e como ela volta para a universidade. É esse movimento de ida e volta! (...) Eu sinto que é importante a Supervisão, no sentido de conseguir fazer uma síntese, de juntar uma coisa à outra no Serviço Social, porque a história da gente e da profissão é uma história meio complicada, dentro do contexto histórico que surgiu."

A partir de seu relato sobre a sua vivência no estágio, Ventura aponta outros aspectos da Supervisão:

"Era uma Supervisão a partir de um concreto, de um trabalho! É claro que, no discurso, no entendimento daquele problema, eu tinha todo um respaldo teórico e de como encaminhar isto. As pessoas não se formam assim: entrar na faculdade e sair! A gente não faz quatro anos à toa! A gente não tem um referencial teórico à toa. Tudo isso tem uma história e tem um significado profissional: às vezes, isso fica complicado para algumas pessoas, que não se aprofundam mesmo! Você pode fazer um curso de quatro anos, não ler nada, escrever e fazer um discurso bonito e... a coisa vai indo! Ou você tem interesse em aprofundar isso, estudar melhor e encontrar teu espaço profissional."

As três estagiárias ressaltam a importância da Supervisão em Serviço Social, e assinalam aspectos já discutidos e referenciados nos discursos das docentes e supervisoras, mas ampliam sua visão.

Morais defende a importância da Supervisão onde esta se configura como troca entre supervisor e supervisionado; troca de vários conteúdos, troca de idéias sobre o quê e como se faz, sobre o trabalho, sobre a iniciativa e a criatividade que devem permear a prática profissional, extrapolando para outras questões pertinentes à pessoa do supervisor e supervisionado e à profissão. Continuando o seu pensamento, ela dá uma visão de Supervisão mais ampla — "(...) a Supervisão não se dá só ali no campo restrito" — que abrange o âmbito maior de sua vida; ela enquanto identidade, ela enquanto globalidade. Mostra a possibilidade de a Supervisão criar uma certa unidade na identidade, de incluir uma identidade na profissão de forma inteira e não dividida; é ela enquanto aluna e futura profissional, mas também como cidadã.

Destaca, ainda, a questão da relação teoria-prática, já apontada pelas professoras e Bernardes e Chuairi, denotando consciência da importância da unidade teoria-prática, e de a ação profissional estar fundamentada em uma teoria.

Gonçalves apresenta uma Supervisão idealizada, uma vez que ela mesma afirma não ter tido a Supervisão da forma como a concebe. Contudo, tal visão pode vir a ser uma Supervisão possível! Por que não? A aluna fala do que pensa e do que deveria ser a Supervisão. Nesta medida, a Supervisão para ela é centrada mais ao nível de um pensar e repensar sobre o que se faz, de um explicar aspectos problemáticos atinentes à profissão e de um repensar criativo da prática profissional.

Talvez, justamente pelo fato de a aluna não ter este momento de reflexão, no seu estágio, ela marca e reforça várias vezes a importância da Supervisão sistemática, do acompanhamento do aluno, onde se possa trocar idéias sobre o que é relevante na formação profissional, de haver o debate que desencadeie um alargamento da visão, encontrando outras alternativas de ação e novos caminhos para a Supervisão e para a profissão.

Ventura apresenta a sua posição: o de a Supervisão estar relacionada ao ensino e à prática (que ela desdobra em ensino na universidade e prática no estágio), tendo esta o papel de recuperar a teoria, observando como ela remete na prática e vice-versa, o que ela denomina, muito apropriadamente, de "movimento de ida e volta". Assim como Morais procura uma síntese de identidade da profissão, Ventura também busca uma síntese da teoria-prática:

> "Estar recuperando a teoria que a gente tem e vendo como isso acontece na prática e como ela volta para a universidade."

Mas esta síntese tem de estar inserida e levar em conta o contexto histórico pessoal, da profissão e o mais amplo. Exemplifica essa sua posição com a sua vivência de Supervisão que parte da ação, do trabalho concreto, o qual deve ser compreendido à luz de uma teoria e avançar, oportunizando encontrar o seu espaço profissional.

É de interesse atentar como Gonçalves e Morais se expressam, ao destacarem que o processo da Supervisão se realiza em momentos, em níveis de aprendizagem, e estes devem ser respeitados. Gonçalves afirma:

> "Ele (aluno) está aprendendo e, então, deve ser com calma. Se você não está sabendo desenvolver o seu trabalho, alguém deve conduzi-lo no começo. Deve ser algo assim, que você está aprendendo, quer dizer, você deve pensar e refletir sobre o que você está fazendo; você deve resolver coisas, mas pensando no que está fazendo."

Morais diz:

> "Se o estagiário vai para uma equipe, local de trabalho, e ele é aceito enquanto pessoa e respeitado — eu acho que isso interfere muito na sua formação. Agora, essa aceitação depende também do supervisor: como o supervisor integra o estagiário dentro do trabalho? Na medida em que ele deixa muito claro: 'O teu papel é este; se você quiser ir além, você vai. Mas você pode se restringir a isto'. De certa forma, até dá coordenadas muito fortes no começo da Supervisão; porque eu acho que a Supervisão tem níveis diferentes conforme você esteja fazendo o seu curso. De princípio eu acho necessário que esta coordenação seja até um pouco rígida, na medida

em que não acumule você, porque você chega querendo fazer muito trabalho e querendo mostrar muito trabalho, e nisso você se perde e pode entrar num tarefismo e não conseguir perceber você dentro da instituição, dentro do seu trabalho. (...) No segundo momento, eu já me senti assim, com mais força e até mais segura para estar caminhando sozinha, pelo menos em alguns aspectos. E o que eu considero importante é que foi me dado espaço para conhecer coisas novas."

É uma concepção fundamentada na educação para a liberdade, em que a troca de saber, aprender, conhecer juntos está sempre presente. Observe a manifestação de Ventura:

"É uma relação de dar e receber; é uma relação de troca entre supervisor e estagiário, mas num nível diferente — é lógico — porque há a prática de ambos! (...) É uma relação assim de um mestre e um discípulo, eu diria. Você vai olhando, porque o supervisor tem experiência e já se formou, e você vai checando, porque ele também tem alguma coisa que é sua. O supervisor tem uma tradição, tem uma história, então você vai checando isso, o que vai ajudando você a construir uma outra coisa, que é fruto do encontro destas duas coisas: do que é a prática dele e do que é a sua teoria. Isto vai sendo um processo de prática nova, ou não, quando uma das partes se nega a entrar nesta relação."

Ventura exemplifica com clareza que é um processo consciente, dinâmico e que redundará na construção de algo "novo", que não é outra coisa senão a superação, a ultrapassagem do momento anterior (síntese).

Por outro lado, quando esta concepção de educação não acontece ou é dificultada por elementos outros — como, por exemplo, pela relação autoritária, dominadora e radical, por não querer passar pelo crivo da análise, da autocrítica, e/ou pelo distanciamento teoria-prática — de uma certa forma, há uma interferência no processo da Supervisão, como elementos demandados da visão bancária de educação. Os depoimentos das três alunas clarificam tal posição. Gonçalves diz a respeito:

"Percebo que o meu relacionamento com a supervisora não é bom. Ela é uma pessoa muito agressiva, muito dominadora; ela acha que só ela sabe fazer as coisas certas. Se eu tivesse uma estagiária, eu não teria medo de ser checada; eu iria aprender com ela. Eu podia ensinar muita coisa para o estagiário, mas aprender também muito dele. (...) Se houvesse mais participação de um na aprendizagem do outro, a relação teoria-prática não ficaria também tão distante."

Ventura declara:

"(...) muitos dos professores, por exemplo, ao nível do processo da formação da gente, acreditam que não existe uma coisa que é transição; têm uma postura muito radical! Eu acho que não é assim! Tem o 'outro', com o qual se está relacionando, que é o sujeito, que tem uma história, uma vida, e isto tem que ser levado em consideração; senão, é uma ditadura e é uma violência! Isso não é justo!"

Morais complementa:

"(...) às vezes, você vê o professor muito como aquele que conhece. O dono da verdade, e que você não pode estar falando: 'Não, eu discordo!' É muito difícil você conseguir colocar para o professor que você não concorda com determinadas coisas; você vem de um nível de estudo, você vem de um colegial onde você dizia 'sim' o tempo todo. E você não discute! Então, você pode estar colocando até em contraposição o que o seu professor está colocando e o que sua supervisora está colocando, e, às vezes, você respeita mais a sua supervisora, porque você está vendo a prática dela. Então, podendo discutir com ela coisas que têm a ver com o curso, eu acho essenciais!"

Percebe-se, ao se referirem à concepção de Supervisão, e, especialmente aqui, nessas suas últimas falas, que as alunas tecem críticas a respeito da relação do supervisor com o supervisionado, do professor com o aluno, na forma de efetivar este relacionamento e que se reporta, fatalmente, à processualização dos papéis: supervisor e supervisionado, professor e aluno. Os dois capítulos seguintes abordarão com mais profundidade estas questões. Neste sentido, as alunas não deslocam a concepção da Supervisão (o que é sadio e congruente) do conteúdo contextual, do emergente e vivencial de suas experiências concretas dessa mesma Supervisão.

Em síntese, as alunas enfatizam a Supervisão como processo de ensino-aprendizagem, especificamente como acompanhamento do aluno e de sua prática, tecendo pormenores sobre ela e reforçando, também, como as professoras e as supervisoras, a troca entre supervisor-supervisionado: o fazer, o conhecer-aprender, a relação teoria-prática, os aspectos de iniciativa, de criatividade, de reflexão sobre a prática, a concepção de educação, entre outros.

CAPÍTULO II

O supervisor e o aluno-estagiário e suas relações

1. Alguns fundamentos do ser humano e de suas relações

Para a análise da construção histórica dos papéis de supervisor e supervisionado e a sua inter-relação, é fundamental ter presente que estes dois agentes são, antes de tudo, indivíduos. Indivíduos entendidos aqui no sentido marxista, que não o concebe autônomo e isolado, mas que reconhece a "propriedade física e a irrepetibilidade da estrutura psicofísica do indivíduo humano".[1] Nesta medida, o indivíduo é único, irrepetível, diferente dos outros de sua espécie, ímpar, mas que se relaciona socialmente, e que é um "ser social"!

Algumas referências, consideradas por mim significativas, reforçam e esclarecem os dois aspectos embutidos nessa concepção de indivíduo:

> "A primeira condição prévia de toda a história da humanidade é, sem dúvida, a existência de indivíduos humanos vivos."[2]

---

1. SCHAFF, Adam. *O Marxismo e o Indivíduo*. Rio de Janeiro, Civilização Brasileira, 1967, p. 159.
2. MARX, Karl & ENGELS, F. A ideologia alemã. In *Os Pensadores*. São Paulo, Abril Cultural, 1965, 1ª parte, p. 15.

"O homem, além de um produto da evolução biológica das espécies, é um produto histórico, um produto de certa forma mutável nas diversas etapas da evolução da sociedade, conforme pertença a uma ou outra das classes e camadas da mesma sociedade. Um homem, constituído só à base de propriedades biológicas gerais, e à base de propriedades que cabem a todos os homens — em contraste, por exemplo, a outros mamíferos — fica reduzido a um 'homem abstrato', um homem 'em geral'; em oposição à concepção concreta do homem em sua relação social — como membro de uma determinada sociedade, numa determinada etapa da evolução histórica, como membro de uma determinada etapa da evolução histórica, como membro de uma determinada classe e com um lugar determinado na divisão de trabalho, sociedade, cultura etc."[3]

"Os indivíduos partiram sempre de si mas, naturalmente de si, dentro das suas condições e situações sociais, e não do indivíduo 'puro' no sentido das ideologias."[4]

"O indivíduo humano encontra-se dentro da sociedade de acordo com a sua gênese e o seu caráter social, mas continua, até certo ponto, como indivíduo autônomo. O indivíduo real e concreto, o autêntico criador da história, é o fundamental — como verdadeiro objeto das preocupações e das ações — mesmo quando se fala em classes e sua luta, bem como quando o tema das considerações liga-se às leis que regem a História."[5]

"(...) o indivíduo humano, real, concreto, quer dizer, relacionado, nas mais diversas formas, com a sociedade."[6]

"(...) os homens não agem da mesma forma, não obstante os condicionamentos sociais: em parte, porque o condicionamento já está diferenciado, com relação aos interesses de classe, e, em parte, porque os indivíduos são diferentes — tanto na filogênese como na ontogênese."[7]

3. SCHAFF, Adam. *O Marxismo e o Indivíduo*. Rio de Janeiro, Civilização Brasileira, 1967, p. 65.
4. MARX, KARL & ENGELS, F. A ideologia alemã. In *Os Pensadores*. São Paulo, Abril Cultural, 1965, 1ª parte, p. 70.
5. SCHAFF, Adam. *O Marxismo e o Indivíduo*. Rio de Janeiro, Civilização Brasileira, 1967, p. 55.
6. Id., p. 115.
7. Id., p. 165.

"A essência humana não é uma abstração inerente ao indivíduo isolado. Na sua realidade, é o conjunto das relações sociais."[8]

"O indivíduo é o ser social. A sua expressão vital — mesmo se não aparecesse na maneira direta de uma expressão vital coletiva, realizada junto a outras — é, portanto, uma expressão e uma confirmação da vida social. A vida individual e a vida genérica do homem não são diferentes, embora a existência da vida individual seja necessariamente um modo mais especial ou mais geral da vida genérica, ou a vida genérica uma vida individual mais especial ou mais geral...

O homem é, por conseguinte, um indivíduo especial, e esta característica torna-o um indivíduo e um ser coletivo realmente individual; é, ainda, a totalidade, a totalidade ideal, a existência subjetiva da sociedade pensada e sentida em si (...)"[9]

"A essência do homem só está contida na coletividade, na unidade do homem com os homens — mas uma unidade que só se apóia na realidade da diferença de Eu e Tu".[10]

"O ponto de partida está, por certo, nos indivíduos que produzem dentro da sociedade — uma produção, portanto, determinada socialmente."[11]

"É um fato que homens, independentes de diferenças históricas, civilizatórias, culturais, raciais etc., não apenas se entendem, mas também sofrem estados análogos, sobretudo emocionais."[12]

"O problema da alienação refere-se à relação do indivíduo humano com a sociedade e com os diversos produtos do homem, como homem, social. O ponto de partida, como já concordamos nas considerações anteriores, é o indivíduo humano, mas um indivíduo real,

---

8. MARX, Karl. Teses sobre Feuerbach. In *Os Pensadores*. São Paulo, Abril Cultural, 1965, p. 89. Ver ainda em MARX, Karl & ENGELS, F. *Gesamtausgabe*. Dietz Berlin, 1962, t. 3, p. 61, onde, reportando-se à *VI Tese sobre Feuerbach*, afirmam: "Das menschliche Wesen ist kein dem einzelnen Individuum imwohnendes Abstraktum. In seiner Wirklichkeit ist es das ensemble der gesellschäftlichen Verhältnisse."
9. MARX, Karl & ENGELS, F. A ideologia alemã. In *Os Pensadores*. São Paulo, Abril Cultural, 1965, 1ª parte, p. 79.
10. FEUERBACH, Ludwig. Grundsätze der Philosophie der Zukunft. In *Kleine philosophische Schriften*. Leipzig, F. Meiner Verlag, 1950, p. 168.
11. MARX, Karl. Introdução à crítica da economia política. In *Os Pensadores*. São Paulo, Abril Cultural, 1974, XXXV, p. 109.
12. SCHAFF, Adam. *O Marxismo e o Indivíduo*. Rio de Janeiro, Civilização Brasileira, 1967, p. 93.

concreto, quer dizer, relacionado, nas mais diversas formas, com a sociedade. Tal indivíduo é 'o *ensemble* das condições sociais', não apenas no sentido da sua gênese, ou seja, como produto e função das condiçoes sociais, mas também atual, isto é, do ponto de vista das suas relações para com a sociedade, em sua determinada atividade."[13]

"(...) são, por um lado, as circunstâncias que formam os homens e, por outro lado, são os homens que formam as circunstâncias."[14]

"O homem adquire a sua essência universal de forma universal, portanto como homem total. Cada uma de suas relações humanas com o mundo, ver, ouvir, cheirar, saborear, sentir, interpretar, opinar, querer ser ativo, amar, bem como todos os órgãos da sua individualidade, órgãos comuns em sua forma, constituem a apropriação do mesmo no seu comportamento concreto ou no seu comportamento em relação ao objeto. A apropriação da realidade humana, o seu comportamento para com o objeto, é o manejo da realidade humana (...)"[15]

Os variados trechos acima desvelam alguns aspectos significativos: o indivíduo é um ser humano, vivo, concreto, real. É um indivíduo irrepetível em sua propriedade psicofísica, o que caracteriza a sua personalidade. Esta é concebida como a soma das concepções, opiniões, disposições que são próprias ao indivíduo e o fazem ser "original", "específico", "especial". Mas ele não é um indivíduo isolado, e, sim, um ser vital coletivo, transindividuado, relacionado. Portanto, não existe apenas a propriedade psicofísica, mas, também, as propriedades sócio-históricas. É o homem concebido enquanto natureza humana e enquanto parte da sociedade. Um ser de relações sociais, vivendo sob determinadas condições de vida, que o fazem ser o que é. Transparece, ainda, que as propriedades constitutivas do indivíduo não são apenas as que nascem da relação psicológica, mas, também, as que advêm da relação social. O homem deve ser entendido como um ser social, com todos os seus problemas. As relações mútuas entre os homens têm implicações muito extensas e exigem a satisfação

---

13. Id., p. 115.
14. MARX, Karl & ENGELS, F. A ideologia alemã. In *Os Pensadores*. São Paulo, Abril Cultural, 1965, 1ª parte, p. 35.
15. MARX, Karl. Manuscritos econômicos-filosóficos. In *Os Pensadores*. São Paulo, Abril Cultural, 1974, p. 16.

de necessidades muito variadas. Por outro lado, há diferenças evidentes no homem, encontradas entre diversos grupos de homens, em variados graus de evolução e sob diversas condições, no que diz respeito ao intelecto, aos costumes, aos hábitos, aos sentimentos etc. As diferenças específicas devem ser respeitadas, inclusive a estrutura psíquica. A imensa bibliografia que pesquisei sobre o indivíduo mostrou o quanto ainda se deve pesquisar sobre ele. Existe, também, uma grande produção sobre as questões do relacionamento humano. A Psicologia, a Sociologia e a Filosofia não têm dado conta de analisar todos os elementos que deverão permitir não apenas o conhecimento, mas, também, o equacionamento das diferentes questões colocadas pelos relacionamentos interpessoais no contexto mais amplo dos relacionamentos sociais — dada a complexidade do processo desse tipo de relação e de sua extensão na vida de cada indivíduo, contextualizado socialmente. Embora este estudo não vá aprofundar estes aspectos, o componente individual e o relacional, do supervisor e do supervisionado, no processo da Supervisão, devem ser contemplados, pelo menos, na medida em que essa dupla dimensão é predominante e está imbricada no processo da supervisão. Supervisor e supervisionado são seres humanos imersos na estrutura social, dinâmica, e este contexto influi neles ao mesmo tempo em que eles influem sobre o contexto, e esta "própria realidade se constitui como um todo articulado. Há uma dependência e conexão".[16] Sob esta configuração, no processo da Supervisão, o supervisor e o supervisionado vão fazendo e sendo a própria história. São seres humanos únicos, especiais (irrepetibilidade da estrutura psicofísica), e se vinculam por conexões e relações com a própria existência e com o mundo, em um contexto relacional. Eu diria, sob a concepção goldmanniana, que o supervisor e o supervisionado são os sujeitos coletivos que se relacionam por uma especificidade — relacionam-se em função do exercício profissional — o que torna específico e significativo este contexto relacional. Nesta contextualidade, é relevante se terem relações objetivas que se manifestam no mundo do trabalho profissional e da prática do estágio, inserindo tudo

16. SCHAFF, Adam. *O Marxismo e o Indivíduo*. Rio de Janeiro, Civilização Brasileira, 1967, p. 83.

o que estes abarcam: atividades, meios, fins, dificuldades, contradições, êxitos, fracassos etc.

Nesta perspectiva, há que se averiguar, concretamente, o que dizem os entrevistados professores, supervisores e alunos sobre a "relação supervisor e supervisionado". É o que contemplarei a seguir.

2. A representação da relação supervisor e supervisionado em Serviço Social das docentes, supervisoras e supervisionadas

Inicio pela temática "inter-relação supervisor e supervisionado" (embora seja difícil analisar esses aspectos separadamente. Fá-lo-ei por questão didática, mas não olvidando, indiscutivelmente, ser a Supervisão um processo único e inseparável e, portanto, devendo ser entendido em sua totalidade), uma vez que ambos — supervisor e supervisionado — estão inseridos na dinâmica relacional, e esse vínculo pode assumir variados matizes, tais como de dependência, de autoritarismo, de competição, de cooperação, de amizade etc. Sève diz, apropriadamente, ao referir-se ao ser humano que "o conceito de homem real remete-nos diretamente para a ciência das relações sociais, que é a sua verdadeira base e isso abre a via para a construção nesta base, de uma teoria da individualidade, de uma ciência de personalidade, articuladas com o materialismo histórico (...)"[17] Nesta medida, há que se discorrer sobre essas relações, sociais, uma vez que o supervisor e o supervisionado as encarnam, sendo a relação entre eles um cariz daquelas. Atento, primeiramente, para o discurso de Toledo que assim se expressa:

"A relação supervisor e supervisionado está embutida na questão do processo de ensino-aprendizagem. É a relação do debate! Mas é uma relação de saber!"

"Nós enfatizamos durante muitos anos a relação do supervisor e supervisionado como uma relação de igualdade. É claro que havia,

---
17. SÈVE, Lucien. *Marxismo e a Teoria da Personalidade.* Lisboa, Livros Horizontes, 1979, VI, p. 112.

aí, toda uma proposta, ou uma resposta crítica à relação 'bancária', depositária do saber. O professor ou o supervisor sabe mais do que o aluno. (...) O que eu acho que ele tem que ficar atento — principalmente no caso da relação do supervisor quando ele é da instituição da prática — é a relação hierárquica que existe entre eles, por conta de estar dentro da instituição. No fundo, o estagiário, o supervisionado, está subordinado ao supervisor hierarquicamente; e isto confunde a relação de trabalho com relação de ensino".

Toledo caracteriza a relação supervisor e supervisionado como uma relação, prioritariamente, de debate e de saber. O que seria uma relação de debate? Na sua visão, analisando o contexto global de seu discurso, parece desvelar uma relação onde as pessoas se respeitam entre si, onde as idéias de cada um podem ser expostas e discutidas, sem melindres, onde se admitem posições diferentes e até contrárias, onde há espaço para trocas de experiências e de crescimento mútuo, enfim, onde existe a liberdade de expressão. Estes dois aspectos, "debate e saber", estão intimamente imbricados, pois o debate supõe a relação do saber, relação esta que advém da competência e que sintetiza, dinamicamente, o compreender, o viver e o fazer humanos. A relação do saber supõe que supervisor e supervisionado tenham um *saber*, embora com nuances diferenciadas. O supervisor, pela sua própria condição, tem (ou precisa ter) um cabedal mais amplo de conhecimentos teóricos-metodológicos, de cultura geral, de experiências e de vivências práticas profissionais. Porém, o estagiário também tem um *saber* que deve ser coletivizado, explorado, trocado, no processo da Supervisão. Nesta medida, a relação do debate e do saber presume estratégias construtivas e educativas, levando-se em conta as possibilidades do supervisor e supervisionado envolvidos nessa relação e em todos os seus níveis de atuação, ensejando a crítica, a reflexão e a ação profissionais.

Mas Toledo ressalta, contraditoriamente, a relação de autoritarismo (o que já assinalou no processo de ensino-aprendizagem) que predominou no ensino e na Supervisão, reflexo do contexto ditatorial brasileiro. Este contexto levou um grupo de profissionais a buscarem a superação deste tipo de relação e a aderirem à relação de igualdade, visão esta hoje ultrapassada (por mim e este grupo de profissionais), uma vez que, nessa relação supervisor e supervisionado, são identificadas as diferenças, tanto individuais quanto profissionais, o que, de *per si*, justifica a relação de não-igualdade. Contudo, tal concepção não isenta a relação de diálogo, de respeito, de amizade, de cooperação mútuas.

Toledo, todavia, critica os resquícios dessa forma autoritária de se relacionar, podendo ocorrer, mais facilmente, quando o supervisor encarna uma posição hierárquica institucional. Esta relação identifica-se como mais tradicional, onde se modula a relação dominação-subordinação dos estamentos superiores em relação ao estagiário, na escala ocupacional. Não existe espaço para o desenvolvimento de papéis de acordo com as características de cada um e como fruto de reflexão pessoal e/ou conjunta, predominando a desigualdade de poder. Porém, há que se fazer uma ressalva — existe a relação de autoridade, que advém do papel do supervisor; esta relação, contudo, é baseada não tanto pela posição do supervisor, mas pela sua competência — "porque ele tem a experiência acumulada, ele tem um conhecimento acumulado", como diz Toledo, e que faz o aluno crescer. (Este assunto, abordado por Toledo, é também discutido no capítulo seguinte, onde analiso os papéis do supervisor.) E Toledo conclui sobre sua visão com relação a esse tema:

> "Então, a relação se dá nisto, é uma relação de autoridade, com debates a partir de alguma coisa, de uma referência, do saber do supervisor e do aluno."

Marques, ao posicionar-se sobre a relação supervisor e supervisionado, indica alguns substratos que fundamentam esse tipo de relação:

> "(...) o aspecto específico que me preocupa é como se dá este contacto. Então, aí, para mim, há uma reprodução de como eu vejo a relação com o aluno; e a mesma relação eu vejo com o supervisor e a população, também, que é o modo vivencial de construir conhecimento; que é o modo de recuperar a realidade, de recuperar a vivência, de recuperar o cotidiano, de recuperar as relações que se estabelecem (...) permitir que o aluno discuta com a gente o que ele está percebendo do todo, que ele está vendo no papel profissional; por isso, eu acho que a troca é fundamental, que o processo de agrupamento do sujeito que está envolvido na formação profissional, é fundamental..."

Marques destaca, na relação supervisor e supervisionado, a maneira de se relacionar pedagogicamente e que se estabelece em cima das representações do aluno, tanto ao nível verbal, do discurso, do conhecimento, quanto ao nível não-verbal, através de gestos, postura, atitudes e, ainda, nas ações, no material que o aluno traz para a Supervisão de seu cotidiano profissional. Ela enfatiza a importância de o supervisor restabelecer junto com o aluno a sua vivência em uma visão de totalidade, o que é possível essencialmente pela troca de conhecimentos, de experiências, pela aliança dos que estão engajados na formação profissional, garantindo a aprendizagem dos mesmos. Todavia, Marques exemplifica que nem sempre a troca é facilitada, quando nas instituições existe um número grande de profissionais e de estagiários:

> "Nas instituições, às vezes, ocorre de ter um conjunto grande de assistentes sociais e os alunos nem sempre estão tendo oportunidade de trocar com um conjunto de profissionais e com o conjunto de seus colegas, com seus pares, com o supervisor. Isto deve ser dimensionado da forma mais ampliada possível; aí é que o aluno aprende — é entre os iguais, discutindo essas questões conosco, com o supervisor, com os professores. (...) Estou tentando configurar (...) a troca de experiências com a aprendizagem entre os pares (...) Nesta minha visão, você amplia, você alarga a possibilidade de o estagiário construir a sua matriz..."

Marques expressa a necessidade de recuperar e viver as relações dinâmicas que se travam entre os pares de profissionais, supervisores e alunos-estagiários, onde as trocas de experiências, de vivências, se concretizam e se socializam em conjunto, o que favorece aos envolvidos uma visão mais ampla da realidade, do Serviço Social e de sua prática. Esta forma relacional oportuniza ao aluno fundamentar suas referências e criar a sua matriz de identidade profissional, em um processo conjunto de aprendizagem teórico-afetiva e expressiva e onde todos se sintam companheiros e cooperativos, construindo e fazendo parte de um mesmo processo de formação profissional. Sob este ângulo é significativo rever, constantemente, os vínculos implícitos em toda a prática educativa supervisora. É preciso criar estratégias, como indicam Marques e outras, que permitam detectar o tipo de vínculo que se estabelece nas relações supervisor e supervisionado e que melhor persigam pedagogicamente o ensino e a aprendizagem.

Estevão quase não se reporta à questão da relação supervisor e supervisionado em seu discurso. Discutindo outros assuntos, em três momentos vai ao encontro do tema. Veja-se:

"Dado o fato de ser uma relação entre profissional e estagiário, uma relação entre duas pessoas, a empatia deve ser uma coisa presente, importante na Supervisão, para que o estagiário possa compreender o que é isto. (...) Ele vai trazer para o estágio e para o supervisor este conteúdo e fazer o momento da troca. Agora, se o supervisor não está aberto para isto, aí é impossível este momento de troca. (...) Eu estava pensando na relação supervisor e me veio a idéia de cidadania (...) E, no caso do Serviço Social, que pode mudar as relações sociais entre as pessoas, ou pode desencadear uma proposta de mudança das relações sociais. E aí se liga a relação supervisor e supervisionado, de também estar discutindo a questão de que se quer ser cidadã."

Como Marques e Toledo, Estevão aponta a importância da troca na Supervisão, neste tipo de relação profissional. É através do conteúdo de ambos, da atividade prática vivenciada que se concretiza, na relação, o momento de trocas. Ela ressalta a disponibilidade de abertura, de liberdade de expressão que deve existir nessa relação, criando momentos de reflexão para que, juntos, supervisor e supervisionado possibilitem essa troca entre eles. Estevão indica como aspecto relevante na relação entre duas pessoas a questão da empatia, que torna efetivamente a relação afetiva, uma vez que os que estão interagindo levam em conta os sentimentos, a afeição, sensibilizando-se um com o outro e favorecendo a relação dialogal. A prática supervisora exige que o supervisor se relacione com o supervisionado em uma situação dialogal em que ouça e seja ouvido.

"Quando dizemos que ele ouça, subentendemos sua capacidade de perscrutar o que está além da aparência das coisas, sua capacidade de sintonizar com a realidade que se lhe apresenta à frente como um desafio, sua possibilidade de perceber o outro."[18]

Em um terceiro momento, Estevão indica um conteúdo a ser discutido na Supervisão — o de ser cidadão — (o que discorro no Cap. V, "A Matéria-Prima da Supervisão", de minha tese de Doutoramento, já citada). Contudo, aqui Estevão liga este conceito ao das relações sociais e da relação supervisor e supervisionado. Posso inferir que o recado que ela pretende dar é que não se podem esquecer, na relação supervisor e supervisionado,

---

18. ALVES, Nilda (coord.) et alii. *Educação e Supervisão: o Trabalho Coletivo na Escola*, 4ª ed., São Paulo, Cortez, 1988, p. 94.

a visão de totalidade e de identidade pessoal do homem, e uma das substâncias desse homem que, além de ser profissional, é ser cidadão, cariz que não pode ser omitido nessa relação profissional em foco. Cada indivíduo incorpora as relações sociais configurando uma identidade pessoal. E é na relação supervisor e supervisionado que a identidade de ambos vem à tona, interagindo neste contexto peculiar. E como

"as atividades dos indivíduos estruturam as relações sociais e as identidades em seu conjunto, refletem a estrutura social, ao mesmo tempo que reagem sobre ela, conservando-a ou transformando-a"[19],

não podemos olvidar estes substratos e esta visão da totalidade e da contextualidade histórica, na relação real do supervisor e do supervisionado.

Quanto às supervisoras, elas também dão sua visão sobre o núcleo temático em pauta. Como nas professoras, o assunto é, por vezes, destacado, e, por outras, entremeia-se em outros conteúdos. Observe-se Chuairi:

"Eu nunca passei por uma experiência de ter um relacionamento mais conflituoso com as estagiárias (...) sempre foi fácil para mim; neste sentido, tenho uma experiência muito boa nisto; não tenho esse negócio do estagiário não trazer o material ou não falar (...) o supervisor e o estagiário (...) têm suas experiências, vivências, dificuldades (...) a gente pode trocar alguma idéia; isto me gratifica muito: é o meu retorno. (...) Gostaria de assinalar, também, que a relação pedagógica da Supervisão, embora seja um dos aspectos profissionais, não tem sido suficientemente discutida enquanto uma relação de poder, cuja especificidade tem um peso significativo na formação do assistente social."

Chuairi dá continuidade ao que anteriormente analisei: de se gerar um clima propício para a relação, suscitando uma relação aberta e amistosa onde o supervisionado possa, confiantemente, verbalizar e trocar as suas experiências. Chuairi afirma ter essa vivência relacional positiva garantindo a troca e o retorno do que se processa na Supervisão com suas estagiárias. Tal visão não exime Chuairi de que tenha consciência de que ambos — supervisor e supervisionado — são diferentes, únicos, tendo cada qual suas

---

19. CIAMPA, Antonio da Costa. *A Estória do Severino e a História da Severina*, São Paulo, Brasiliense, 1987, p. 171

vivências próprias e suas limitações. Ressalta, ainda, com muita conveniência, a negligência da discussão, no Serviço Social, sobre a questão da relação pedagógica na Supervisão, enfatizando a relação de poder que pode ocorrer no processo de ensino-aprendizagem. Ela não faz outras considerações a respeito, mas, sem dúvida, este aspecto está relacionado ao papel de autoridade, o qual deve ser entendido em toda a sua extensão, para que a relação entre os envolvidos não comprometa ineficazmente a formação profissional. Toledo fala sobre este tema, o que já foi analisado antes, e Rodrigues Marques também a isto se refere, sob outro ângulo:

> "A estagiária pode até ter uma postura diferente da minha, mas que ela tenha segurança dentro disso e coerência. Que não seja aquela que faz o que lhe é mandado. (...) Quanto à relação supervisor e estagiário, há uma forte tendência do estagiário encarar você como alguém que sabe, que vai avaliá-lo no final do ano. Difícil essa troca, até de expectativas, de críticas mútuas também; fica muito na linha daquele que sabe e daquele que aprende. O pessoal tem a tendência de querer alguém superior e eu não me encaixo nisso — para mim é muito difícil, sinto-me mal ter que falar para alguém: 'Faça!' ou, 'Você tem que fazer assim!' Bom, para dizer a verdade, eu não falo. Mas acho que é preferível ir por aí, do que assumir o papel que querem lhe dar — de alguém que sabe, que vai levar as coisas, e tudo mais! Acho que o processo de Supervisão, e qualquer outro processo educativo, tem que ser basicamente de troca."

Rodrigues Marques destaca variadas facções que o papel de autoridade e, conseqüentemente, a relação de saber podem contrair na relação supervisor e supervisionado. Analisa o fato de esperar do supervisionado uma relação de não-dependência e submissão, mas de auto-regulação. Todavia, ela percebe que o aluno tem uma forte predominância à relação do saber, supondo que o supervisor seja um depósito deste saber e que ele, supervisionado deva usufruir do mesmo. Tal configuração reproduz a "educação bancária", do dar e receber, do que ensina e do que aprende e, talvez, por lapso dos próprios educadores, essa foi por eles incutida no aluno. Rodrigues Marques aponta a sua dificuldade em perceber-se nesta relação e representando tal papel; analisa que esta visão limita uma postura crítica de ambos (supervisor e supervisionado), bem como a troca de conhecimentos, de vivências e de expectativas. Em sua visão, não concebe um processo de ensino-aprendizagem onde não haja esta troca, eliminando, portanto, deste processo, o saber autoritário, a relação de poder.

A segurança, a coerência, a flexibilidade, a troca são alguns elementos básicos da relação supervisor e supervisionado. Bernardes também dá a sua contribuição, no tocante ao tema em pauta. Destaca alguns aspectos abordados pelas professoras e as duas supervisoras, mas complementa outros. Observe-se:

"Quando à questão do relacionamento supervisor-aluno-estagiário, eu estava falando há pouco sobre a empatia. Eu acredito nisso! Este cuidado no início vai mostrar muita coisa no decurso do processo. O encontro do aluno com a supervisora tem que ser uma coisa muito tranqüila, para que as críticas e os conflitos que surjam possam ser bem elaborados. (...) Você tem que ter cuidado na relação com o estagiário... O ideal seria uma relação aberta, mas com responsabilidade dos dois lados. (...) Eu entendo a Supervisão como um processo educativo, onde se aprende dos dois lados. Eu acredito que é importante a conduta que nós adotamos em relação ao aluno aqui dentro. E recebemos em troca o retorno que ele dá. (...) Existe assistente social que tem relação muito aberta, que leva o estagiário para todas as atividades. Temos duas ou três que são deste estilo. Gostaríamos que as outras chegassem aí! Que realmente elas nunca perdessem essa visão de estar ajudando na formação do estagiário. Acho isto fundamental: 'Olha, você é também responsável por uma parcela pequena, mas é — por esse profissional que daqui a dois anos vai estar se formando'. Então tem que ser uma relação muito compromissada; compromissada com o ensino, porque não deixa de ser um processo de ensino-aprendizagem. (...) O estagiário pode estar criticando, questionando a supervisora e para que não haja nenhum melindre no relacionamento, ele traz essa crítica para a comissão que a discute (temos reuniões só com supervisores e reuniões com todos juntos — alunos e supervisores). (...) o aluno pode trazer uma série de coisas, mas se o supervisor caminhar em passos que não estiverem sincronizados, não vai haver aquela comunicação que permita aos dois falarem a mesma língua!"

Como Estevão, Bernardes destaca a empatia como um conceito muito importante na relação supervisor e supervisionado. Na medida em que houver essa sincronização, esse relacionamento empático, que engloba compreender a outra pessoa, no processo da Supervisão, esse suporte afetivo propiciará que a trajetória para a experiência prática do estagiário não seja só pela comunicação verbal objetiva, mas, também, pela comunicação espontânea da expressão dos sentimentos. A empatia conduz a uma relação de identificação com o "outro", favorecendo o diálogo, a troca, a reflexão e a que todo o conteúdo da Supervisão seja satisfatório e livremente operado.

Por vezes, o supervisor não tem o conhecimento adequado, atual e relevante das atitudes básicas que cultuam o desenvolvimento do outro, o relacionamento e a aprendizagem. Estes conhecimentos, quase sempre, ficam à margem da formação do supervisor, que não sabe como lidar neste contexto relacional e como colocar-se de forma inovadora e democrática.

Outro cariz que Bernardes expressa é o tipo de vínculo que se pode ter no relacionamento supervisor e supervisionado. Ela indica como ideal a relação "aberta", "liberal" (também ressaltada por Estevão sob outro ponto de vista), que possibilita a troca de vivências, de conhecimentos, de experiências, mas que, também, imprime responsabilidade para ambos. É um relacionamento empático, de compromisso, de troca e de responsabilidade. Bernardes exemplifica que determinados supervisores, em seu trabalho, conduzem a Supervisão pautando-se neste tipo de vínculo "aberto", pois o processo da Supervisão se estabelece através do diálogo entre supervisor e supervisionado, o que constitui um aspecto dialógico, que, aliado ao aspecto empático, facilitará o processo de ensino-aprendizagem. A contradição disso limita a concreção dessa processualidade, pois os melindres, as inseguranças, os conflitos etc. entravam a relação e, como diz Bernardes, "não vai haver aquela comunicação que permita aos dois falarem a mesma língua".

E Bernardes conclui relatando a superação da relação de autoritarismo:

> "Felizmente, estamos conseguindo não ter mais aquela concepção da visão 'do alto'. É evidente que você ainda detém o poder, por mais que você não queira, que prefira ter uma relação aberta. Quando isto acontece? Quando o aluno vem para o estágio e se impõe a ele alguma coisa. (...) O supervisor, às vezes, terá que colocar: 'Olha, não é por aí!', às vezes, ele precisa ser mais diretivo. (...) queremos que o aluno esteja realmente vinculado à Divisão. Ele participa e tem espaço nas reuniões de Supervisão dos assistentes sociais. (...) o aluno é consultado se quer o assistente social próximo, na mesma área ou não."

Pelas falas de Bernardes parece que a confusão entre as relações de autoridade e autoritarismo estão banidas em seu trabalho. Existe, sim, uma relação de poder, que advém do papel de autoridade (que abordo mais adiante, no capítulo seguinte) e que, por vezes, deve ser utilizada no processo da Supervisão. Contudo, a presença e o desenvolvimento desse papel não exclui que o estagiário participe de todo o processo, que ele opine, tome decisões, tenha espaço e valorize as suas iniciativas. A desigualdade de atribuições entre supervisor e supervisionado não impede que a relação seja sincera e amistosa e tanto supervisor quanto supervisionado respeitem a identidade um do outro, permitindo influências mútuas.

Quanto às estagiárias, sua vivência relacional se torna perceptível, ao relatarem sobre a vivência de seus estágios,[20] onde transparecem as formas de relacionamento: de distância ou proximidade, de conflitos, de insegurança, de medo, de troca, entre outras. As experiências são muito variadas e desencadeiam diversas maneiras de se relacionar. Outrossim, em alguns momentos de seus discursos, as estagiárias expressam a sua visão sobre o relacionamento supervisor e supervisionado, de acordo com a experiência relacional concreta que vivenciaram.

Ventura dá o seu posicionamento a respeito:

"Primeiro, passa-se por uma relação de amizade mesmo: de um encontro entre duas pessoas. Há primeiro um desejo de conhecer o outro; porque, muitas vezes, a gente não gosta da cara de uma pessoa, mas você ajuda a olhar para a cara como ela é. (...) A gente pode se ajudar, pode perceber que pode ser diferente. A relação de quem dá Supervisão e de quem recebe, tem que passar por aí: primeiro, uma abertura grande para o outro, uma atenção para o que o outro está vivendo! Se você não olha para a cara do outro, não sabe como ele está! Tem que ser amigo mesmo! Lógico, não tem que ser amigo de fofoquinha; não falo nesse nível; digo, uma amizade na construção do que aquela pessoa é, e o que ela vai ser na vida! (...) A relação que eu tenho com a minha supervisora, que agora saiu de lá (do estágio) a semana passada, é uma relação de mestre e aprendiz. Eu comecei o estágio com ela, atuando nos grupos... aí eu era ajudada

---

20. Esses relatos de seus estágios farão parte da obra já mencionada na Apresentação, página 9, nota 1.

por ela a entender e fazer a ligação com tudo. A relação na Supervisão com ela, por exemplo, era de uma amizade muito grande e tinha-se uma liberdade muito grande. (...) Nós temos idéia de que o aluno é alguém que está recebendo teoria... E não é isso! O aluno poderia ajudar o supervisor a trocar isso, a crescer como profissional, porque a comunidade é a Universidade. (...) É uma relação de dar e de receber; é uma relação de troca entre supervisor e estagiário, mas num nível diferente, é lógico, porque há a prática de ambos."

Ventura relata o primeiro contato do supervisionado com o supervisor, o qual não passa, aprioristicamente, de qualquer outro contato — "um encontro entre duas pessoas". Contudo, coloca este encontro em uma relação de amizade e em um desejo de conhecimento mútuo. A sua fala desvela uma ansiedade em saber "quem é o supervisor" e uma necessidade de perceber, à primeira vista, "se vai se dar bem com ele"!

Esclarece a sua visão de relação de amizade com o supervisor. É um relacionamento aberto, franco, de ajuda mútua, de crescimento mútuo, de responsabilidade coletiva, de troca, onde se dá e se recebe, onde se perscruta o "momento" do outro, onde se tem a liberdade de se expressar e juntos construírem as suas vidas. Acautela, todavia, para alguns pontos dessa relação. Um aspecto é que ambos — supervisor e supervisionado — são diferentes e o próprio processo da Supervisão deve propiciar a percepção dessas diferenças. Ela dispõe o supervisor como "mestre" e o supervisionado como "aprendiz", o que revela que ela delega ao supervisor o papel de autoridade e do saber, como ela mesma diz: "eu era ajudada por ela a entender e fazer a ligação com tudo" e reconhece que os níveis da relação de troca, de dar e receber são diferenciados entre elas, pois supõe uma experiência acumulada do supervisor.

Quanto a Morais, vários depoimentos de sua entrevista mostram sua visão sobre o assunto em questão, em especial quando relata processualmente suas três vivências diferenciadas de Supervisão. Seguem outros extratos:

"É uma relação de troca, onde você coloca, onde você recebe coisas. (...) A minha relação com esta supervisora está muito difícil! A gente não consegue conversar, nem como pessoa e não consegue discutir a questão profissional. (...) só que de mim, ela pode cobrar, porque sou estagiária. Então, ela coloca muito claro uma posição subalterna; a relação do estagiário ser uma coisa subalterna... E para mim isto é muito terrível! (...) Então, nisto eu sinto um pouco falha, mas acho uma falha de ambas as partes, porque eu parei de questionar e parei de buscar nela algumas coisas. Você corre o risco, depois de você ter uma supervisora, de travar um laço de amizade e de ter uma amiga e não há mais uma relação profissional com a supervisora. (...) Eu sei que para estar atingindo minha supervisora, essa terceira da Delegacia, eu não posso ser tão rude e nem tão forte no que eu falo. Eu tenho que ganhá-la enquanto pessoa, e depois tentar, muito devagar, para fazer alguma coisa! (...) Agora, uma outra coisa importante, eu acho que é difícil, por exemplo, a relação com o supervisor, quando você já tem clareza da sua opção política; se você não for com muito cuidado, você queima o supervisor e se queima. Porque, às vezes, eles acham que estão realmente um pouco atrasados, então nem querem aceitar um estagiário dentro da instituição."

Do mesmo modo como as docentes, as supervisoras e Ventura, Morais indica, prioritariamente, uma relação de troca entre supervisor e supervisionado. Contudo, ela aponta posições paradoxais de relacionamento que vivenciou no processo da Supervisão, configurando uma relação positiva e negativa, se assim posso afirmar (pois, de experiências negativas resultam, também, conseqüências positivas). Pelos seus depoimentos, no relato de seus estágios, as duas experiências "restritivas" desvelam a ausência do componente "empatia" na relação e, até, de uma certa aversão e antipatia, onde a dialogicidade é quase inadmissível, fato que a estagiária confirma quando diz que não consegue comunicar-se, nem sequer como pessoa. Nesta perspectiva, a relação se torna muito difícil e conflitiva, comprometendo, substantivamente, o processo de ensino-aprendizagem. Outro fato que pode acontecer é um rompimento nessa relação: supervisor e supervisionado não se procuram mais, não existindo a discussão sobre o conteúdo da prática profissional, deixando de ocorrer a Supervisão, o que é comprometedor, pois fragmenta-se a formação profissional. Infelizmente, no caso de Morais, embora ela tenha consciência de que este ato ocorreu de ambas as partes, o clima tornou-se insustentável, culminando na saída da estagiária.

Morais expressa outras modalidades de vínculos ocorrentes na Supervisão. Um deles é o já citado, especialmente por Toledo e Rodrigues Marques e Marques, da relação constituída de superioridade, por parte do supervisor, e de subalternidade, por parte do supervisionado. Morais desafoga suas reações ante este tipo de relacionamento, sentindo-se "usada" e estando, hierarquicamente, em uma situação de inferioridade e de submissão. Todavia, pela sua própria forma de ser, Morais não suporta e não aceita essa posição que lhe é outorgada, reagindo de diversas formas e sabedora de que variadas maneiras de relacionamento prescindem, também, de abordagens diversas. Assim, em seu discurso, reage denunciando, criticando e se autocriticando, tentando o diálogo, reivindicando mudanças, buscando ajuda externa com outra supervisora, entre outros. Indago: como se situaria outra estagiária, com características bem diversas de Morais? A contextura dessa situação exige a sua superação, para que realmente aconteça a Supervisão.

Morais aponta a ocorrência da relação de amizade, na Supervisão. Indica a necessidade de se ter consciência desse tipo de relacionamento, porque se esta forma predomina ou só ela molda a relação supervisor e supervisionado, corrompe-se e desaparece a relação profissional. Este modo relacional ocorre quando o processo da transferência é acentuado e ambos, supervisor e supervisionado, não conseguem mais diferenciar os seus papéis, e, por sua vez, o relacionamento não se faz transparente e diferenciado, salientando-se uma relação de iguais (de amigos).

Morais faz, ainda, uma última pontuação a respeito do núcleo temático em pauta, ressaltando que quando os dois envolvidos na relação possuem posições políticas contrárias e o supervisionado está consciente de sua posição, os conflitos podem ser mais agudos e constantes, comprometendo o processo de ensino-aprendizagem. Deve-se constatar as tipologias das relações e trabalhá-las, tornando-as objeto de discussão no próprio processo da Supervisão.

Gonçalves também emite a sua opinião sobre o assunto:

> "Percebo que o meu relacionamento com a supervisora não é bom. Ela é uma pessoa muito agressiva, muito dominadora; ela acha que só ela sabe fazer as coisas certas. Então, eu não me sinto à vontade com ela para estar colocando algumas coisas da profissão. Ela não dá esta liberdade para a gente e também não dá Supervisão. Daí fica um 'negócio' superdifícil! (...) Ela não está mais interessada em questionar alguns pontos da profissão. Então é uma pessoa que

parou um pouco! E eu acho que ela tem consciência disto, porque ela considera que já fez muito e agora é só ir continuando as coisas. Então fica um relacionamento muito difícil entre nós. (...) Bem, acho que é isto! Eu me sinto meio perdida para falar. Acho que um pouco até pela falta da Supervisão. O que a gente está fazendo agora, eu devia fazer com o meu supervisor. A gente não acaba fazendo e quando vai fazer — encontra até dificuldade de se expressar! (...) A relação entre o supervisor e o supervisionado deveria ser uma troca de experiências realmente, mas isso não ocorre. O estagiário deveria estar levando as últimas novidades do Serviço Social, digamos assim, do que se aprende aqui e o profissional estar contando as suas experiências, pelo que ele já passou, como ele está agora. Seria uma relação em que se está colocando pontos principais da profissão."

Gonçalves apresenta a relação de autoritarismo do supervisor, já bastante ressaltada, onde a dominação, a dependência, a não-liberdade de expressão, a agressividade, a ascendência do supervisor são ingredientes dessa relação, tornando-a complicada e dificultosa, culminando, até, na não-ocorrência da Supervisão. Com tal experiência frustrante, em contrapartida, Gonçalves indica a relação idealizada, onde deve existir a real permuta de experiências, onde os dois implicados possam livremente relatar, discutir, refletir sobre as suas vivências profissionais, os seus "saberes", o que foi substantivamente abordado por todos os sujeitos entrevistados. Neste sentido, a ação supervisora deve valorizar o conhecimento do aluno, tomando-o como referência para a introdução do que lhe é desconhecido, permitindo a construção de um "saber" novo e abrindo novas perspectivas no processo de ensino-aprendizagem, tanto no que se refere à relação supervisor e supervisionado, quanto no que se refere à relação estagiário-conhecimento e supervisor-conhecimento.[21]

3. A visão dos sujeitos entrevistados sobre o aluno-estagiário e seu papel

O aluno é o principal agente do processo de ensino-aprendizagem, enquanto alguém que aprende, mas também ensina. É

---

21. FURLANI, Lúcia M. T. *Autoridade do Professor: Meta, Mito ou Nada Disso?* 2ª ed., São Paulo, Cortez, 1990, p. 32.

uma pessoa em situação de aprendizagem e que deve ser percebida em sua globalidade, ou seja, o aluno é alguém em processo de formação profissional e como um todo deve ser considerado.

Nesta perspectiva, é significativo considerar, identificar e compreender o contexto concreto das realidades sociais nas quais ele está inserido, desde a realidade mais ampla (do país, Estado, município) até sua trajetória histórica pessoal que engloba sua origem social, sua formação acadêmica, as práticas que desenvolveu e desenvolve no momento, como também seu modo de conceber o homem, a sociedade, a educação, o Serviço Social, o estágio e a Supervisão. Em suma, é imprescindível, no processo de ensino-aprendizagem, considerar e conhecer quem é o aluno e qual o seu papel enquanto estagiário.

Toledo se expressa a respeito:

"No caso do Serviço Social, a profissão começou com a Supervisão. Eu não a dispenso hoje, principalmente tendo em vista o tipo de aluno que estamos recebendo. Esses alunos vêm de uma formação educacional e de uma escolaridade muito precária, por conta do que o país passou nestes últimos anos: eles não aprenderam a pensar, a verbalizar aquilo que estão sentindo ou mesmo opinar sobre as questões que lhes são colocadas (...) parecem entrar no mercado de trabalho jovens já decepcionados com a profissão... Eu nunca encontrei tanto aluno decepcionado com a profissão, já no 3º ano, como agora!"

Toledo considera indispensável a Supervisão, cuja origem remonta à genitura do próprio Serviço Social, quando se formaram grupos de auxiliares sociais que eram treinados em suas atividades. Reafirma sua necessidade no momento atual, tendo em vista as características peculiares do aluno de hoje — um jovem acrítico, inexpressivo, encolhido, que podemos compreender à luz da história da ditadura política sob a qual o Brasil viveu por mais de 20 anos. É o aluno e a sociedade brasileira que foram silenciados, ou cujos pais foram ameaçados e amordaçados. É este o aluno que está entrando em contato com supervisores que também viveram essa mesma realidade sócio-política, o que significa que estes também são frutos do mesmo processo histórico e, conseqüentemente, também têm um caminho a seguir na própria libertação e desenvolvimento.

Contudo, é também um aluno que, via de regra, não busca a superação destes vetores, acomodando-se e/ou não se encontrando na profissão; daí, talvez, a sua decepção e a sua defasagem teórico-técnico-operativa, conforme diz Toledo. Pode parecer que estamos condicionando a prática da Supervisão a um conformismo gerado pela contingência histórica sócio-político-educacional, mas, na realidade, o que estamos preconizando é uma co-educação do supervisor e do estagiário para o desenvolvimento de sua capacidade de criticar o seu ambiente, o ensino, a sua prática profissional e a si mesmos como agentes dentro do processo histórico. E Toledo continua falando sobre o estagiário:

> "(...) dificilmente hoje se coloca o aluno numa instituição, onde se concebe o aluno como estagiário... O aluno tem que entender que isso é um emprego e que está em jogo uma série de coisas. Ele pode estar protegido em algumas situações que, na verdade, são mais situações para boicotá-lo de participar. Exemplo, o estagiário não vai participar de reuniões com profissionais. Aí se usa a terminologia 'estagiário'!(...) ele está no mundo do trabalho. (...) esta instituição também coloca o aluno como estagiário — ele, de certa forma, teria assegurado um tempo, um espaço, principalmente um tempo para estudar e para a Supervisão. (...) No fundo, o estagiário, o supervisionado, ele está subordinado ao supervisor hierarquicamente e isto confunde a relação de trabalho com a relação de ensino."

Esses depoimentos desvelam como é visto o aluno-estagiário, ou seja, ele não é respeitado como tal, mas como mão-de-obra barata, como trabalhador, como não-participante da instituição onde ele realiza o seu estágio, como subalterno e hierarquicamente dependente do supervisor. Quando realmente e de direito for considerado "estagiário", deve lhe ser auferido minimamente, um espaço para o ensino, o treino prático e a Supervisão. A docente reporta-se, agora, ao direito e ao papel do estagiário:

> "Acho que o aluno tem que ter maturidade para perceber qual o âmbito da ação dele na instituição e até para perceber seus direitos como trabalhador e brigar por estes também, na medida em que for possível. (...) o aluno tem um 'desejo exacerbado de ajudar', sem considerar o contexto institucional onde trabalha. Eu acho que não é para a gente arrebentar com este sentimento, este desejo de ajudar... Mas temos que entender que ele tem um papel de aluno-estagiário dentro da instituição."

Ao falar da maturidade do supervisionado para captar o espaço e a abrangência de sua ação, Toledo está se referindo a uma percepção de limites e ao equilíbrio que lhe é necessário para respeitar tais limites. Entretanto, o aluno vai desenvolver essa maturidade no estágio e no processo da Supervisão, enquanto vai treinando e refletindo sobre a sua prática, percebendo os seus limites, os do Serviço Social, as aberturas e as possibilidades de mudanças. Ela acena, também, para seus direitos como trabalhador e a agressividade para reivindicá-los. Em relação ao "desejo de ajudar" do aluno, Toledo procura situá-lo na processualidade educativa e de aprendizagem gradativas, dentro de sua realidade específica: o aluno é limitado pela sua formação profissional que se encontra apenas no início, por seu poder de ação e também pela duração do período de estágio. Devido a estes fatores, seu conhecimento do campo de ação é deficiente, o que lhe dificulta agir de acordo com seu "desejo de ajudar". Cabe ao supervisor acolher seu desejo e manter-se a seu lado, mostrando-lhe que o Serviço Social é um serviço de ajuda, porém, com limitações provenientes tanto da instituição quanto dos usuários, dos próprios profissionais e da sociedade onde se desenvolve. O supervisor poderá ainda estar mostrando ao estagiário como investir sua energia em uma qualidade superior de trabalho ao invés da quantidade.

Estevão fala sobre sua visão de estagiário:

"O aluno de primeiro ano também vem com esta idéia (de não se ter uma visão do contexto maior e dos elementos serem integrados: população, instituição, tipo de prática etc.); ele não enxerga (...) o estagiário acaba ficando com o que se considera serem as tarefas chatas: as visitas domiciliares (...) tudo o que o supervisor não quer fazer e quando são coisas importantes para a profissão (...) estão oferecendo oportunidade para o 'coitado' do estagiário fazer o estágio (...) o estagiário não tem condições de brigar por um estágio melhor sozinho (...) todos reclamam que são mão-de-obra barata..."

As visões de estagiário se repetem e se complementam. Estevão reforça a visão parcializada que o aluno tem do contexto mais amplo e do Serviço Social, tanto ao nível do ensino, quanto de sua vivência, no estágio. Contrapondo-se a este aspecto, outras características são atribuídas ao aluno, ou pela instituição de ensino e de campo de estágio, ou pelo próprio supervisor: é colocado em uma situação de dependência, onde lhe é ofertado um trabalho de qualidade inferior — "as tarefas chatas" —, sentindo-se ele explorado, com razão, e não tendo ele, isoladamente, força idônea para a ultrapassagem dessa concepção de estágio e de estagiário.

Estevão também se coloca em relação ao papel do estagiário:

> "Em relação ao papel do estagiário, na medida em que a Supervisão tem um caráter pedagógico, o estagiário é alguém que está em processo de formação profissional, onde ele tem algumas responsabilidades em termos profissionais, pequenas, limitadas; ele tem, em primeiro lugar, que estar aberto para o que vem. (...) o estagiário está se preparando! E quando a pessoa está se preparando, ela tem que estar com disponibilidade — o papel dele é estar disponível para isto, além de estar trazendo as coisas da Universidade, as coisas que está aprendendo (...) Eu vejo o papel do estagiário como o de alguém que está sendo preparado para a vida profissional e que vai aprender a assumir cada vez mais responsabilidades, que vai aprender a ser um profissional que atua 'transando' direito a instituição, a população (...) Então, o estagiário tem o papel de estar disponível para amadurecer."

Estevão sintetiza o papel do estagiário como aquele de "estar disponível" para se preparar profissionalmente para ser assistente social. É desse papel que derivam os outros por ela apontados: o de aprender a ser responsável pelas tarefas que competem ao aluno; o de trazer o conteúdo do curso para discutir no estágio; o de saber correlacionar teoria-prática e esta com o contexto sócio-histórico. Nesta medida, o supervisionado precisa "estar aberto para o que vem", ou seja, estar à disposição das demandas cotidianas, da sociedade, do Serviço Social e de seus usuários e da prática profissional. Quando o estagiário se apresenta com modelos idealizados, introjetados e aprendidos na faculdade e moldados conforme sua personalidade e vivências, ele deve estar disponível, também, para que o supervisor lhe mostre a realidade da instituição e da sociedade mais ampla e com ele busque a adequação à realidade com que se defronta e da qual faz parte.

Marques também tece considerações acerca do estagiário e de seu papel, afirmando:

> "Quando fizemos a proposta de sistematização de conhecimento — um conhecimento produto de uma vivência — tiveram alunos que se assustaram um pouco, e alunos que têm uma bagagem teórica muito grande... então, o aluno se sente inseguro, porque tem pouco

conhecimento e, principalmente, pouco conhecimento instrumental (...) Acho que tem que situar um pouco o ensino, o jovem. Esta é uma das questões que eu mais tenho procurado entender ultimamente — a questão do momento do jovem. (...) Hoje, eu vejo que é duro estar perdendo o papel de estudante, estar deixando de ser jovem, com tudo que isto significa: o questionar, a rebeldia, aquela energia toda! É duro estar entrando num papel que envolve responsabilidade, que envolve o abandono de um conjunto de papéis que eram um privilégio: o papel de jovem, o papel de estudante, o papel de estagiário. Ele tem sempre uma proteção que lhe permite estar um pouco mais liberto e, ao mesmo tempo, garantindo a preservação dessas características. (...) o início do contato com a realidade desorganiza muito o aluno, faz com que ele se desestruture um pouco com todos os papéis que ele desempenha. (...) Percebo o que tem por aí de Supervisão, quando os alunos contam algumas situações de início de Supervisão: que eles ficam num total abandono, onde eles podem fazer qualquer atividade, onde tudo é jogado na mão deles. (...) Tem um conjunto muito grande de situações na realidade, por uma indiferenciação da profissão e eu acho que o aluno fica um pouco a reboque disso, sem ter uma resposta muito clara. (...) Às vezes, o aluno desanima e, às vezes, a gente tem que estar do lado e estar mostrando que tem que ir fundo mesmo! É duro para o aluno entrar em contato com isso, que sobra num volume muito grande para a profissão fazer."

Marques apresenta vários matizes, tanto do perfil do estagiário, quanto de seu papel. Principia apontando para um perfil de estagiário inseguro, como fruto da faculdade que transmite um conhecimento desintegrado e insuficientemente voltado para a prática. Daí resulta um aluno inseguro por não conseguir integrar seus conhecimentos adquiridos, e aplicá-los à prática que se inicia no estágio. Esta falta de consistência interna do aluno cria dificuldade para a Supervisão, que tem o papel de resgatar o que o estagiário já vivenciou na faculdade, em termos de aprendizagem de teoria e prática.

Contudo, este aluno tem uma referência teórica acentuada, mas falta-lhe o treino, as estratégias de como usá-la na sua vivência prática. Outro cariz do aluno enfocado por Marques é o de ser jovem. Geralmente o estagiário é jovem e está motivado. Começa seu estágio no momento em que inicia sua vivência prática em realidades sociais de atuação do Serviço Social, sob a Supervisão de um assistente social credenciado pelo CRAS. Seu estágio ocorre quase sempre dentro de uma instituição, e no momento em que o aluno inicia seu 3º ano de curso na faculdade. Ao deparar-se com a prática profissional, muitos elementos desta prática e do contexto maior passam a constituir um desafio para ele. Existe o estagiário curioso, com aspirações de inovar, de criar, de conhecer, de solucionar problemas, de estar junto com a comunidade. Do mesmo modo que existe o estagiário indiferente.

Ao comparar a si própria, Marques caracteriza este jovem como questionador, rebelde, pleno de energia, de liberdade, de vontade de fazer, de vivenciar, de mudar. Paradoxalmente, existe também outro perfil de estagiário: o de um aluno "perdido" ante à realidade complexa que o espera e despreparado para o agir; a de um aluno que se sente "abandonado" pelo supervisor e fazendo as mais variadas tarefas que lhe são "jogadas" sem que lhe seja concedida uma retaguarda necessária. Tal imagem real propicia que o aluno desanime, não se sentindo motivado no estágio, havendo repercussão, também, em seu curso. Marques relata sobre este aluno-estagiário que entra em depressão, tristeza e desânimo no contato com o cotidiano profissional. É um estado natural decorrente desse perfil de imaturidade, insegurança e desconhecimento da realidade do Serviço Social em sua concretude, salientando-se mais se a ação supervisora estiver ausente ou falha. Essa crise faz parte do processo de desenvolvimento profissional do aluno. É importante que o estagiário conviva com estes conflitos e depressões no contato com a realidade, e o supervisor esteja a seu lado, garantindo-lhe o apoio de que necessita sem minimizar os efeitos e a dor de tal crise, como também o estará estimulando para que não caia na acomodação que leva ao empreguismo e à alienação.

Indicando os papéis que o aluno representa, enquanto se processa a sua formação — de ser jovem, de ser estudante, de ser estagiário — Marques finaliza, dizendo:

> "O aluno participa com o supervisor em tudo o que é fundamental para o desenvolvimento do papel profissional... Aqui, já temos dados para se levantar o papel do aluno que é essa visão de elemento participante. Todos os questionamentos que o aluno puder levantar sobre o processo, de alguma forma, podem responder à vivência dele."

Neste depoimento, Marques afirma que o estagiário vem para a Supervisão com sua vivência e uma particular visão do mundo e da profissão de assistente social. A partir de si mesmo, faz seu questionamento e traz sua contribuição ao nível teórico-prático. É desta maneira que o aluno se manifesta um elemento participante no processo de Supervisão. Muitas vezes, seus questionamentos correspondem à sua vivência, outras vezes não; são reflexos de sua formação teórica construída na faculdade.

As supervisoras entrevistadas também falam sobre sua visão de aluno-estagiário. Observe-se Chuairi:

"(...) as minhas estagiárias daqui, elas não conseguem desenvolver uma porção de coisas que eu gostaria que elas desenvolvessem. (...) E o estagiário vem despreparado para isso! (...) O estagiário diz: 'Eu sou aluno!' Ele já vem para o estágio com aquela mentalidade de 'eu sou aluno'. (...) Mas o estagiário checa a tua prática profissional... ele sempre questiona... (...) Muitas vezes o estagiário vem porque ele precisa cumprir a carga horária; muitas vezes ele não reivindica: 'Ah, eu posso fazer isto, fazer aquilo?' Ou: 'Estou insatisfeito porque não estou fazendo isso'... Ele se limita, simplesmente, a fazer aquela função. (...) Observo que tudo está departamentalizado, o aluno também começa repetindo o mesmo tipo de comportamento. (...) Muitas vezes a instituição vai iniciar um programa e contrata o estagiário em vez de técnico, porque sai mais barato para ela; outras vezes, não há condição, na instituição, de o assistente social dar Supervisão e ele é pressionado para isso. Daí, dentro deste contexto, ele dá Supervisão e dá de má vontade: o aluno é um transtorno para ele. O que ele vai fazer? Tem que arrumar serviço para o estagiário. E, neste ponto, o estagiário atrapalha! Atrapalha e ameaça! Porque, se ele for estagiário de 4º ano, o assistente social se sente ameaçado na situação do emprego dele. (...) Muitas vezes, a estagiária é para a instituição uma mão-de-obra barata, de baixo custo, quando não, voluntária. Ela vem para ajudar a assistente social a arquivar, fazer levantamento, fazer estatística etc. — é a estagiária tarefeira. (...) Isto evidencia um não-comprometimento na formação profissional e configura uma situação de exploração de estágio."

Chuairi destaca várias nuances do perfil do aluno-supervisionado. Uma característica, também apontada pelas docentes, é a de um aluno despreparado para o agir profissional, denunciando a defasagem teórico-metodológico-operativa advinda dele próprio e/ou do Curso de Serviço Social. Outra tipologia de aluno que ela expressa é a de um aluno não-compromissado, negligente e acomodado, em que o estágio se reduz a cumprir a carga horária do currículo do curso, não reivindicando outras atividades e limitando-se ao que lhe foi atribuído. Outro tipo de aluno é aquele que se atrela à visão fracionada da instituição, do estágio, do curso, da prática, reproduzindo esta mesma particularidade. Contrapondo-se a este perfil de aluno, Chuairi apresenta outro, a de aluno questionador, reforçando Marques.

Chuairi mostra a visão do estagiário, por parte da instituição e do supervisor. É considerado pela instituição um trabalhador-aluno, de baixo custo, ou até de custo zero, quando o estágio é voluntário; é o aluno "tarefeiro", como ela o denomina, sendo explorado e não reconhecido como estagiário. Mas, por vezes, o supervisor também percebe, desvirtuadamente, o estagiário. Este pode ser visto por ele como aquele que o substitui em várias de suas funções, pode percebê-lo como aquele que o incomoda e atrapalha (pois é alguém que se intromete nas tarefas do Serviço Social); como aquele que o ameaça (pois pode, quando formado, ocupar o seu lugar); como aquele que o pressiona (pois questiona o que o supervisor, faz e como o faz). Este perfil evidencia um aluno bem-vindo pela instituição (é um trabalhador não-oneroso para a instituição), e como alguém repelido, negado, não-aceito, pelo supervisor.

Analisando a visão do aluno quanto à percepção que possui de seu papel, Chuairi considera que o aluno tem clareza sobre ele, afirmando:

"Com relação ao papel do estagiário, acho que a maioria dos alunos tem isto claro! Claro assim: o que você espera dele estagiário e até onde vai o papel do ensino. Mas vai muito de ele estar motivado, estar interessado, e da maneira como ele encara o curso. Se ele tem tudo isso, ele está procurando, ele está até lutando pelo espaço dele, mesmo que o espaço dele seja pequeno; ele pode estar, até, ampliando, discutindo e debatendo este papel e lutando para conseguir fazer coisas melhores."

Na visão de Chuairi, o papel do aluno se clarifica na medida em que há interesse, motivação, luta, reivindicação pelo espaço e respeito de seu papel, e busca de algo melhor por parte do aluno; estes aspectos também derivam do modo como ele (aluno) se percebe e assume o curso.

Rodrigues Marques, igualmente, dá sua visão do estagiário na instituição:

"Eu acho que não podemos negar que quando se aceita um estagiário é para ajudar no trabalho também. Mas, aí, entra a questão que você tem um compromisso com ele, tem a responsabilidade de desenvolver um trabalho educativo com ele. É injusto você colocar o estagiário como mão-de-obra, como outro técnico que vai ajudá-lo no trabalho. Ele faz, é claro! Ele o ajuda em muita coisa; é um funcionário, de certa forma! Mas como ele tem essa responsabilidade de executar uma tarefa, acho que você tem uma responsabilidade muito séria de oferecer a experiência da prática e uma experiência válida. É meio desonesto você aceitar um estagiário que vem executar tarefas, tudo o que não dá tempo de você fazer."

Partindo de sua referência de concepção de homem, Rodrigues Marques dá sua visão de estagiário, opondo-se à visão da instituição e analisada por Chuairi. A instituição oferece ao aluno a matéria-prima de atuação profissional, o campo de treinamento, onde possa vivenciar, experimentar e refletir sobre o fazer profissional, colocando-lhe, ainda, à disposição um assistente social, responsável pela Supervisão e que o auxilie nesse processo de sua formação profissional. Paralelamente, o aluno ajuda a instituição executando as tarefas do Serviço Social. A supervisora desvela que nesta questão devem existir responsabilidades dos dois lados: a instituição, procurando compromissadamente assumir junto com o aluno um trabalho educativo, e o estagiário, correspondendo a isto, sendo co-responsável e executando as atividades que lhe foram conferidas. Rodrigues Marques ressalva que estes dois aspectos devem estar claros e ser respeitados, considerando-se o aluno, realmente, um "estagiário" e não uma mão-de-obra barata; alguém que faz "as vezes" do assistente social. E ela continua falando sobre o estagiário:

"Existem estagiários que já vêm com alguma idéia, com alguma expectativa, mas a grande maioria chega sem nenhuma expectativa do próprio estágio, da própria prática, e nem de supervisora. Lógico, um aluno de 4º ano, às vezes, já tem algumas exigências com relação a você, mas, geralmente, o aluno de 3º ano, que está começando o estágio, não tem nenhuma expectativa, até com relação à sua própria Supervisão. (...) Quando você tem uma boa estagiária que questiona, você tem até maior segurança; mas, quando você tem alguém que tem certa dificuldade em questionar, em ter uma crítica maior, é muito difícil e o processo de Supervisão se empobrece. (...) O aluno não consegue exprimir as informações que está recebendo, o que ele ouviu. (...) Acho que algumas coisas, por melhor que seja a estagiária, ela não tem experiência ainda para enfrentar. (...) Será que eu não estou exigindo demais de alguém que não está preparado? (...) O aluno tem muita tendência a querer alguém para mostrar o que ele deve fazer e não alguém para trocar, achar junto. (...) Acho importante ele sair do estágio com sentimento de realização — de que fez alguma coisa também — não é só frustração."

Da mesma forma que Chuairi e as docentes, Rodrigues Marques sinaliza um perfil de aluno que se caracteriza pela sua defasagem teórico-prática, pelo seu despreparo para enfrentar o estágio e, através deste, o que a realidade concreta direciona para o seu agir. Ressalta a ausência de informações desse aluno, às vezes primitivas e rotineiras e a sua dificuldade de expressão, não sabendo transmitir as informações de que usufrui.

Encontra-se, porém, um outro tipo de aluno, o qual, seja pelo reflexo de sua educação bancária, como também da ditadura militar, seja pela sua educação familiar e cultural, deseja e espera receitas prontas, definições e certezas, em detrimento daquilo que o faz pensar, refletir, criticar, criar e avaliar.

Concluindo, a supervisora afirma ser positivo o estagiário sair de seu estágio com o sentimento de "realização"! Sentimento este que a processualidade real da Supervisão e do estágio vão lhe garantir, ou não.

Bernardes exprime a sua posição a respeito de sua visão de estagiário e de seu papel:

"O aluno terá o espaço dele mas, ao mesmo tempo, sua responsabilidade por aquilo que vai fazer. (...) Ele não gosta do supervisor autoritário. O aluno também vai trazer a sua contribuição... (...) Então vem aquele aluno que está com a cabeça cheia de teoria, e como vai ser? (...) Assim, vamos ajudá-lo a ser uma pessoa mais segura, porque ele chega com muitos medos. (...) Eu não procuro saber qual a postura ideológica do estagiário. Uma visão crítica é importante — a gente insiste muito sobre isto. (...) Nossa preocupação fundamental é ter em mente que o estagiário é uma pessoa que está se formando e nossa responsabilidade está em sua formação. (...) Tem também o lado do aluno: ele está preocupado em fazer esse gancho? Às vezes, ele vem e quer a prática. E, se for aprofundar um pouquinho, é a prática pela prática. (...) O papel de estagiário é sempre o papel de aluno! E o que é ser aluno? Ele tem liberdade aqui dentro, mas é uma liberdade com limitação. O estagiário tem que ter sensibilidade para estar vendo e analisando a prática. Eu não posso deixar que ele faça alguma coisa, se as pessoas, que estão ao lado dele, acham que ele não está maturo para isso. (...) Então, o estagiário adquire uma liberdade que ele vai conquistando gradativamente. Mas eu gosto que ele saiba sempre que é aluno aqui dentro. Não estou querendo me referir àquele sentido: você é aluno e, por isso, não pode fazer! Não! Não é isso! Tenho em mente o sentido acadêmico. Porque, se ele entrasse e o supervisor o colocasse diretamente na prática sem se importar de fazer o gancho com a teoria, ele adotaria essa postura e iria se considerar um profissional!"

Bernardes define claramente o que para ela é o estagiário: "É uma pessoa que está se formando" e espera-se que esta visão seja reconhecida. O aluno está em processo de formação e, para tanto, deve ser respeitado, baseando-se na concepção de que ele é ativo e seu pensamento e ação são construídos, paulatinamente, em um ambiente que é histórico. O processo de aprendizagem no estágio supõe uma intenção prévia de organizar situações que propiciem o aprimoramento dos processos e da própria capacidade de aprender.[22]

Pelo discurso de Bernardes, que perfil de estagiário ela espera receber? Ela aguarda um aluno com uma postura crítica que vá trazer a sua colaboração, que vá trocar seus conhecimentos e vivências, que tenha responsabilidade para assumir as suas tarefas. Também apresenta um aluno com maior cabedal teórico do que técnico, o que, por vezes, faz com que ele seja levado a querer agir de forma puramente pragmática, como diz Bernardes, persistindo na "prática pela prática". Aponta, ainda, um aluno inseguro, com medo e que não aceita um supervisor autoritário — características e posições estas já analisadas aqui e no item "a Supervisão como processo de ensino-aprendizagem". Um estagiário com tais elementos, geralmente, é ansioso, tímido, e apresenta dificuldade de se expressar, tendo medo de errar e sendo propenso à dependência.

Na visão de Bernardes, o estagiário deve ter o seu "espaço", a "liberdade" para atuar com orientação gradativa; deve ser respeitado em sua condição de "aprendiz", "de aluno". Isto indica

---

22. Ver em VYGOTSKI, L. S. *A Formação Social da Mente*. São Paulo, Martins Fontes, 1984, pp. 40-65. Vygotski é psicólogo russo e aborda, neste livro, o processo mental de desenvolvimento da aprendizagem.

que o estagiário está em situação de aprendizagem e, portanto, em um momento em que ele adquire e aprofunda novos níveis de ação e de pensamento; em um momento em que aponta possibilidades de aprendizagem, onde preferências naturais podem se mesclar e se complementar com preferências adquiridas, garantindo as sutilezas e as mobilidades necessárias à sua vida em sociedade e como futuro assistente social.[23]

Agora, de que maneira o próprio aluno-estagiário se percebe ou apreende ser visto pelo supervisor e pelas instituições de ensino e de campo de estágio? Assim Ventura se posiciona:

"O estudante é também o que está aprendendo; aliás, todo mundo aprende na vida! Então, o estudante tem que aprender. (...) Como se situa o papel do aluno dentro disso? O aluno é um 'cara' que está se formando, está recebendo teoricamente, isto é, ao nível de uma idéia. A gente tem idéia de que o aluno é alguém que está recebendo teoria, que está na 'onda', onde tudo é novidade! O aluno poderia ajudar o supervisor a trocar isso, a crescer como profissional. (...) o estudante da PUC é um 'cara' chato, muito chato! Ele tem uma compreensão da realidade dentro de um referencial teórico marxista; é um 'cara' que incomoda, faz um discurso, e só sabe falar, não sabe fazer! Olha, deve ser terrível mesmo! (...) Ela queria que eu realizasse tarefas! É muito para isso que o estagiário é solicitado: ele é um 'cara' que vai trabalhando de graça, ou num custo muito menor, e que tem um 'pique' de realizar as coisas; um 'pique' de mudar alguma coisa, então, interessa! (...) Na experiência que eu tive, é só mesmo 'mão-de-obra barata'! Quando eu vinha com as questões, eu ouvia: 'Ih, aqueles papéis da faculdade para preencher! Isto é cansativo!'"

Ventura destaca o papel do aluno como aquele que aprende; ele é o "aprendiz" que está em processo de formação. Porém, ela marca que o estagiário é alguém que busca o "novo", que quer trocar e crescer junto profissionalmente, com o supervisor. Ventura elabora o retrato do aluno da PUC-SP: é um aluno extremamente crítico, que sabe fazer uma leitura da realidade, sob uma visão marxista e este cariz importuna o supervisor e a instituição, pois o aluno permanece ao nível do "discurso", não estando instrumentalizado para o agir profissional, questão esta

23. DAVIS, Cláudia & OLIVEIRA, Zilma de. *Psicologia na Educação*. São Paulo, Cortez, 1991, p. 61.

destacada por diversas vezes. Por outro lado, Ventura manifesta a visão que ela possui de como o aluno é percebido pela instituição e pelo supervisor.

Como várias posições anteriores, ela fortalece a concepção de um estagiário explorado, tarefeiro, de baixo custo para a instituição, tendo o substrato positivo do espírito tenaz de trabalhar e de transformar. Em sua fala denota-se, ainda, a visão de o estagiário ser considerado um ônus para o supervisor, pois o fato de este ser indicado "oficialmente supervisor" o conduz a realizar tarefas, mesmo que sejam só meramente burocráticas, como sejam, providenciar documentos para legalizar o estágio. Nesta perspectiva, dialeticamente, o aluno, por um lado, é um trabalhador especulativo para a instituição, e, por outro lado, um rebotalho que incomoda e atrapalha.

Quanto a Gonçalves, ora se identifica, ora complementa as visões de aluno de Ventura:

> "Eu era *office-boy*. No começo, eu ficava grampeando papel, ficava ouvindo o que diziam e não tinha o que fazer. Daí, eu indagava à supervisora. (...) Eu fazia tarefinhas... (...) ele entra sem saber nada de prática e ele vai lá aprender. Muitas vezes o estagiário assume o papel de técnico. Não deve ser assim! Ele está aprendendo e, então, deve ser com calma. (...) Outra coisa que eu percebo é que nas instituições a gente, geralmente, é mão-de-obra barata. A gente atua como técnico. Há dias que eu fico lá sozinha, e tudo o que pinta, eu tenho que resolver: é um papel de técnico que a gente acaba exercendo. E eu acho isso errado! Se todos os estagiários falassem: 'Não, eu não faço isto; isto não é a minha função — estou aqui para aprender' — então, as coisas estariam avançando mais. (...) Em relação à faculdade e à instituição campo de estágio, eu acho que fica assim: uma de cada lado e o estagiário no meio. Daí, ele escuta uma, escuta outra, né? (...) Na verdade, está assim: uma de um lado com um papel e outra de outro, desenvolvendo outro papel, e não se pensa no estagiário que está no meio, sofrendo interferência dos dois lados. Deveria ter mais ligação, para o estagiário também se sentir mais seguro do que ele está fazendo. (...) No começo eu 'saquei' que ela não estava com muita vontade... (...) Eu chegava lá e pensava... (...) Eu ficava me perguntando... (...) Descontente com isso, eu conversei com a supervisora e disse: 'Não dá mais para ficar solitária assim!' (...) É medo do aluno estar questionando aspectos que ele nunca mais pensou? (...) Se eu tivesse uma estagiária, eu não teria medo de ser checada; eu iria aprender com ela. Eu podia ensinar muita coisa para a estagiária, mas aprender, também, muito

com ela. (...) O supervisor deveria saber como pensa o estagiário que está ali todo o dia com ele. Ela só sabe que eu sou pontual, que eu chego no horário, que eu sou responsável! Mas ela não tem uma visão de como eu vejo as coisas".

Gonçalves reitera a visão de, por um lado, um estagiário tarefeiro, que faz "tarefinhas" ou fica inerte, sem fazer nada, e, por outro lado, de um estagiário que adota o lugar do profissional. Ela critica as suas atribuições no seu estágio e consegue diferenciar as diversas formas e conteúdos de suas atribuições, sentindo-se, a partir dessas conotações e em diferentes momentos, como mão-de-obra barata, *office-boy*, tarefeira, omissa, assistente social. Este contexto pode levar o aluno a tantas outras atitudes, dependendo de sua estrutura de personalidade, tais como: imobilismo, ativismo, contestação, raiva, insegurança, ansiedade, dependência etc. Ela reivindica o seu "papel de aluno", e, portanto, o seu "direito" de aprender!

Relacionando a posição do estagiário com as duas instituições envolvidas no processo de ensino-aprendizagem, estas colocam o aluno "pressionado" entre elas, influenciando, determinando e transtornando as suas convicções, seus conhecimentos e culminando, por vezes, em insegurança do estagiário.

Os depoimentos de Gonçalves desvelam aspectos de sua personalidade: é perspicaz, crítica, pontual, responsável, questionadora, reivindicadora, insatisfeita; compreende a situação do contexto que a cerca; tem vontade de agir de outra forma; pensa sobre sua situação real de estágio e de Supervisão e quer modificá-la.

A constante ausência e falhas em sua Supervisão e no estágio (conteúdo que ela já expressa em seus relatos, *a priori*), aliados ao panorama acima, induz Gonçalves a idealizar esta realidade, representando ser supervisora e dispõe como agiria em seu lugar, apresentando conteúdos de aprendizagem, de troca, de ensino, de questionamentos mútuos entre supervisor e supervisionado e indicando, outrossim, que o supervisor deveria conhecer e acompanhar o aluno para saber como intervir adequadamente junto com ele.

Morais especifica diversos tipos de estagiários, além de, esmiuçadamente, identificar-se a si, enquanto assumindo este papel. Ela começa com as tipologias de estagiários:

"Acho penoso ter que definir quem é o estagiário. Primeiro, quando você entra na faculdade, existem níveis e níveis de você entender a profissão. É muito difícil, porque você pode estar indo fazer o curso, por exemplo, como eu entrei nesse curso: tentando entender a visão política dele desde o princípio; tentando trabalhar com o ser humano, porque é uma coisa em que eu acredito, e brigando com que se tem aí: com as injustiças e acreditando numa sociedade melhor. Não sei se é da forma 'A' ou da forma 'B'. Mas ela pode ser transformada! Mas tem o estagiário que entra no Serviço Social, até pela concepção de Serviço Social que a gente tem por aí, pela história dele, como uma questão de ajuda, uma questão até de ser 'legal', que você acredita que as pessoas podem ser mais 'legais'. Eu acho que o estagiário vem... é um processo, o que ele entende de princípio pela profissão, que é uma coisa muito crua ainda, que para ele não está muito claro; a formação da faculdade que é muito importante! É essencial para você estar tendo um pouco mais de clareza, estar entendendo mesmo o que é a profissão. Porque eu acho muito fácil um médico entrar na área da Medicina e sair de lá conhecendo as várias doenças e até tendo interesse de entender essas doenças; e de até fazer uma relação com a sociedade. Só que isso é um desejo! Agora, na área de Serviço Social, é muito mais complexo. (...) 'Eu vou assumir esta profissão?' E ter a coragem de dizer: 'Não vou assumir esta profissão!' Isso é muito raro! Eu conheço pessoas que estão terminando o curso, assim, conscientes de que não vão assumir o papel profissional. Não querem ser assistente social na vida! E outras que falam: 'Eu vou tentar'. Sabe, eu acho isso muito confuso! Isso vai interferir no que é você estagiária! Porque, no princípio de estágio, você é quem? Você é uma pessoa cheia de curiosidades, doida para ver se consegue fazer aquilo, e sabendo que você não sabe o que fazer! Sabe, aquilo você conhece, você já leu, você sabe até se posicionar, mas será que é isto que uma assistente social faz? Apesar de toda a teoria que você teve, apesar de você, enquanto pessoa, ter os seus objetivos, conhecer você de certa forma, quando você está entrando no campo profissional, você tem sempre dúvidas: 'Será que estou sendo assistente social agora? Aqui? Ou será que não? Será que não estou atingindo isto? É gratificante, quando você está passando por este processo de estágio, e perceber, em determinados momentos, que você mudou! Que você consegue até entender uma coisa de forma diferenciada; que você consegue se perceber enquanto uma pessoa cheia de valores, cheia de preconceitos e o quanto isso vai interferir na sua prática. Então, acho que o estagiário é aquela coisinha meia monstruosa que chega cheia de dúvidas e que pode até sair com dúvidas, mas aquelas primeiras vão estar esclarecidas."

Morais manifesta diversos perfis de alunos-estagiários. Um deles é o do aluno que opta pela profissão, buscando compreender sua posição política, de como lidar com o ser humano, e lutando no e pelo contexto sócio-econômico-político-opressor, em uma tentativa de ruptura e de transformação desse modelo. A aluna se identifica com este tipo de aluno.

Existe o aluno que entra para o Serviço Social com a idéia assistencialista, filantrópica, de ajuda, que permeou os primórdios da profissão. Morais marca a importância da faculdade no desvendar e desmistificar estes modelos, clarificando o "cerne" da profissão, tanto ao nível intencional, quanto ao do real concreto, dada a complexidade de demandas no seu agir e as suas diferentes e variadas áreas de atuação.

Ela destaca, outrossim, um aluno principiante inseguro, com dúvidas, sem ter clareza do que é a profissão, não sabendo como atuar, mas nutrido de curiosidade e com disponibilidade para aprender e que, com o decorrer do processo de ensino-aprendizagem, opta ou não pela profissão.

Apresenta, ainda, um estagiário acomodado que se amolda aos ditames da instituição, sem questionar a sua ideologia e estrutura e o que ela solicita que se faça, executando, automática e submissamente, as tarefas:

"Agora, eu acho que isso não é problema, por exemplo, quando ela 'pega' um estagiário que também não está preocupado com isso! Porque eu sinto as diferenças dentro do meu estágio, entre mim e uma outra estagiária, que vai fazer exatamente o que ela mandar, porque ela acha que é uma experiência em Serviço Social, que sabe encaminhar um caso muito bem! E não discute mais nada! Então, para ela é suficiente! Para ela, essa supervisora consegue dar Supervisão! Só que para a outra que cobra um pouco mais, ou que nem é questão de cobrança, mas que entende a ação profissional de outra forma, ela se sente incapaz e isso fica muito claro; sabe, insegura!"

Morais destaca a significância de, ao aluno, no processo educativo de seu curso, ser-lhe proporcionada uma visão de totalidade, tanto em termos de conhecimentos teórico-metodológico-operativos, quanto da realidade do contexto sócio-histórico maior, para que, assim, ele possa perceber essa processualidade educativa e decidir pela sua opção na profissão.

Nos meandros do conteúdo anteriormente exposto e dos depoimentos de Morais, relatando esta sua concepção e o processo da Supervisão, sobre seus estágios — vislumbram-se as suas peculiaridades, tanto como pessoa, quanto como aluna-estagiária. Seguem alguns extratos relevantes:

"(...) o estagiário é colocado na instituição e não existe um plano real, um plano sério para ele. (...) Eu acho que, de princípio, o aluno tende, primeiro, a se angustiar, diante do trabalho que é penoso. (...) No princípio, eu questionava demais tudo o que estava acontecendo... (...) Olha, eu não vou fazer este relatório, não porque eu não gosto, mas porque eu discordo. Eu não consigo escrever deste jeito! Não me sinto bem! (...) O estagiário nunca poderia fazer perguntas que não fossem à supervisora. Ele tinha que ter muito cuidado com os objetivos da instituição e não alterar esses objetivos. (...) Olha, ou eu faço a minha entrevista decente, ou eu atendo cliente, ou eu vou ficar fazendo aqui planilha de computador! Daí, eles me convidaram a sair! (...) me pediram para entrar na equipe de família... mas acho que aí entrou o orgulho próprio e eu já estava desanimada que eu recusei a ir. (...) Pode cobrar de mim porque sou estagiária. Foi a própria diretora do departamento que disse que eu não tinha me adequado à instituição e que era impossível eu continuar trabalhando lá. (...) Ela disse que eu não me adeqüei; que eu exigia a Supervisão que não estava podendo ser dada. (...) pessoalmente eu me sinto mal na delegacia... enquanto profissional; eu sei que o trabalho que eles estão tendo não é até onde eu quero chegar! Eu acredito num trabalho muito mais de base, de comunidade. (...) Apesar de o trabalho estar desestruturado... eu não consigo ficar aqui dentro quatro horas por dia, atendendo só caso, atendendo só plantão... enquanto profissional, eu estou me cobrando mais! (...) ela achava que eu era nova, era jovem... e eu acabava ocupando o espaço dela, porque o espaço estava aberto e eu ia em frente, nem percebia isso. (...) Ficou até na relação que você tem enquanto estagiária diante do técnico: a relação de ciúme, de raiva, até do saber. (...) às vezes, você passa a exigir demais do outro e não consegue entendê-lo enquanto pessoa. (...) eu não posso ser tão rude e nem tão forte no que eu falo. Eu tenho que ganhá-la (supervisora) enquanto pessoa e, depois, tentar muito devagar. (...) estou muito atenta, agora, para estar entendendo realmente quem sou eu nesta história. Qual o papel que eu tenho? (...) eu sou aquilo que eu faço, mas eu sou outras coisas também; não sou só o profissional. (...) você tem que participar, você tem que se ver enquanto cidadão. (...) eu trazia sempre à discussão, junto à supervisora. (...) Eu queria discutir como estava me sentindo (...) um deles, não sei se percebeu que eu estava muito insegura, ele entrou na minha sala e começou a encenar um assalto na minha frente. Eu fiquei muito nervosa e eu não conseguia falar com o garoto; eu tinha medo dele! Estava sentindo medo mesmo! Eu fiquei muito mal! (...) eu fiquei assim chateada! (...) Eu fiquei apavorada! (...) Então, eu me questionei muito profissionalmente: será que o objetivo não foi coisa minha e não partiu da realidade deles? Será que eu falhei tecnicamente para atingir esse objetivo? (...) nessas pequeninas coisas, você vai conhecendo como agir profissionalmente, até entendendo um pouco como você, às vezes, não pode falar claramente certas coisas; você tem que deixar entre linhas! (...) você vê que quando você cobra, você até consegue algumas coisas. (...) Aí, fora isso, eu tentei contactos; fui procurar um deputado para ver se ele podia estar interferindo nisso, fazendo algumas denúncias, alguma coisa assim. (...) Pelo menos, eu quero acreditar e prefiro acreditar que possa fazer algumas coisas, nem que for lento, mas eu vou fazer! E que eu não vou fechar os olhos para as coisas, como as pessoas fecham! Sabe, de se acomodar na profissão. (...) prefiro acreditar que o estagiário ainda é alguém que se questiona; que o estagiário é alguém que espera se questionar e que tem esperanças! Agora, o melhor seria que as esperanças não morressem no caminho! Mas, em alguns casos, eu acho até que elas vão descambando!"

Morais, em sua singularidade, é cônscia de seu papel, enquanto estagiária, aluna e pessoa; cônscia do que quer, de suas expectativas e, por isso, é questionadora, exigente, reivindicadora, contestadora e congruente. Ela apresenta uma postura acentuada de criticidade, de diálogo, de inovação, de busca, de disponibilidade, de reflexão, de auto-conhecimento (tanto ao nível de suas potencialidades, quanto de seus limites e de seus sentimentos), preocupando-se muito em conhecer, também, as pessoas que a cercam, em uma visão de totalidade; de querer entender e ter domínio dos conhecimentos necessários para atuar profissionalmente e situar-se no contexto ideo-sócio-histórico, esperando e acreditando em si e em um Serviço Social melhor e promissor.

Os inúmeros destaques de Morais, Gonçalves e Ventura desvelam que, em geral, os estagiários têm parâmetros de seu papel na instituição e são capazes de criticar a atribuição de tarefas que não correspondem ao mesmo. Diante desta incongruência, o aluno pode se acomodar, revoltar-se, desanimar ou tomar uma atitude de auto-afirmação, buscando o caminho que convém para seu papel específico. Porém, para o estagiário adotar esta última atitude, pressupõe-se que tenha um grau de maturidade superior ao nível comum de desenvolvimento encontrado em jovens, quando estes não têm uma retaguarda no seu processo de formação e amadurecimento profissionais.[24]

4. A visão das entrevistadas sobre quem é o supervisor

Que perfil de supervisor se pode delinear ante as colocações das entrevistadas? Do mesmo modo como as alunas, não existe um perfil determinado, mas uma tipologia de supervisores em Serviço Social, e, ao configurá-la, as contradições e as relações sociais emergem no cotidiano destes supervisores.

Qual a visão das docentes quanto a esta temática? Como elas percebem o supervisor em Serviço Social, tanto como pessoa, quanto como profissional?

Toledo assim se expressa a respeito:

"Atualmente nós delegamos a Supervisão ao assistente social da instituição(...) mas contando com o tipo de profissional que nós temos na prática: tímido, pouco atuante, de certa forma reproduz até toda essa forma tradicional de atuação, sem nenhuma crítica, nenhuma inovação. (...) Mas o supervisor da prática, aquele que tradicionalmente parece estar como vítima, ele sempre deu o sangue! (...) Eu vi, na PUC, como os supervisores vinham ávidos para receber alguma coisa! Você precisava colocar todos de novo no banco para repensar a profissão, porque, no fundo, era esta a defasagem deles."

Toledo, ao referir-se ao supervisor, busca os seus traços, primeiramente, na regulamentação da profissão de assistente social, como também na conceituação adotada pelos Cursos de Serviço Social, especialmente no Estado de São Paulo. De acordo com

---

24. Para maiores informações sobre o perfil do aluno universitário e, especificamente, sobre o aluno do Curso de Serviço Social, buscar referências nas seguintes fontes: AMARAL, Sueli G. P. do. *O Estudante da Faculdade de Serviço Social da PUC/SP e seu Perfil*. Tese de Mestrado, Pontifícia Universidade Católica de São Paulo, 1987; FORACCHI, Marialice M. *A Juventude na Sociedade Moderna*. São Paulo, Pioneira-Universidade de São Paulo, 1972; _____. *O Estudante e a Transformação da Sociedade Brasileira*. São Paulo, Nacional, 1965; SPOSITO, Marilia P. (coord.) et alii. *As Especificidades do Curso Superior Noturno: o Trabalhador-Estudante*, São Paulo, Faculdade de Filosofia Medianeira, s/d, mimeografado. Atualmente, a Faculdade de Serviço Social da PUC-SP desenvolve uma pesquisa mais ampla sobre o perfil de seu aluno no curso, cujos resultados brevemente serão publicados.

estas fontes, o supervisor é um assistente social trabalhador em instituição pública (em sua maioria) e particular, preparado ou não para tal tarefa. É o chamado "supervisor de campo" que, oficialmente, perante a unidade de ensino e a instituição onde trabalha, é o responsável pela supervisão de alunos-estagiários. Assumir este papel nem sempre emana de sua própria vontade mas, freqüentemente, é imposição da instituição campo de estágio que oferece vagas de estágio à unidade de ensino.

Quase sempre, o único requisito que se exige do supervisor é que tenha o registro no CRAS e esteja com sua situação trabalhista regularizada para o exercício profissional.

A ausência de parâmetros mais precisos, seja o da especificidade dessa habilidade, seja o de uma teoria mais clara que respalde a ação supervisora e sua regulamentação, propicia defasagens e uma variedade de tipologias de supervisores.

Toledo aponta algumas de suas características. Por um lado, tipifica um supervisor insatisfeito, inseguro, não-atuante, acomodado, sem perspectivas de inovação, sem postura crítica e criativa. Este tipo de supervisor manifesta grande insatisfação no seu trabalho, por não ser reconhecido pela instituição onde trabalha e, até, um desencanto pela profissão, ocorrendo, se assim se pode chamar, um processo de "desprofissionalização". Este perfil é cúmplice, em parte, da visão de profissão de Serviço Social que a sociedade tem hoje, pois grande parcela dos assistentes sociais, incluindo-se os supervisores que a representam, reproduzem uma prática pragmática e inoperante, cujo desempenho se situa apenas na reprodução de atividades rotineiras, mais administrativas, mecânicas, retratando um Serviço Social tarefeiro, burocrático, que não conduz a inovações, e a formação profissional da vivência prática torna-se limitante e desfigurada. Toledo mesmo afirma — "reproduz uma prática inoperante". Configura-se, assim, uma realidade complexa e contraditória: de um lado, há um imobilismo profissional, aliado ao não-reconhecimento profissional por parte da sociedade — "Por que inovar, se eu ganho pouco?" Desta forma, este panorama se inocula com certa facilidade no profissional supervisor, que passa a considerar-se como "vítima, ele sempre deu o sangue!" E aí, ele supõe poder se absolver e estar redimido por não estar sequer fisicamente com o aluno e/ou não dar

Supervisão. De outro lado, este tipo de supervisor é também determinado e resultante das discrepâncias e desvios em sua formação, configurando-se como um profissional defasado, e não instrumentalizado e preparado para o "saber fazer" o Serviço Social. Esta defasagem pode advir de várias razões. Há uma proposta teórica nos Cursos de Serviço Social que não tem eco na prática, pois nesta existe a reprodução de uma prática improdutiva, onde a reflexão sobre essa contradição não se faz em nenhuma instância (nem na faculdade, nem na instituição onde o profissional trabalha). Outra razão pode ser a posição de um radicalismo que suponho impremeditado de diferentes vertentes marxistas, introduzida nos Cursos de Serviço Social por uma parcela da categoria que propagou uma quase total negação do Serviço Social anterior ao marco reconceituado. Desta forma, o concreto real do Serviço Social e do contexto sócio-político-econômico do país, o que estava ocorrendo no cotidiano, não era visualizado e analisado no curso, o que transparece na fala de Toledo, havendo a negação dessa mesma realidade (tradicional, funcionalista e capitalista):

"Acho que nós ficamos muito com os 'marxismos da vida' e não ensinamos ao aluno ler a realidade mesmo neste aspecto, ou seja, toda a parte que a gente chamaria de funcionalismo moderno tem que ser dada e muito bem dada; aí se pode fazer a crítica; porque é esta forma e essa linguagem que está aí! (...) acho que nós ficamos muito tempo criticando o capitalismo, sem aproveitar das oportunidades que ele está nos oferecendo para afirmar, reconhecer e legitimar mais a profissão. Legitimar no sentido de que é neste sistema que estamos trabalhando e a profissão emergiu neste sistema e, portanto, quais são as formas e as oportunidades que o momento nos oferece para avançar... a gente tem que começar a valorizar o que a gente faz. Retomar o que a gente faz e repensar e não negar..."

Tal posição desencadeou conseqüências nefastas e desviantes, sendo expurgados, de uma certa forma, determinados conhecimentos e informações necessários à formação do futuro assistente social.

Todavia, Toledo indica um outro tipo de supervisor:

"O supervisor sabe mais e, por isso, ele está numa situação de poder ajudar: (...) o supervisor tem experiência acumulada, ele tem conhecimento acumulado. (...) Há alguma pessoa mais 'atirada' na profissão — ela se fez, procurou! É o 'curioso', como se chama; aquele que procurou cursos."

Este dado indica ser o supervisor alguém competente, competência esta que emerge de um saber teórico-metodológico-operativo acumulado, competência que tende a se direcionar ao real concreto. Tal configuração evidencia que o saber implica, também, o conhecimento das relações sociais e a busca gradativa, qualitativa, acumulada de criar novos modos de saber, para dar respostas a fatos e formas reais de "saber e fazer novos", adequados à demanda atual e capazes de renovar as experiências de vida acadêmica e pessoal do estagiário e do próprio supervisor, e a participação de ambos na vida social. Toledo e eu analisamos esta questão, destacando-a na relação supervisor e supervisionado (seria redundante estender-me, aqui). Este tipo de supervisor que está sempre em busca da inovação, do novo, tem um outro cariz que Toledo aponta como o "curioso". É o tipo de profissional que se contrapõe ao perfil acomodado.

E Toledo continua falando do supervisor, efetivando uma proposta de quem poderia ser o supervisor do aluno, hoje:

"Em relação ao supervisor — quem é ele? Eu acho que tem que ser um professor que ganhe para isto e tem que ter uma relação bem delimitada. Porque, na verdade, o nosso supervisor, que hoje temos, não ganha para isto e é uma função que deve ser desempenhada. Teve uma época em que a gente defendia a idéia de que ele devia ser remunerado pela instituição, que é uma corrente: — se ele puder ser remunerado pela instituição, nesta função, na medida em que esta instituição também coloca o aluno como estagiário — ele, de certa forma, teria assegurado um tempo, um espaço, principalmente um tempo para estudar e para a Supervisão. Isso não vingou! É uma postura! Mas, hoje, eu diria que, nas condições que nós estamos, enquanto profissionais no mercado de trabalho — em termos de qualidade do profissional — tem que, talvez, deixar esta função da Supervisão para o profissional da escola. (...) Neste sentido, o supervisor deveria ser alguém da faculdade, que está com tempo, tem remuneração. Não é porque ele sabe mais — é também um aspecto que a gente não pode negar — talvez ele tenha um pouco mais de clareza — mas ele tem mais condições. Ele está disponível para isso! Por que não ser supervisor, dentro da profissão, aqueles que pensam, aqueles que fazem, aqueles que podem pensar mais? (...) Então, neste sentido, voltando à questão da Supervisão, ela seria muito rica se ela pudesse ser efetuada por um profissional da universidade. Estar-se-ia retirando uma parte da tarefa do supervisor e delegando ao profissional — professor. Então, neste momento, estamos precisando disto — não diria que é uma idéia para sempre — mas, contando com o tipo de profissional que nós temos na prática: tímido, pouco atuante, e que está de certo modo reproduzindo até toda essa forma tradicional de atuação, sem nenhuma crítica, nenhuma inovação. Talvez seja necessário, hoje, nós investirmos mais no nosso aluno para ver se ele sai um profissional diferente. Que ele possa estar interferindo mais no mercado e não jogar nossos poucos recursos, nossa energia para reciclar um profissional, esperando que ele possa dar para nossos alunos; é um trabalho muito lento e que não vai dar um resultado imediato, que se precisa. (...) Eu acho que ele poderia continuar o que está fazendo — que é a orientação da rotina do trabalho, que é muito importante, porque, na medida em que você está na universidade, você não domina isso totalmente: os detalhes, a rotina do trabalho. Ele seria chamado de 'técnico de apoio' — porque ele ajuda neste sentido, sem dúvida nenhuma! E em situação em que não tem este profissional, ele pode também aprender de outras formas — até seria prescindível. Isso poderia até abrir campos novos para nós, onde estaria o aluno e não, necessariamente, o supervisor. Pode ser montado um 'seguro de apoio' a esses profissionais — de supervisão ao trabalho deles. Mas não de Supervisão de supervisores — é diferente! O que nós fazemos hoje é uma tentativa de fazer Supervisão aos supervisores. Não é isto! É Supervisão mesmo de profissionais, que podem ser ou não, necessariamente, estes técnicos que trabalham com os nossos alunos. De alguma forma a gente chega a estes profissionais: via convênio, via trabalho remunerado, como proposta de curso. Porque, se nós tivemos tanta clientela para aprender o que é Supervisão, imagine para ter Supervisão! Tem mercado! Então, eu acho que isto seria muito interessante!"

Aqui, Toledo chama a atenção para a necessidade premente de ocorrer, de fato, a ação supervisora. Para isso — pressupondo sanar as diversas dificuldades, defasagens, desvios, ausências etc. de Supervisão no Curso de Serviço Social, onde o supervisor é um profissional da prática (muitas vezes sem condições mínimas de exercer sua função), sem vínculo com a instituição de ensino, não percebendo financeiramente para tal função (nem pela unidade de ensino e nem pela instituição onde o aluno faz o seu estágio), sentindo-se (o supervisor) explorado e usado por ambas as instituições envolvidas no processo de ensino-aprendizagem, além de não se ter critérios de quem possa ser supervisor e que garantam a sua competência e a ocorrência eficaz da Supervisão[25] — Toledo propõe que o supervisor de estágio do aluno seja um professor da faculdade, desempenhando, realmente, e com competência, tal atribuição.

Com esta proposta, Toledo intenciona garantir a qualidade da Supervisão, pois o supervisor-professor terá um tempo e um espaço resguardados em seu contrato de trabalho, além de ser remunerado para esta função, proporcionando-lhe, desta forma, disponibilidade para se preparar, pensar e fazer acontecer a Supervisão e sistematizá-la. Além do mais, o supervisor faz parte da unidade de ensino, onde estará vivenciando junto com o aluno-estagiário o seu processo de ensino-aprendizagem, agilizando e facultando a unidade teoria-prática.

Outro aspecto ressaltado por Toledo, nesta proposta, é que o assistente social, nas instituições, poderia ser um "técnico de apoio" que auxiliasse a faculdade, orientando o aluno no seu estágio a conhecer a instituição e a sua rotina de trabalho. Contudo, seria de responsabilidade da universidade oferecer a Supervisão para estes profissionais, atividade esta que Toledo denomina de "serviço de apoio".

Incontestavelmente, a forma atual de ocorrer o estágio e a Supervisão não tem mais condições de ser admissível, urgindo mudanças intensas e profícuas.

Algumas idéias de Toledo são perpassadas pela fala de Estevão, expressando a sua visão de supervisor.

Em um primeiro momento, Estevão retoma conteúdos já analisados. O profissional de hoje, para muitos alunos, não é a matriz onde eles possam referendar ou buscar sua identidade

---

25. Há dois estudos exploratórios realizados em São Paulo sobre o perfil dos supervisores, mas considero não serem representativos para o Brasil, devido à diversidade de tipologias de supervisores (supervisores de campo, supervisores da instituição, supervisores coordenadores de estágio, supervisores professores da faculdade etc.) e ao fato de não se ter um critério único no Serviço Social sobre a regulamentação da Supervisão. Ver fontes: BURIOLLA, Marta A. F. & VICINI, Yara S. *Levantamento da Problemática Referente ao Estágio de Alunos de Serviço Social nas Instituições — CRAS/SP — 9ª Região.* São Paulo, Comissão de Supervisão de Estágio do CRAS/SP — 9ª Região, 1981; SILVA, Ademir Alves da et alii. Relatório final de pesquisa: análise da prática profissional nas instituições campo de estágio — PUC-SP, *Cadernos PUC-SP*, São Paulo, EDUC/Cortez, n° 10, novembro de 1980.

profissional: "(...) eles não querem ser parecidos com os supervisores que eles têm... (...) Não é este tipo de profissional que eu quero ser". Desta forma, a imagem da profissão, que é passada, é negativa, o que transparece em vários momentos da entrevista de Estevão, desde a ausência total de trabalho do profissional:

> "Como ele não tem Supervisão, porque não se trabalha no estágio, ele (aluno) não tem o que trazer... (...) mas a primeira coisa que o supervisor deve fazer para dar Supervisão é trabalhar. E a maioria não é profissional, não trabalha; ou, quando trabalha, trabalha muito mal e, aí, não tem Supervisão que agüente! Quer dizer, não tem Supervisão!"

O conteúdo do parágrafo anterior desvela uma outra particularidade do profissional — a acomodação — que em outros depoimentos também se faz presente: "Os profissionais, em geral, reclamam que não têm tempo, que a instituição sobrecarrega — isto é pura desculpa!" A realidade apontada de falta de tempo e de a instituição usar o profissional, acumulando-o de tarefas, é muitas vezes concreta, real, o que já analisei em vários momentos deste trabalho. Parece-me que aqui a questão toma outra configuração — a de querer assumir ou não a Supervisão. Além do mais, a acomodação do profissional é ainda percebida quando o supervisor transfere a sua tarefa ao estagiário: " (...) O estagiário acaba tendo todas as tarefas que o profissional não quer fazer, todas essas coisas chatas que o profissional não gosta; então, ele acaba assumindo um papel que não é o dele". Nesta medida, a questão que se coloca é a de querer ser assistente social e a de ser supervisor e assumi-los. A superação dessa situação é um desafio que se oferece ao supervisor que se supõe realista, consciente de seu papel e das limitações e possibilidades de atuar hoje de forma compromissada com o processo de ensino-aprendizagem e, em última instância, com a formação profissional do assistente social.

Em outro momento, Estevão reforça as deficiências na formação profissional:

> "A gente acaba nem tendo o profissional e nem o intelectual. O pessoal que se forma é muito ruim! Se você vê alunos do pós-graduação... eles não têm nada para trazer da profissão; quando trazem, é o que têm de mais irrelevante!... eles não têm acumulação primitiva!"

Estevão retrata o perfil lúgubre e em crise, tanto do profissional, quanto da profissão. E a situação agrava-se quando se constata que os profissionais pós-formados, ao buscarem preencher, sanar suas defasagens, via pós-graduação ou outra alternativa, encontram-se despreparados para tal, por falta de conhecimentos teórico-práticos acumulativos, ou seja, por uma falta de memória histórica — por ser esta acumulação um produto de falsos caminhos, ao introjetar conteúdos atuais do Serviço Social não como parte de tendências histórico-contextuais que vêm se manifestando há tempo, mas como se fossem ocorrências novas e desvinculadas de momentos anteriores.

Outra fala de Estevão esbarra na idéia já defendida por Toledo: a defasagem de conteúdo teórico-metodológico e prático do profissional, tanto aquele que se situa na unidade de ensino, quanto daquele que está no campo da prática profissional. Há também a percepção dessa lacuna por parte de ambos:

> "Em geral, a gente não assume isto quando discute com os profissionais de Serviço Social: que a primeira coisa que se tem que fazer para dar Supervisão é trabalhar... E, em contrapartida, às vezes, é meio como se a gente tivesse que dar Supervisão para os supervisores, eles estão pedindo Supervisão — para eles terem Supervisão e poderem dar aos alunos-estagiários, porque também este pessoal não teve e também não formou uma identidade profissional".

Estevão defende a importância da Supervisão em Serviço Social — "Eu acho que a Supervisão é importante..." — e o fato de se ter um profissional supervisor capacitado para exercê-la. Mas, em contrapartida, ao falar sobre sua concepção de Supervisão, não é este conteúdo que aparece. Ela manifesta sua ansiedade ao dizer que essa importância da Supervisão, essa competência profissional, é insignificante para a maioria da categoria: " (...) a Supervisão não é uma coisa importante para o conjunto da categoria, porque, se fosse uma coisa importante, a gente estaria brigando para que o estágio fosse uma coisa melhor e para que o profissional pudesse dar uma Supervisão melhor". Assim, o perfil profissional que ela expressa é de um assistente social acomodado, não-competente, que se contenta com o diploma que recebeu, da formatura... — que não se preocupa em aperfeiçoar a sua formação profissional, que não se preocupa com a qualidade do profissional e da profissão:

" (...) basta se preocupar com o momento da formatura... e aí se é profissional! Agora — tudo aquilo que leva você a ser um profissional de qualidade, não importa! Importa defender a profissão e não a qualidade da profissão e, aí, também, entraria o estágio, a Supervisão como um momento de briga dos profissionais". Além do mais, é um profissional que usa o estagiário, delegando-lhe as atividades que ele não quer fazer:

" (...) o estagiário acaba ficando com o que se considera serem as tarefas chatas: as visitas domiciliares (...) tudo o que o supervisor não quer fazer e quando são coisas importantes para a profissão. Não dá para se pensar em um profissional de Serviço Social competente, um bom profissional que ache que fazer visita domiciliar é uma coisa de segunda categoria... que a formação profissional é uma coisa de segunda categoria; então, qualquer estágio serve, qualquer Supervisão serve."

Concluindo, novamente se verifica a defasagem profissional que repercute diretamente no Serviço Social e na Supervisão, tornando-se estes algo secundário, irrelevante para a categoria e também para seus órgãos, como CRESS (Conselho Regional de Serviço Social) o sindicato. Assim diz Estevão a respeito:

" (...) o estagiário não tem condições de brigar sozinho por um estágio melhor. Ninguém se preocupa com isto, e isto me impressiona um pouco. O CRAS não se preocupa, o sindicato não se preocupa; é uma coisa bem corporativa..."

Faço aqui uma ressalva em relação ao último·conteúdo abordado por Estevão. Há um grupo minoritário de profissionais espalhados pelo Brasil que se ocupa com as questões da Supervisão. Ademais, a Comissão de Supervisão e Estágio do CRAS — 9ª Região — foi reativada em 1989 e, em agosto de 1990, a temática do Encontro de ABESS — Sul II — realizado na PUC/SP, foi sobre a "Formação Profissional, o Perfil Profissional, o Estágio e a Supervisão".

Apesar disso, o que desvelam as falas de Estevão? Que o problema de Supervisão e do Serviço Social é mais profundo. Trata-se de desfiguração da profissão e do profissional, do exercício profissional e da "perda" de sua identidade.

Marques, em vários momentos de sua entrevista, expressa-se sobre o perfil do supervisor. A sua visão a respeito provém de três referências: de si como pessoa, profissional e supervisora; de sua experiência enquanto estagiária, onde focaliza a sua visão de supervisora, e de outros profissionais supervisores com os quais mantém contacto. Observem-se os trechos onde fala de si:

"Hoje eu sinto a finitude do papel profissional! Quando a gente assume a finitude do papel profissional, a gente assume as próprias finitudes, se aceita mais e pode assumir alunos finitos... e viver com eles, com essa dificuldade emocional e atitudinal ou de percepção da realidade. (...) eu protegia demais o aluno da situação do plantão, em pronto-socorro. (...) Eu não tinha consciência de onde estava a minha insegurança; hoje eu sinto que está um pouco na questão da minha autoridade. (...) Eu acho que quando eu topava com o aluno, com esta questão, às vezes, eu me identificava um pouco e não conseguia dar segurança para ele e dizer: 'Tem certas coisas que são assim mesmo! Assim é o meu modo!' (...) Hoje, eu vejo que é duro estar entrando na idade adulta; é duro estar entrando no início do desempenho de um papel; é duro estar perdendo o papel de estudante, estar deixando de ser jovem, com tudo o que o acompanha. (...) Em função da minha idade, venho me distanciando do jovem e posso vê-lo melhor. (...) Eu sempre valorizei muito a prática da profissão que fosse uma pequena construção, que eu poderia ter feito e que o aluno, também, poderia estar fazendo. (...) Acho que sou uma pessoa muito pragmática e o meu recado é um recado pragmático; não tem jeito de não ser. (...) eu estou sempre atenta e gosto muito de ler; o estudo é uma coisa que me atrai e eu não quero parar nunca! Mas, o que me atrai mais do que nunca, é mesmo a realidade, o estar buscando alguma coisa. (...) A minha aprendizagem se dá, também, com os colegas que estão trabalhando em Supervisão, quando me convidam para ir trocar Supervisão em alguma instituição. Eu gosto muito disso! Quando a gente monta um Curso de Supervisão, eu gosto muito de estar discutindo esse conteúdo; é o meu jeito de aprender Supervisão, aliado ao que vai se modificando. (...) As minhas dificuldades com o aluno foram muito na linha de autoridade. Havia coisas que eu achava que eram importantes e não queria abrir mão — mas até abria, para não entrar no modelo autoritário, que é uma coisa que me 'grila' muito.

Acho que eu tenho um jeito meio forte de ser — e me preocupava muito em estar cerceando demais o aluno, estar direcionando demais as coisas. Sempre, onde estivesse, na minha vida profissional, eu estava exercendo meu papel: se vinha um paciente para atendimento e me dissesse assim: 'O aparelho está quebrado; isto aqui da instituição não está bom'; eu mandava carta para a superintendência, para apontar as dificuldades! Eu sempre tive uma coisa assim, de questionamento da autoridade. (...) Eu tinha uma noção de que as pessoas saíam do curso de profissionalização da Prefeitura com condições de se integrarem na sociedade. Eu achava que, realmente, eu estava ajudando indivíduos a terem uma vida melhor. E, devagarinho, eu fui entrando em contacto com a depressão. É o que dá a gente ser onipotente no papel profissional! Eu tenho uma visão romântica da realidade: a de imaginar que aquela noção que fez a gente entrar no curso, de transformar alguma coisa da realidade, ocorreria através da integração das pessoas no mercado de trabalho."

Essas declarações de Marques desvendam traços de sua personalidade e de sua mundivisão. Ela demonstra e destaca algumas características singulares suas: suas limitações, suas dificuldades, suas inseguranças; seu estado emocional (depressão, identificação); sua índole forte e sua preocupação e a luta que trava para extinguir os resquícios da era do autoritarismo, ainda enraigados na sua vida pessoal e profissional. Apresenta outros traços seus: é questionadora, é preocupada e comprometida com o aluno-estagiário, com o curso, com a Supervisão e com tudo que a envolve; ao mesmo tempo em que faz uma leitura romântica da realidade, tem uma visão pragmática da mesma, dá ênfase maior à ação que à teoria; quer trocar experiências, conteúdo, conhecimentos com os outros; dada sua dificuldade de lidar com a questão da autoridade, por vezes é muito diretiva, o que a leva ter uma conduta coibitiva; quer ser onipotente na ação; está sempre em busca; procura estudar e reciclar-se continuamente; apesar de penoso, aceita e situa-se enquanto uma pessoa limitada no tempo e na espacialidade histórica (admite sua idade e o fato de deixar de ser jovem); acumula um saber e considera o seu amadurecimento pessoal e profissional.

É significativo pontuar alguns aspectos abordados por Marques. Ela ressalta a importância para o reconhecimento da finitude do humano e sua aceitação, tanto do supervisor quanto do supervisionado. Ela se permite e ao aluno que vivenciem de modo subjetivo o cotidiano da prática profissional; denota-se, ainda, como a sua maneira de ser no seu cotidiano maior passa a influenciar a sua própria ação profissional, quando, por exemplo, ela se compara e as suas filhas com os alunos-estagiários.

O supervisor pode assumir um estilo permissivo de ação, por estar receando ser do tipo autoritário. Entretanto, o supervisionado busca segurança para a sua formação na autoridade do supervisor. O receio que o supervisor pode ter de se mostrar como ele é, cria na sua relação com o supervisionado uma atmosfera de artificialidade que conduz à insegurança. Contrariamente, quando o estagiário sente que está diante de uma pessoa que se coloca como tal, passa a sentir confiança para também ele mesmo trabalhar com o aluno que está buscando sua formação e sua própria identidade profissional — "o meu modo... e o modo dele", como complementa Marques.

Em relação à onipotência profissional, Marques dá seu testemunho sobre a importância de o supervisor ser consciente de seus limites e dos limites de cada supervisionado, bem como dos limites provenientes do meio ambiente. Assim, ele pode oferecer ao estagiário uma visão realista da profissão e de sua atuação, o que não significa que seja um conformista. Cabe aqui considerar-se, também, c respeito à liberdade individual do estagiário, sendo que esta é uma atitude difícil de se conciliar com as exigências da formação profissional: "(...) sem perder de vista o que eu acho importante teoricamente e transmitir isso". Aqui se manifesta a consciência de autoridade do supervisor. Ele sabe o que quer transmitir e o faz de maneira consciente e segura, mantendo-se, entretanto, aberto para o questionamento e a discussão com o estagiário, que também é portador de saber e experiência pessoal proveniente de sua vivência cotidiana e profissional.

Os dados apresentados ilustram o que ocorre em uma relação entre o supervisor que apresenta características de personalidade bastante fortes e claras e o supervisionado. Este último recebe traços de seu supervisor na modelagem da identidade profissional, o que deve ser elaborado no decorrer do processo de Supervisão. O estagiário, durante esse processo, estará tomando consciência de quem ele é, e quem é o supervisor. É o processo de individuação simultaneamente com a consciência de sujeito coletivo.

Marques continua falando sobre o perfil de supervisor:

"(Eles) não sabem bem por que estão no Serviço Social e transmitem isto para o aluno. Agora, eu acredito que existe lugar para todo mundo. Antigamente, eu me revoltava um pouco com o pessoal que 'vai-e-não-vai' com a profissão e assumia a Supervisão. Os que já não estão 'vai-e-não-vai', não estão mesmo e recebem aluno! Às vezes, recebem o aluno por uma série de circunstâncias; às vezes obrigados, às vezes por livre opção! (...) Percebo o que tem por aí de Supervisão quando os alunos me contam algumas situações de início de Supervisão. Eles ficam num total abandono, onde podem fazer qualquer atividade, onde tudo é jogado nas mãos deles."

A fala de Marques aponta um tipo de supervisor que parece não ter optado pela profissão, ou que não se "encontra" nela; há um "desencanto" pela profissão. São os profissionais que a autora denomina de "vai-e-não-vai", gerando insegurança e transmitindo-a ao aluno-estagiário. Pode-se inferir que a este desencantamento relacionam-se o descrédito, a desilusão, o desânimo em perseguir algo na e pela profissão, sendo que tanto faz a razão pela qual são supervisores — seja por obrigação ou por livre escolha.

Este modo de ser profissional pode determinar uma situação de crise, de ausência de Supervisão, na medida em que o supervisor não a assume, deixando o estagiário ao léu, "num total abandono", como diz Marques, e comprometendo substantivamente o processo de ensino-aprendizagem.

Podem aliar-se a esta tipologia supervisores que se formaram assistentes sociais há muitos anos e que, desde então, jamais buscaram aperfeiçoar-se, perdendo-se historicamente no tempo e na realidade.

Marques relata outro tipo de supervisora, pautando-se em sua experiência enquanto supervisionada:

"A minha supervisora, que era uma pessoa fabulosa, mantinha uma relação horizontal — ela era uma expressão disto. Tínhamos Supervisão uma vez por mês; você selecionava dois atendimentos e ia discutir com ela uma visita que você queria fazer e queria planejar. Era uma pessoa que fazia tudo com você. Tinha uma avaliação de desempenho do profissional a cada seis meses e, depois do segundo ano de trabalho, uma vez por ano. Sentávamos e discutíamos; ela nunca trouxe a coisa pronta ou o ponto de vista dela. Mesmo no atendimento dos meus casos e no planejamento de uma visita, tudo, o que quer que fosse, era sempre discutido, tais como: relatórios de outros atendimentos, material que ela tinha arquivado de pesquisa. Ela era para mim um jeito de eu recuperar a história da instituição. (...) Tinha uma característica que dificultava um pouco a sua prática e a da gente, mas que é uma coisa de contexto; ela desvalorizava seu próprio conhecimento teórico: já tinha 18 anos de hospital, mais ou menos; então achava que estava desatualizada. Mas ela tinha uma postura fabulosa, muito estimuladora."

Marques destaca um tipo de supervisor que o estagiário espera e necessita: aquele que planeja junto, que faz junto, que troca, que discute, que se relaciona democraticamente com o supervisionado, não trazendo as coisas prontas para o aluno fazer, mas que o conduz à participação. Na sua visão, Marques indica uma limitação dessa supervisora — de desvalorizar-se em termos de conhecimentos teórico-metodológicos, considerando-se desatualizada perante a supervisionada (o que realmente poderia ser, levando-se em conta os 18 anos de hospital e se não tivesse nesse período se reciclado). Marques elogia sua forma motivadora e de incluir o seu modo de desenvolver seu agir profissional no processo da Supervisão, junto com ela.

Pode-se concluir, a partir da perspectiva dos depoimentos das docentes, que se encontram desde supervisores democráticos, seguros, motivados, ativos, críticos, responsáveis, até supervisores autoritários, inseguros, acomodados, defasados, acríticos, descompromissados, imaturos, desmotivados, alienados, entre outros.

O que as supervisoras entrevistadas falam de si próprias e de seus pares? Veja-se Bernardes:

"Temos aqui diversos tipos de supervisores. Aí se encontra até um pouco de história de vida de cada um. Nós temos supervisora que tem medo do aluno e lidamos com isto. Esta supervisora tem medo de invadir o estagiário. (...) a gente tem problemas com o supervisor; às vezes, o supervisor tem assistente social que está junto com ele o dia todo; é alguém que, de repente, deixou de estudar há 5 anos e não pegou mais num livro. (...) Muitas vezes acontece que o supervisor tem medo do aluno porque a primeira coisa que pensa é: 'Ai, eu não sei teoria!' Então, vem aquele aluno que está com a cabeça cheia de teoria, e como vai ser? 'Eu não vou ficar estudando o dia inteiro para ter aluno' — É colocado isto para a gente. Lida-se com isto também: 'Olha, não é assim! O aluno não vai checar você; ele não tem a sua prática!' Temos que lidar com isto, porque o aluno também vai trazer sua contribuição. (...) Isso é uma coisa muito freqüente entre assistentes sociais: depois de algum tempo, esquecem tudo; é prática pela prática; pela prática mesmo! (...) Têm muitas instituições por aí afora que supervisionam o aluno só por telefone! Não tem supervisora direta."

"Eu acho que nós contribuímos para a formação desse aluno, só que não é 'mar de rosas' porque temos, de repente, um aluno que troca de supervisor, só que este último está meio fraco em relação à teoria..."

Bernardes destaca vários perfis de supervisores. Um deles é o supervisor que tem medo do aluno, o que ocorre por razões diferentes: há um tipo de supervisor que tem medo do aluno por insegurança de sua capacidade de supervisionar, parecendo não ter parâmetros e delimitação de espaço, de limites e de papéis; daí ele ter a sensação que está "invadindo o aluno". Outro supervisor pode sentir medo do aluno percebendo-o como alguém que o ameaça e que vai competir com ele, sentindo-se defasado teoricamente em relação ao aluno, e despreparado teórica e metodologicamente. Bernardes acresce, a este tipo de supervisor, um outro que o complementa: o acomodado e ativista que se dedica exclusivamente à ação prática, e o modo como o faz é puramente pelo senso comum, não tendo a teoria para ele significado algum. Bernardes tipifica outro supervisor — aquele que processa a Supervisão por telefone. Pode-se chamar isto de Supervisão, se não existe uma relação direta com o aluno supervisionado em nenhum momento? Parece, minimamente, haver um desvio grosseiro na compreensão do que é supervisionar. Contudo, existe este tipo de "supervisor". Oportunamente exemplifico uma situação concreta relatada por uma aluna de 3º ano, em um trabalho sobre seu estágio apresentado à disciplina PIP.[26]

"A supervisora respondeu por telefone a uma solicitação minha para realizarmos uma reunião de Supervisão: 'Não dá! Você tem que ir a campo, porque fulana não está, sicrana não está e beltrana também não está (nominando assistentes sociais) e, então, vai você!'"

26. PIP é a disciplina Projeto de Investigação e Prática, ministrada nos quatro anos do Curso de Serviço Social da PUC-SP. Tem como enfoque básico a articulação teoria/realidade, buscando formar no aluno uma atitude reflexiva e investigativa nas diferentes dimensões do exercício profissional. Essa disciplina, no 3º e 4º anos do curso, introduz e acompanha o aluno no seu estágio supervisionado, propiciando sua capacitação técnico-operativa, a sistematização de sua prática e desembocando, como resultado desse processo, na elaboração do trabalho de conclusão de curso — TCC.

E a estagiária esclarecendo:

"E isto ela me pediu nos primeiros dias de estágio, quando eu ainda não conhecia sequer qual era o trabalho, o que eu ia fazer no estágio e não tinha o domínio sobre o que era a instituição."

Além da ausência de Supervisão, a aluna é aqui desrespeitada em seu processo de formação, explorada e pressionada a ficar no lugar do profissional, sem nenhum preparo. Em contrapartida, Bernardes apresenta um outro perfil de supervisor:

"Você se lembra do Curso de Supervisão. Aquela menina que estava na sala fez o curso com você; ela é supervisora há 3 anos; ela tem uma conduta muito boa com a estagiária. Agora, de repente, nós não achamos mais ninguém e ninguém se oferece. Tem aquela assistente social que não tem noção nenhuma, mas a gente acaba pegando e a comissão trabalha com essa assistente social que vai ficar com a aluna. Trabalha no sentido de: 'Vamos rever o que é você ter um aluno? O que é ter um aluno que está elaborando na cabeça o que é ser um assistente social?' Porque, nos dois primeiros anos passados na faculdade, ele tem concepções muito diversas do que é ser profissional em Serviço Social. Muitos encarnam só a visão tradicional do Serviço Social. Mas, hoje, como mudar isto? Depois de 60, depois da reconceituação, e, agora, no final dos anos 80? Como seria isso? Como estaria se passando isso? Porque a responsabilidade é nossa, na medida em que você põe um assistente social para lidar com o aluno, porque ele também pode não ter essa visão crítica! E daí, como fica isso?"

Bernardes delineia um supervisor preparado que tem a formação supervisora e que direciona adequadamente a Supervisão. Aponta outro tipo de profissional que não tem experiência supervisora e expressa a dificuldade de encontrar um profissional que queira e esteja disponível para exercer tal tarefa. É louvável o direcionamento do Serviço Social na instituição onde Bernardes é coordenadora e supervisiona profissionais e, especificamente no caso de Supervisão para alunos, prepara assistentes sociais para realizar a Supervisão. Transparece em sua fala a consciência da responsabilidade ao se ter estagiários, e uma postura compromissada com a formação profissional.

E Bernardes complementa:

"Agora, se você é compromissado com a sua categoria profissional, você também quer contribuir para o ensino. Então, eu acho que muito passa pela boa vontade do profissional. (...) O supervisor tem que estar compromissado com o ensino porque ele não está lidando com outro profissional, mas com alguém que está se formando. Precisa ter cuidado para não passar vícios. Existem assistentes sociais que fazem entrevistas com o paciente na porta. Tem gente de 10 anos de profissão que faz isto! Mas não é assim que se faz!"

Bernardes reforça o compromisso do supervisor com o processo educativo do aluno, alertando para que o supervisor não transfira posições e ações negativas ao supervisionado. Critica determinados profissionais pela sua visão de homem e pela maneira inadequada como intervêm junto ao usuário.

Chuairi também expressa sua opinião a respeito do tema:

"Outra questão: será que todos os assistentes sociais querem dar Supervisão? Ou eles são pressionados pela instituição para fazê-lo?

"Realmente, têm questões muito sérias para você trabalhar... com o supervisor. Porque eu não sinto o supervisor muito aberto, para fazer um trabalho. Ele não está motivado e interessado! Pelo fato de ele não ganhar, ele acha que está fazendo um favor para a faculdade. Ele encara a Supervisão como um cargo a mais que ele tem que cumprir — porque ele não é remunerado nem pela empresa e nem pela faculdade. 'Então, se eu não ganho, por que vou fazer isto?' (...) Aparece esta questão também: 'Puxa, agora vou dar estágio e Supervisão e ainda tenho que ir à faculdade e à reunião etc.' Começa a ser uma sobrecarga para ele. (...) é acomodação do profissional que está sempre naquela rotina do dia-a-dia e não consegue enxergar nada. (...) Por outro lado, o supervisor acaba se acomodando, porque ele mesmo tem, muitas vezes, consciência ou não enxerga a responsabilidade profissional da Supervisão, a relação do poder que exerce. Geralmente, o assistente social encara a Supervisão como mais uma das suas inúmeras tarefas e atribuições. (...) E o supervisor se perde um pouco, no sentido de ele dar um respaldo teórico para o estagiário. (...) porque, na realidade, eu vejo muita colega minha que não gosta de dar Supervisão. (...) Também não reflete nele, como sujeito, como responsável e participante desse processo histórico profissional."

Para esboçar o perfil do supervisor, Chuairi inicia indagando se realmente o profissional quer ser um supervisor, se é uma opção livremente feita por ele. A visão de Chuairi desvela haver supervisores compelidos e obrigados a dar Supervisão, mesmo não gostando ou não querendo. Nesta perspectiva, eles se sentem cobrados, explorados, percebendo o aluno-estagiário como um fardo a mais em suas atribuições e não recebendo nada em troca. Tal situação induz a que o supervisor não esteja estimulado, empenhado, atraído e disponível para tal atividade, em detrimento da aprendizagem do aluno. Esta situação pode levar o supervisor a ter atitudes de defesa ante sua insatisfação, desgosto por ter que assumir algo que o molesta e com o qual não simpatiza. Nesta medida, esta condição real do supervisor pode conduzir a um outro tipo de supervisor — acomodado — muitas vezes enfatizado, não se preocupando com sua responsabilidade enquanto "ser supervisor" e entrincheirando-se na rotina cotidiana, onde não há espaço para refletir, para tomar consciência da realidade que o cerca, perdendo-se enquanto profissional e enquanto supervisor.

Chuairi destaca outras características de supervisores:

"Muitas vezes, ele pode não se sentir atualizado, ele pode se sentir ameaçado, ele se sente checado naquele tipo de formação que ele dá. Ou, então, ele é muito autoritário: não permite discussão. (...) Ou ele vai do outro lado extremo — ele passa todo o valor dele para o estagiário: 'Eu sou militante e também o estagiário tem que ser político!' Sinto mais confusão no papel do supervisor do que no papel do aluno. (...) O próprio estagiário, assim como o assistente social, já vêm com uma formação deturpada, com idéias preconcebidas e não refletem sobre o que está acontecendo e estão fazendo. (...) Muitas vezes a supervisora é criticada e muito condenada. Ela tem pouco retorno. Ela não tem o momento dela... às vezes até o profissional está despreparado para trabalhar com isto. (...) Embora eu mesma veja o supervisor como o professor da prática profissional (...) ele não tem conhecimento efetivo do conteúdo básico do ensino e do cotidiano da faculdade. (...) assistente social estar despreparado para dar Supervisão. (...) Mas eu não consigo, como profissional, ligar essa Supervisão junto com a Faculdade..."

Aqui, Chuairi apresenta supervisores que se presumem ameaçados, criticados e condenados pelos alunos ante o reconhecimento de suas deficiências, não se sentindo instrumentalizados, atualizados e competentes para agir. Ela aponta, além disso, um supervisor autoritário, impondo o seu poder ao aluno; um supervisor com convicções político-partidárias e persuadindo o estagiário a acompanhar o seu valor.

Chuairi considera o supervisor o "professor da prática". Contudo, parece estar ciente de que esta sua posição se situa somente ao nível intencional, pois ela mesma aponta a realidade dicotômica e discrepante, manifestando a falta de domínio de determinados conhecimentos imprescindíveis para exercer a Supervisão, ou seja, de saber o "conteúdo básico de ensino" que está sendo ministrado na faculdade. Tal quadro remete-se, novamente, à questão não-resolvida no Serviço Social, a da relação teoria-prática, e convincentemente, aqui, a da Supervisão.

Chuairi indica outro traço de supervisor:

"Outra questão que me assusta é: você se formou assistente social; você tem um ano de prática e, de repente, você está dando Supervisão. Isto é outro aspecto que realmente merecia uma discussão melhor. Com quanto tempo depois de profissional, você poderia estar apta para dar essa Supervisão? É uma questão que precisa ser discutida também. Acontece que você tem seis meses, sete meses de formado e você está dando Supervisão. E você não tem nem base, porque você mesmo está numa situação nova de emprego, no começo da carreira e uma série de coisas — tem que dar conta de você e ainda tem que responder pelo outro."

Ela revela aqui o supervisor recém-formado, que, além de não ter suficiente experiência prática profissional, não possui uma especialização para o exercício da Supervisão. Neste caso, o que pode ocorrer com este tipo de supervisor, é querer basear-se nos modelos de supervisores que conheceu durante o estágio, enquanto aluno, os quais podem ser, também, a negação da matriz de um supervisor competente, ou um "não-modelo", como se expressa Estevão.

E Chuairi continua discorrendo sobre o tema, apresentando alguns lances de sua própria vivência supervisora:

"Também tenho momentos em que me sinto perdida, que gostaria de um respaldo maior. Eu tenho um grupo de colegas para dividir e trocar idéias. Mas, vamos supor, se eu não tivesse isto, talvez, eu estivesse fazendo a mesma coisa: 'Ah, não vou atrás, não ligo, na faculdade não localizo ninguém, não vou lá, não ligo mais!' (...) Eu, por exemplo, sinto-me muito gratificada em poder discutir, em poder falar, porque eu 'adoro' estudar e ficar discutindo; a gente poder trocar alguma idéia; isto me gratifica muito: é o meu retorno."

Percebe-se, em seu discurso, o fato de Chuairi ter momentos profissionais em que percebe as suas deficiências ("me sinto perdida") e a necessidade de um apoio teórico. Contudo, ela não se coloca em uma posição acomodada, mas procura superar suas dificuldades, buscando saídas, tais como o grupo de discussão de profissionais e o estudo, alternativas que propiciam a troca de experiências, de idéias, de reflexão e de conhecimentos.

E ela conclui a respeito do tema:

"Outro aspecto que é sério, é a necessidade de uma legislação que ampare essa Supervisão. Não tem! Mesmo a que existe, ainda é falha. Falta ainda uma legislação que regulamente essa Supervisão. Por exemplo, o Conselho Regional de Psicologia, ou outros Conselhos, tem suas exigências específicas para você ser um supervisor. Embora essas exigências possam ser questionadas pela categoria, o supervisor tem algum respaldo."

Relacionando o conteúdo que acabou de ser exposto com os anteriores, Chuairi manifesta a ausência e a necessidade de se ter critérios para o exercício da Supervisão, além do reconhecimento legal desse exercício, através de sua regulamentação. Persuasivamente, é relevante construir-se oficialmente exigências e requisitos específicos para que um assistente social possa credenciar-se como supervisor, amenizando, a curto prazo, o diagnóstico caótico em que se encontra a Supervisão em Serviço Social, até transmudá-lo.

Rodrigues Marques também emite a sua opinião sobre o tema:

"(...) muitas vezes não dá para você preparar a Supervisão, não dá para você ler nada; fica-se muito na prática. Acho que é uma questão de honestidade, de ética até; você aceita o estagiário não só para ele desenvolver alguma tarefa, mas também para levar algo em troca. (...) Desde que você aceitou um estagiário, você tem esta responsabilidade de dar uma Supervisão adequada, de oferecer uma experiência de estágio, onde ele vá realmente poder usar a teoria que ele aprendeu na faculdade. (...) será que eu não estou exigindo demais de alguém que não está preparado? (...) existe toda uma exigência de trabalho na instituição, tornando difícil a execução da Supervisão. Você fica muito ocupada, tem muita coisa para fazer. Geralmente, marco Supervisão uma vez por semana; mas tiveram muitas semanas onde não foi possível dar Supervisão, porque, simplesmente, tinha muito trabalho."

Além desse depoimento, Rodrigues Marques, ao discorrer sobre o estágio, indiretamente desvela a sua visão de supervisor. Nesta medida, ela retrata um supervisor que não se prepara suficientemente para exercer a Supervisão; um supervisor tarefeiro e que não se dedica à reciclagem. Ela expressa, ainda, outras dificuldades cotidianas: a sua falta de tempo para a Supervisão; o acúmulo de serviço; as exigências da instituição para que o assistente social trabalhe, dando a entender que entre essas exigências não se inclui o exercer a Supervisão. Aliada a esta pressão, e sabedora da contradição entre o discurso e a ação, Rodrigues Marques manifesta-se qunto à responsabilidade de o supervisor propiciar condições de prática e aprendizagem ao aluno, e que, realmente, reproduzam a unidade teoria-prática.

Relacionando estes dados com anteriores, a oposição se faz, de novo, presente: Rodrigues Marques não se sente reconhecida pela faculdade e esta não lhe proporciona retaguarda, não lhe oferecendo uma "assistência mínima para o desenvolvimento da Supervisão", sentindo-se só e não-remunerada para exercer tal posição. Neste sentido, ela lamenta a falta de oportunidade de estar trocando e discutindo com outros supervisores e com a faculdade; a falta de tempo, restringindo, com isso, a visão de totalidade do processo educativo do aluno. Manifesta a sua vontade de sentir-se, de fato, parte desse processo na universidade e conclui, dizendo:

"Se você assumir realmente a função de supervisor, você passa a ser mais um professor da faculdade",

referendando as idéias de Chuairi.

As alunas-estagiárias, igualmente, manifestam sua visão sobre quem é o supervisor. Resgato alguns substratos de seus depoimentos precedentes, onde transluzem suas concepções a respeito e complemento com outros. Observe-se o discurso de Ventura:

"A minha primeira experiência de estágio eu tive numa clínica... lá era supercomplicado, era superdifícil e a minha supervisora não queria dar Supervisão de estágio. (...) Percebo que são poucas as supervisoras que têm um interesse, que querem ter uma discussão mais teórica, que querem aprofundar a prática, quando pegam um estagiário para supervisionar. (...) Quando o profissional não está junto com a faculdade, na questão teórica da coisa, ele se sente muito mais, sente-se uma 'droga' de profissional. (...) Você pode, necessariamente, não estar ligado à universidade e pode estar se atualizando; pode estar fazendo cursos; pode saber o que está sendo publicado com relação ao seu trabalho específico. Agora, geralmente, os supervisores não fazem isto. (...) Por exemplo, na clínica, a supervisora não tinha uma postura que eu concordasse, que eu fechasse. Mas eu tenho que entender que é fruto de uma história dela! Como a gente se ajuda a entender: o que ela é, e o que sou! Não é o meu papel mudá-la, é óbvio! Não é isto! Aliás, eu acho que ninguém muda ninguém nesse nível! As pessoas ajudam a se formar como pessoa, a se construir."

Ventura teve duas experiências de Supervisão, o que, fatalmente, a conduza ter visões diversas de supervisor. Seu depoimento revela dados de sua primeira vivência; o que eles desvelam? Esses dados desvendam um tipo de supervisor já visto, que se sente forçado a executar a Supervisão e que, portanto, voluntariamente, não optou por ser supervisor. Esta configuração torna complexo e difícil o processo da Supervisão, como Ventura coloca, pois existe o desinteresse, a desmotivação para discutir e refletir sobre a teoria e a prática de estágio, e, muitas vezes, muito menos como prática profissional. A insatisfação advinda da situação constrangida de receber um aluno para supervisionar (a maioria das vezes por imposição da instituição campo de estágio) acarreta, quase sempre, que o supervisor não assume o seu papel. Este fato pode levá-lo, ainda, a não querer ter contatos com a faculdade e a não se interessar em saber qual conteúdo teórico está sendo ministrado no curso, sentindo-se, ele, "defasado" ou "muito mal, uma 'droga' de profissional", como conclui Ventura. Na verdade, parece presumível que o supervisor se sinta desatualizado e despreparado profissionalmente, sendo, portanto, eu diria, um assistente social inqualificável para exercer a Supervisão.

É significativo ressaltar a última fala de Ventura. Apesar de, na visão da aluna, não haver compatibilidade entre ela e a supervisora, a aluna busca e tenta compreender a supervisora, enquanto um ser situado historicamente, e em um contexto maior. Depreende-se, de seu discurso, uma disponibilidade de entender e lidar com o processo de conhecimento mútuo:

"Como a gente se ajuda a entender: o que ela é, e o que sou?"

Tal postura revela maturidade por parte da estagiária.

Contudo, Ventura relata sua outra experiência junto com a supervisora e como a percebe:

"O supervisor, para mim, é alguém que tem uma experiência; então, é um mestre! Ele vai confrontando o que você está vivendo! É alguém como uma mãe. A mãe, também, muitas vezes, faz bobagem.

O supervisor também faz bobagem! Mas a mãe é uma pessoa que já viveu e mostra para o filho um caminho. Aí o filho vai experimentando e vai checando se é aquele caminho ou se não é. (...) Ela também me compreendia como estudante da universidade, porque ela estudou também na PUC e teve problemas de formação como eu tenho hoje! Isto ajudava a gente a estar aprofundando, até as questões teóricas, porque ela deu aula. Ela deu aula em Belo Horizonte, na PUC de lá. É uma pessoa que tinha questões teóricas presentes; estava fazendo mestrado. Acho que é uma pessoa especial! (...) O supervisor tem experiência e já se formou... tem uma tradição, tem uma história... uma prática. (...) Para isto o supervisor tem que ter paciência, tem que ter amor para ajudar você, senão ele se entrega e você faz como puder e depois ele corrige. (...) Para ser supervisor de verdade, ele tem que, de fato, amar a pessoa do aluno, para ajudá-lo a entender as coisas; ajudar a saber realizar as tarefas..."

Ventura retrata aqui sua experiência positiva de Supervisão. Ela expressa várias características de um supervisor. Este é alguém dotado de experiência, de um acervo de conhecimentos teóricos, de habilidades estratégicas prático-operativas. Identifica o supervisor como um "mestre", uma "mãe", alguém "especial". Nesta perspectiva, em sua visão, o supervisor é alguém que mostra o caminho a percorrer profissionalmente; que junto com o aluno vai confrontando os dados reais do cotidiano; que o ajuda a saber, a entender e a realizar as atividades profissionais; que, de fato, compreende o estagiário como estudante e como pessoa, dando-lhe liberdade de escolha e dispensando-lhe paciência e amor. Em suma, é um supervisor peculiar e autêntico e que "de fato, ama a pessoa do aluno", mesmo fazendo, também, "bobagem".

Gonçalves dá sua concepção de supervisor a partir de sua vivência:

"No começo... ela não estava com muita vontade de dar Supervisão; mas como era a única assistente social, ficou·sendo ela mesma a minha supervisora. Em abril vai fazer 2 anos que eu estou lá e, até hoje, se eu tive duas supervisões, foi muito! (...) Eu não entendo porque um profissional não dá uma Supervisão para o aluno! É medo de ser checado? É medo de o aluno estar questionando aspectos em que ele nunca mais pensou? (...) E quem acabou fazendo a reunião fui eu, pois ela (supervisora) não participou. (...) Por que você não dá Supervisão para mim? Por que você não assume o seu papel de supervisora? Esta situação pode criar um clima chato, pois ela já disse que não tem obrigação de dar Supervisão para mim. (...) Algumas vezes, aqui na faculdade, tem reunião de supervisores e a minha não comparece. No começo do estágio, ela me colocava: 'Não vale a pena eu dar Supervisão para aluno, porque eu não recebo nada por isso; eu não recebo um acréscimo para o meu currículo, se eu der Supervisão para um aluno; eu já tenho 15 anos de carreira na Prefeitura'. (...) Ela pode ter sido uma boa profissional na trajetória dela. Mas, hoje em dia, eu não vejo nada que eu possa falar: 'Ela é uma boa profissional'! Ela não transmite isto. Eu acho que um bom profissional tem uma preocupação, tem um compromisso com os alunos que estão aí para se formar. (...) Um outro fator no processo da Supervisão é o descomprometimento do supervisor. É supervisor só para assinar um papel na faculdade! (...) Ela parou e estacionou! Eu creio que também a maioria dos profissionais que trabalha lá, em Pinheiros! (...) a supervisora dizia: 'Faz você e depois eu leio; se houver alguma coisa que eu não concorde, eu modifico'. Eu acabava fazendo pois eu sabia que se eu não fizesse, ela não fazia."

Gonçalves tem como referência de supervisor uma mescla de tipologias de supervisores, enunciadas anteriormente por várias interlocutoras. Nesta medida, o supervisor é aquele que não quer dar Supervisão e, em função disto, concebe que não tem obrigação nenhuma para desenvolvê-la; aquele que não demonstra interesse, que se sente explorado, não recebendo honorários para assumir tal função; aquele que está acomodado e desmotivado para se reciclar profissionalmente; aquele que não se sente recompensado em termos de *status quo*, pois considera que exercer a Supervisão não lhe adiciona nada ao currículo.

Um supervisor como o descrito pode até camuflar, exercer minimamente algumas tarefas atinentes à Supervisão. Todavia, no caso real, a supervisora parece conscientemente optar por não dar Supervisão à aluna, ante a não-possibilidade de escolha (era a única assistente social), mesmo que oficialmente, para a faculdade, ela passasse por supervisora de Ventura. Além disso, os depoimentos da estagiária evidenciam uma atitude relapsa da supervisora, redundando em ausência de Supervisão, no não-atendimento das necessidades da aluna e em não compromissar-se com a formação profissional. É o tipo de profissional do "faz de conta que é", que deve ser erradicado, no desenvolvimento da Supervisão.

O retrato real, alienado e angustiante deste tipo de supervisor (e de profissional), conduz Ventura a estabelecer algumas propostas em relação ao supervisor e ao processo da Supervisão:

"E o supervisor? Será que ele teria que ser um supervisor da instituição ou da faculdade? Eu acho que se fosse um supervisor da faculdade, a relação entre o estagiário e o supervisor poderia ser bem melhor, porque já que os supervisores hoje em dia acham que tudo tem que ser aprendido na faculdade, por que a faculdade não ter o seu próprio espaço, pagando a Supervisão? ... e a Supervisão ficaria a cargo da faculdade. (...) Se houvesse uma maior união entre elas e se a faculdade desse Supervisão para o aluno, seria mais fácil e os profissionais seriam melhores, teriam níveis melhores."

A estagiária reforça a idéia de Toledo — a de o supervisor ser um professor do Curso de Serviço Social, sendo esta função integrada em seu contrato de trabalho e, portanto, pago para isso.

Esta forma de proceder a Supervisão eliminaria alguns tipos de supervisores e amenizaria os conflitos, as contradições, as deficiências reais e, por certo, garantiria uma qualidade maior e mais eficiente do desenvolvimento da Supervisão e do processo de ensino-aprendizagem.

Morais, igualmente, esboça um perfil de supervisor fundamentando-se em suas três experiências de estágio e, portanto, em sua vivência junto aos três supervisores que teve. Ela começa falando deles:

"Eu sinto assim as várias diferenças nestes três profissionais. A profissional 'A', que é profissional do DAIS, supervisora do DAIS, tinha uma consciência política, ela... não sei se uma participação, mas ela conseguia fazer uma análise da sociedade até: só que ela não trazia isto para a realidade dela, para o trabalho que a gente estava fazendo ali e agora!. (...) Convidamos a supervisora para dar Supervisão. Aconteceu que ela colocou que não tinha condições por uma questão de tempo e até de uma formação adequada. (...) o supervisor não conhece o trabalho que você faz lá dentro. (...) disse que eu não me adeqüei, que eu exigia a Supervisão que não estava podendo ser dada. (...) ficou mais clara a contradição desse profissional que não está nem um pouquinho preocupado com a formação do estagiário."

Morais passa a falar da segunda supervisora:

"A segunda supervisora, que foi do DRESSO, de Campo Limpo, conseguia perceber esse papel político; até acho que ela consegue fazer uma relação muito clara! — Hoje — Governo Jânio Quadros — o que eu faço? Eu vou cruzar os meus braços? Eu vou fazer um trabalho sério? Será que eu não estou mostrando para a população que este governo é sério? Até questionar este nível de atuação! De conseguir fazer um trabalho com a população e deixar muito claro: 'Olha, o governo que está aí está massacrando; eu estou conseguindo fazer reunião com vocês — mas se ele souber, ele me manda embora!' (...) Eu consegui encontrar alguém que tinha uma posição séria, tinha clareza de seu papel e de seu papel político dentro da instituição (...) E essa supervisora é uma pessoa que participa dentro dos movimentos, que tem uma visão política, do papel dela, da atuação dela e que está sempre se reciclando, está trazendo informações. Ela busca sempre nas nossas conversas (a gente fazia a Supervisão, de princípio, semanal) saber como estava me sentindo e se tinha determinado caso que eu estava mais chateada; porque eu atendi um caso que me deixou angustiada: 'Então vamos discutir o caso'; e sempre tentar relacionar este caso com uma questão mais geral. (...) E essa supervisora do DRESSO, de Campo Limpo, tem uma posição muito clara; eu acho que ela conseguiu estar passando para mim a questão do papel político! (...) em final de estágio, esta supervisora é que eu considero uma pessoa mais adequada a dar Supervisão. (...) eu comecei a fazer estágio no DRESSO... E, aí, eu tive uma nova visão de supervisor..."

E a estagiária se posiciona em relação à terceira supervisora:

"Agora a terceira profissional, que seria essa profissional da Delegacia, já é a pessoa, a supervisora, que nem tem uma atuação política, e nem usa isso no trabalho. Então, ela só trabalha! Ela não consegue nem estar percebendo o papel dela! Então, são três dimensões: a pessoa que percebe e não faz, a pessoa que relaciona e a pessoa que não percebe. Por isso que eu disse: 'Esse profissional, essa supervisora da delegacia, dentro do que ela se propõe, ela é muito boa! Porque ela não se propõe a nada realmente! Ela se propõe a fazer tarefas! (...) e a minha supervisora, dentro do que ela faz, dentro da visão dela, ela é boa. Ela acha que tem que atender muito bem o cliente, mas normas são normas! Se o 'cara' chegou e não tem onde ficar, ele vai para o CETREN; você não tem que questionar o CETREN! (...) De certa forma, ela já se acostumou com a debilidade mesmo, com a fraqueza da Instituição! (...) Mas isso é uma questão política! 'E se eu brigar, sou removida de plantão. Esse daqui é perto de minha casa! (...) E a minha supervisora nem sequer discutiu isso comigo. (...) 'Eu não sei dar Supervisão para você porque não dá para dar Supervisão para uma pessoa quando ela não gosta do que faz; quando ela não acredita no que faz!' (...) A minha relação com esta supervisora está muito difícil! A gente não consegue conversar nem como pessoa e não consegue discutir a questão profissional. (...) Eles não fazem reunião, eles nunca discutem nada. Eles vão fazendo o trabalho como dá! (...) às vezes, eles acham que estão realmente atrasados, então, nem querem aceitar um estagiário dentro da instituição. (...) nem sempre o supervisor consegue estar entendendo você enquanto pessoa e enquanto profissional. (...) você tem que estar sempre sacando: 'Quem é seu supervisor? O que ele quer que você faça? Como você o atinge?'"

Analisando estes depoimentos, denota-se que a própria aluna destaca três tipos de supervisores, sintetizando aspectos de cada um deles. Falando da primeira supervisora, diz ter ela uma consciência política e habilidade para efetuar uma análise da realidade social; contudo, esta permanece ao nível do discurso, não sendo operacionalizado este conteúdo para a prática. Apresenta, ainda, outros destaques desta supervisora. Pelo fato de ser uma aluna exigente e questionadora, a maneira de exercer a Supervisão não atendia às suas expectativas, ponderando ela que a supervisora não dominava o seu trabalho e não se interessava pela formação profissional. A supervisora, por sua vez, percebia-se limitada em termos "de formação adequada" e de tempo para desenvolver uma Supervisão como a aluna esperava e exigia. Esta realidade gerava constantemente conflitos, insatisfações, ansiedades, cobranças entre elas.

Morais descreve a segunda supervisora como tendo uma posição política clara e conseguindo relacionar esta posição em sua vivência prática profissional. Percebe-a como uma profissional questionadora que tem consciência de si enquanto pessoa e profissional; que se recicla sempre e troca informações; que reflete sobre sua ação, sobre a conjuntura, tendo uma visão do contexto maior e sabendo relacionar e contextualizar uma situação singular com a mais geral. É alguém que tem vivência e participação em movimentos organizados; é alguém que compreende a estagiária, dá-lhe atenção e que acompanha todo o seu processo de formação, analisando e pensando junto com ela. Morais a denomina uma profissional séria, que tem clareza de seu papel profissional e político na instituição e, conclui, elegendo-a "a pessoa mais adequada para dar Supervisão".

Quanto à terceira supervisora, esta é vista pela estagiária como sendo uma profissional que não tem uma posição e atuação políticas, que revela uma percepção restrita de seu papel profissional, não indicando propostas e atrelando-se a ser uma "mera executora de tarefas". A aluna representa-a como "boa" sob a ótica desta sua visão limitada, restringindo-se sua atuação aos ditames e às normas da instituição, o que leva Morais a percebê-la acomodada e cristalizada nessa posição institucional (seu emprego é perto da casa dela e, alega, se contestar, poder ser transferida de plantão social). Morais dá à conotação desta posição uma incapacidade profissional e um descomprometimento. A aluna critica a forma confinada e limitante como os profissionais agem nessa instituição, além de considerá-los defasados teórico e operativamente, não se simpatizando com a presença de estagiários. E, convincentemente, Morais desvela sua criticidade em relação ao supervisor, questionando e buscando entendê-lo como pessoa e como profissional, o que reverte em que a sua supervisora não se sinta competente e à vontade para dar Supervisão a Morais (dado o seu modo inquiridor e determinado, querendo mudar o Serviço Social nessa instituição fechada), alegando que a aluna não gosta e não acredita no que faz, o que gera insegurança conflitos na relação entre elas e a instituição.

Morais culmina seus depoimentos expressando as características e habilidades que espera de um supervisor:

"Eu acho que o supervisor é aquele profissional que, além de estar atuando, de estar exercendo a profissão, ele consegue entender e consegue até se preocupar com a necessidade de formar novos profissionais, que têm condições de trabalho, que têm uma percepção do trabalho como coisa muito séria; de dar um pouco de seriedade ao Serviço Social — que eu acho que não existe, pelo menos, existe muito pouco! (...) Então, ele tem que estar assumindo uma posição muito clara! O supervisor tem que estar conhecendo a realidade, fazendo esta relação teoria e prática; ele tem que estar se formando o tempo todo; ele tem que estar até fazendo coisas comuns, chegar e avisar você: 'Olha, tem uma palestra tal dia, sobre tal coisa! Vamos!' É hora de estágio? Não tem importância!"

Os aspectos expressos por Morais podem ser preconizados como aqueles que representam ser um supervisor competente.

Açambarcando os diferentes depoimentos das docentes, supervisoras e alunas-estagiárias, conclui-se que existem divergentes e diversas tipologias de identidades de supervisores e de alunos, e de suas relações. Assim, há supervisores e estagiários críticos, seguros, responsáveis, compromissados, motivados, políticos, conscientes, maduros, abertos, flexíveis, interessados etc. e vice-versa. Analisando as opiniões em seu todo, manifestam um conjunto de habilidades e qualificações que se espera de cada um — supervisor e supervisionado.

Em relação ao supervisor, reforço a minha convicção, já anteriormente exposta com clareza, de que não é qualquer profissional que pode ser supervisor e que, para se exercer a ação supervisora, torna-se imprescindível possuir alguns requisitos básicos. Ele deve ser profissional capacitado e habilitado tanto em teoria como em experiência prática. Supõe-se ser uma pessoa competente para coordenar, orientar, acompanhar o aluno em seu estágio e no processo de sua formação. Desta forma, as tipologias significantes e qualitativas de supervisores, aqui ressaltadas e outras, combinam-se em uma "espécie de matriz significante, representante do real",[27] para o aluno no processo da Supervisão.

27. BASSIT, Ana J. (org.) et alii. Identidade: teoria e pesquisa. *Cadernos PUC-SP.* São Paulo, EDUC, n° 20, 1985, p. 18.

CAPÍTULO III

Os papéis do supervisor

1. Papéis do supervisor em uma perspectiva histórica

Pensar os aspectos teóricos da Supervisão em Serviço Social só faz sentido em função de uma análise paralela dessa Supervisão. Uma teoria só é válida se informa uma prática crítica e conseqüente. Nesta medida, falar sobre papéis do supervisor em Serviço Social implica realizar uma análise genético-crítica e cuidadosa desses papéis, e de cada prática específica do supervisor, inserido em sua realidade institucional, no projeto social e político mais abrangente.

Sabe-se que a execução da ação supervisora supõe o desenvolvimento de diversos papéis, que são tipificações recíprocas de ações, construídas no curso de uma história, segundo Berger e Luckmann[1]. É possível compreendê-los adequadamente sem entender o processo histórico em que foram produzidos. Assim, no curso da interação supervisor-aluno-estagiário constrói-se um conjunto de ações que vão sendo assumidas como "naturais", tanto pelo supervisor quanto pelo supervisionado, que são expressas em padrões específicos — papéis tornados habituais para cada

---

1. BERGER, Peter L. & LUCKMANN, Thomas. *A Construção Social da Realidade*. 4ª ed., Petrópolis, Vozes, 1978.

um, dentro do processo da Supervisão. Os papéis são intercambiáveis e se tornam típicos quando ocorrem no contexto de um acervo objetivado de conhecimentos comuns a uma coletividade de atores[2] — que aqui, no caso, são os assistentes sociais e os alunos-estagiários de Serviço Social.

No contexto da Supervisão em Serviço Social, na medida em que esta incorpora um acervo mais amplo, que é a profissão de Serviço Social, sendo elemento integrante do preparo de profissionais para a sua execução, à experiência de supervisor congregam-se determinados papéis que são específicos da profissão na qual se insere. Desta forma, ao desempenhar os papéis que lhe são conferidos, legitimados historicamente pelos atores que compõem a profissão de Serviço Social, o supervisor participa de um mundo social objetivado e ao

"interiorizar estes papéis, o mesmo mundo torna-se subjetivamente real para ele".[3]

Uma retrospectiva histórica da Supervisão em Serviço Social mostra que os papéis do supervisor não foram sempre os mesmos. Estes vão emergindo de acordo com o momento histórico da época e da profissão (determinantes externos e internos da Supervisão).

É relevante frisar um primeiro momento — desde a existência do Serviço Social, 1936, até 1947 — período em que o Serviço Social se pautava pelos princípios da Doutrina Social da Igreja Católica. O conteúdo doutrinário, especialmente tomista, embrenha-se na proposta teórica e na prática da profissão durante todo este período, sem criar, aparentemente, crises e rupturas na formação e na ação da categoria profissional. A atuação dos assistentes sociais opera-se por processos seletivos, pautados nos valores veiculados pela ideologia cristã: pessoa, igualdade, justiça, caridade, dignidade humana etc. Os padrões de eficácia profissional baseavam-se em padrões morais.

A Doutrina Social da Igreja inundava todo o ambiente de formação do aluno. Diversos dados, extraídos de eventos diferentes do Serviço Social, mostram a influência da ideologia cristã no

2. Id., p. 103.
3. Id., p. 103.

cotidiano da atuação dos supervisores, dos assistentes sociais, do curso e do Serviço Social, acentuando-se no período contemplado, mas alastrando-se até meados de 1960.

O rebatimento desta ideologia, na Supervisão em Serviço Social, fazia com que o papel do supervisor se direcionasse para a "doutrinação" do aluno-estagiário.

O documento de Milford, que tratou das características comuns nas "especializações em Serviço Social de Casos", quando se refere aos objetivos no "tratamento de Serviço Social de Casos" — aponta o "apoio para o *domínio de tendências reprováveis*".[4]

Havia constante preocupação de se ter a

"posse de uma *filosofia* que determine(asse) os propósitos, os *princípios éticos e as obrigações* do assistente social dos casos".[5]

Os trabalhos de conclusão de curso produzidos no período revelam claramente como a ideologia cristã permeava toda a ação do assistente social. Apresento três exemplos de produções do período.

O trabalho de conclusão de curso de Helena I. Junqueira, de 1938 — *Necessidade e Possibilidade da Proteção Familiar na Capital: a Assistência Paroquial Completando e Suprindo a Proteção Familiar por Intermédio dos Centros Familiares* — expressa uma coerência valorativa homogênea respaldada na Doutrina Social da Igreja e que serve como referencial para a implementação da prática do Serviço Social. Alguns excertos manifestam tal afirmação:

"(...) participação é, de certo modo, a própria ação da Igreja e visa, portanto, à cristianização da sociedade (...) Segundo Santo Tomás, é necessário um mínimo de bem-estar, e uma certa estabilidade para a prática da virtude. (...) O Serviço Social visa a estabelecer, no mínimo, esse mínimo de bem-estar, isto é, condições normais de vida, para que os indivíduos possam se desenvolver."[6]

---

4. CBCISS. *Documento Síntese de Milford — Contribuição das Ciências Sociais à Formação para o Serviço Social*. Rio de Janeiro, CBCISS, ano I, nº 2, 1960, p. 23.

5. KFOURI, Nadir G. *Cadernos de Serviço Social*. Rio de Janeiro, ano I, nº 5, nov. de 1949, p. 7.

6. JUNQUEIRA, Helena L. *Necessidade e Possibilidade da Proteção Familiar na Capital*. Trabalho de conclusão de curso. Escola de Serviço Social de São Paulo, 1938, p. 2.

O trabalho de conclusão de curso de Nadir G. Kfouri, de 1939 — *Estabelecimentos Particulares cujo Objetivo É Prestar Assistência aos Menores Órfãos e Abandonados no Município da Capital*, também elucida a visão de mundo do período:

> "(...) as casas de reeducação estão a cargo de religiosas de vida contemplativa... as meninas são obrigadas a passar longas horas em oração. (...) Esquece-se, neste ponto, completamente da harmonia, da união admirável entre o corpo e a alma. (...) Nesses casos, é preciso, muitas vezes, começar pelos cuidados do corpo, pelo tratamento médico, ginástica, alimentação sadia (...) para se dar em seguida, em um ambiente de compreensão e formação moral, tarefa delicada e espinhosa."[7]

> "Parece-nos que forte auxiliar na formação pessoal seriam os círculos de ação católica: neles se daria formação individual quer religiosa, quer moral, pelos círculos religiosos, pelos círculos sociais."[8]

O trabalho de conclusão de curso de Jacyra F. Meirelles — *Algumas Famílias Operárias e suas Condições de Vida* — de 1945, também mostra a ênfase doutrinária:

> "O ideal da Doutrina Cristã Social é alcançar o salário justo mas como tal ainda não foi possível, procura-se pelo menos o salário mínimo."[9]

> "Leão XII e Pio XI consolidaram num Código Cristão do Trabalho, com a 'Rerum Novarum' e a 'Quadragésimo Anno', o conceito de subsistência, a noção de justo salário, a idéia dos abonos familiares. (...) Porém a lei de justiça, estando acima de toda essa complexidade, não justifica pacto algum entre o patrão e operário, contrário às suas exigências."[10]

> "No combate às deficiências de ordem moral e educacional, apelamos para a grande arma — educação, que deve abranger não somente a infância e a mocidade, mas toda a classe operária, compreendendo: instrução, educação, moral e religiosa, divulgação e preceitos de higiene, educação profissional, não esquecendo o papel

---

7. KFOURI, Nadir G. *Estabelecimentos Particulares cujo Objetivo é Prestar Assistência aos Menores Órfãos e Abandonados no Município da Capital*. Trabalho de conclusão de curso. Escola de Serviço Social de São Paulo, 1939, pp. 28-9.
8. Id., p. 42.
9. MEIRELLES, Jacyra F. *Algumas Famílias Operárias e suas Condições de Vida*. Trabalho de conclusão de curso. Escola de Serviço Social de São Paulo, 1945, p. 30.
10. Id., p. 37.

do Estado nesse particular; orientação, educação e formação doméstica das jovens mães de família, através de centros de formação familiar, círculos operários e organização da formação da juventude (JOC — JEC — JIC — JUC) (...) Temos a considerar, ainda, o importante item da formação religiosa. O trabalhador necessita de tempo para cumprir seus deveres religiosos; conhecendo e praticando a religião trilhará a via sublime da caridade cristã, do viver sóbrio e honesto e será um elemento de ordem e prosperidade nacional".[11]

Esses trechos mostram o clima predominante e harmonioso da época e direcionam e tipificam os papéis do supervisor. Nesta medida, o papel do supervisor de aluno era o de educar e avaliar.

Educar no sentido de o supervisor imprimir em seu aluno, tanto em sua formação acadêmica, como em seu estágio e na sua vida pessoal, a Doutrina Social da Igreja, embrenhando-se no fazer profissional e pautando-se pelos valores apontados.

Em conseqüência, o seu papel de avaliador levava o supervisor a avaliar determinados aspectos que estavam em consonância com a forma de viver e de atuar no Serviço Social, ou seja, que estavam em harmonia com os princípios da Doutrina Social da Igreja.

Esta forma de educar, ou melhor, "doutrinar" — o supervisor visto como disciplinador da situação de aprendizagem — era a forma de entender o desempenho do papel, indo ao encontro dos padrões doutrinários preestabelecidos, que direcionavam e limitavam a ação do aluno. Assim, o papel de educador e o de avaliador se complementavam.

"Os professores nas aulas e os supervisores no campo de trabalho ensinam tanto os princípios, como sua aplicação."[12]

Havia uma preocupação constante no desenvolvimento profissional do aluno, enfocado no aprender e no executar por um lado, e, de outro, no estudo de sua personalidade.

Como princípios básicos da Supervisão[13] apresentam-se:

a. *princípios pedagógicos* — compreendendo a individualização, implicando a responsabilidade de compreender as neces-

---

11. Id., p. 148.
12. AUSTIN, Lucille N. *Princípios Básicos de Supervisão*. Belo Horizonte, Escola de Serviço Social de Belo Horizonte, 1965, p. 1.
13. Id., p. 1 a 4.

sidades e capacidades de cada pessoa, apreender o modo de aprender dos estudantes, um conhecimento e modo de aplicá-lo na Supervisão;

b. *princípios psicanalíticos* — as discussões na Supervisão referiam-se "a situações de vida, conflitos pessoais, falta de ajustamento" e ainda enfocavam que "pode haver reações de transferência, de dependência, as quais precisam ser reconhecidas pelo supervisor e reduzidas, pela discussão ou pela mudança na maneira de conduzir a Supervisão".[14]

O período do metodologismo no Serviço Social — de 1947 a 1961 — também repercute na Supervisão em Serviço Social, constituindo-se um segundo momento. Neste período, os lastros da Doutrina Social da Igreja perduram, a visão humanista permanece, concebendo o homem capaz de se auto-realizar, auto-promover-se e a ordem moral e ética devendo ser preservada. Apesar da fidelidade à Igreja, há uma preocupação com o método que garante ao Serviço Social uma idoneidade profissional sólida, pautada em critérios objetivos e científicos. Buscavam-se, nas ciências sociais e do comportamento, referências para o conhecimento dos problemas sociais e, conseqüentemente, uma ação eficaz. Neste período, os padrões de eficácia demandados são outros, como rentabilidade, iniciativa, criatividade, operados em conhecimentos mais sistematizados sobre a realidade e procedimentos adequados de intervenção.

Este momento histórico rebateu na prática da Supervisão. Os valores da ideologia cristã permanecem norteando a prática profissional, perdurando até 1975. Há um esmero na prática da Supervisão, no tocante aos estágios dos alunos. Como o próprio Serviço Social, a Supervisão enfatiza os procedimentos. Há um zelo pela técnica: como fazer, como organizar, como implantar, como suprir falhas, como documentar, como relatar etc. Ostenta-se a formação de habilidades e atitudes. A ênfase à personalidade, meio social e grupos primários direciona a Supervisão em Serviço Social. É o período marcante na proliferação de produções sobre Supervisão, sendo as duas maiores expoentes deste período Helena I. Junqueira e Nadir G. Kfouri, que escreveram, de 1947 a 1961,

---

14. Id., p. 1.

mais de vinte produções sobre o assunto, com forte influência dos Estados Unidos. Em 1948, é ministrado o primeiro curso de formação de supervisores, pela Escola de Serviço Social, dados já mencionados anteriormente, no Capítulo I.

Os aspectos doutrinários e dos procedimentos transparecem nos eventos do período. O currículo do Curso de Serviço Social da Escola de Serviço Social, em 1953, além de conter várias disciplinas práticas, contemplava o estágio supervisionado nos quatro anos, com uma carga horária de 1.150 horas. A continuidade da ideologia cristã, no currículo deste ano, também é marcante.[15]

A IV Convenção de ABESS, realizada em São Paulo, de 12 a 18 de julho de 1954, tem como tema: "A Formação Cristã para o Serviço Social, Serviço Social de Grupo, Organização de Comunidade". A Escola de Serviço Social Alejandro del Rio, em Santiago do Chile, ofereceu três bolsas a assistentes sociais de São Paulo em 1954 e um dos requisitos era:

> "f) condiciones personales y vocacionales acreditadas por informes preferentemente emanados de la Escuela de Servicio Social o institución donde trabaja".[16]

A pesquisa realizada sobre o período faz destacar diversos cursos oferecidos em 1956: cursos de Filosofia, cursos de Religião, curso de "Alienação de Laicato Católico Brasileiro", grupos de supervisores para estudo da *Suma Teológica* de Santo Tomás, conferências preparatórias à Páscoa etc.[17].

Uma constante preocupação com a formação dos alunos transparece no material do período.

A ONU e a UNESCO, em 1960, realizaram uma reunião internacional de especialistas para estudar a questão do plano internacional para a formação em Serviço Social.

---

15. Exemplificando, as disciplinas Cultura Religiosa e Seminários de Formação aparecem em todos os anos do curso; a disciplina Doutrina Social da Igreja verifica-se no 4º ano e Moral, no 1º ano.

16. Ver ESCUELA DE SERVICIO SOCIAL, Condiciones para optar a las becas de la Escuela de Servicio Social Dr. Alejandro del Rio, Santiago de Chile, 1954, in *Pasta nº 4.2: Documentação de Supervisão em Serviço Social*, São Paulo, Escola de Serviço Social de São Paulo, 1963.

17. Ver ESCOLA DE SERVICIO SOCIAL DE SÃO PAULO, *Pasta nº 4.2: Reuniões com Supervisores Representantes*, São Paulo, Escola de Serviço Social de São Paulo, 1965.

"É importante ter em conta a idade, a maturidade, o nível de educação e a experiência dos estudantes que se preparam para o Serviço Social, na escolha e na apresentação das noções das ciências sociais inscritas no programa."[18]

Desvelando estas e outras produções no período, e na linguagem usada pelo Serviço Social, percebe-se a acentuada preocupação com os procedimentos, não se desvinculando dos princípios da Doutrina Social da Igreja:

"Desde o começo a obra proporcionava treinamento do pessoal para garantir uma uniformidade de método e uma alta qualidade na execução da tarefa 'caridade científica que exige tanto conhecimento e habilidade, quanto boa intenção'."[19]

Sobressai, ainda, o esmero em organizar as 'obras' onde o assistente social atuava, e, conseqüentemente, onde o aluno fazia o seu estágio. Implantou-se uma "nova forma de abordagem para atender as necessidades humanas", baseada em "crenças", que se tornaram o alicerce da filosofia e da prática do Serviço Social que salientavam:

"1) método planejado de prestar caridade;

2) interesse individualizado na pessoa necessitada;

3) sincero respeito pela natureza humana;

4) compreensão das causas dos males sociais para removê-los;

5) através de reformas mais amplas para alívio dos males econômicos e sociais;

6) e treinamento dos agentes filantrópicos."[20]

As funções da ação supervisora, neste período, permanecem as de *educar* e de *avaliar*, mas com outra conotação e inclui-se

---

18. CBCISS. *Documento Síntese de Milford — Contribuição das Ciências Sociais à Formação para o Serviço Social.* Rio de Janeiro, CBCISS, ano I, nº 2, 1949, p. 12

19. STILES, Evelyn. Uma perspectiva histórica da supervisão. In *Pasta nº 5.2 Documentação Coligada sobre Supervisão.* São Paulo, Departamento da Prática do Serviço Social, da Faculdade de Serviço Social da PUC/SP, s/d. Mimeografado. Texto traduzido pela Escola de Serviço Social de São Paulo e utilizado neste período, como objetivo de estudo e discussão nas reuniões de supervisores.

20. Id., p. 5.

a de *interpretar*. Assim, surge um conjunto de ações tipificadas, tornadas habituais para os profissionais da época. Nota-se uma progressiva preocupação com o conhecimento, o planejamento e a execução da Supervisão.

Na sua função de *educar*, o supervisor é visto agora como profissional da prática, na medida em que o estágio passa a ser o "ensino na prática", representando o prolongamento das tarefas confiadas ao aluno no estágio. Estas exigem grande esforço do estagiário. Daí o papel de ensinar do supervisor que irá orientar o aluno-estagiário, focalizando no seu treino profissional: os princípios do Serviço Social, o indivíduo, o grupo e a comunidade, os métodos de Serviço Social e técnicas específicas, o relacionamento profissional junto aos usuários e junto ao público, a documentação específica do Serviço Social, seu preparo e utilização, a observância da ética profissional etc. Daí o supervisor ser orientado a partir dos elementos fáceis e conhecidos da prática a ser enfocada, para introduzir, pouco a pouco, aquilo que era mais complexo e difícil de apreender.

Havia o cuidado de o supervisor, enquanto exercendo seu papel de *ensinar*, saber o que o supervisionado sabia, para que se pudesse avaliar qual seria o conteúdo e o conhecimento que o supervisor deveria dar na etapa seguinte e o que seria, portanto, possível ao supervisionado saber, aprender e reter.

Quanto ao papel *avaliador*, nota-se um avanço no tocante ao seu conteúdo e na forma de exercê-lo, embora se delegue unicamente ao supervisor avaliar.

"Pertence ao supervisor a responsabilidade de avaliação formal do supervisionado, baseando-se em normas de aprendizado e atuação em diferentes níveis de desenvolvimento."[21]

O supervisor acompanha de perto o desenvolvimento do aluno, observando-o nos diferentes momentos de sua atuação prática, pois o processo de avaliar se inicia já no primeiro contato com o aluno. Nesta medida, a ação avaliadora se dá em um processo contínuo, consistindo o avaliar no

21. AUSTIN, Lucile N. *Princípios Básicos de Supervisão*. Belo Horizonte, Escola de Serviço Social de Belo Horizonte, 1965, p. 5.

"julgamento do trabalho realizado pelo aluno em estágio".[22]

Trata-se de um processo educativo e individualizado, exigindo reflexão, análise e autocrítica.

Como conteúdo a ser avaliado, destacava-se: a integração do estagiário e seu conhecimento da instituição campo de estágio; o desempenho de suas tarefas no estágio; sua capacidade de aplicar conhecimentos teóricos e práticos; sua capacidade de autocrítica; sua autodisciplina e equilíbrio; sua assiduidade, responsabilidade e amadurecimento; suas aptidões, limitações; sua

"capacidade psicológica para assumir maior responsabilidade, capacidade de trabalhar com prazer e sem excessiva ansiedade, de usar construtivamente a autoridade, as qualidades de generosidade e tolerância".[23]

O papel do supervisor de *interpretar* abrangia elementos que interligados proporcionavam ao supervisionado visão objetiva da natureza do aprendizado para o Serviço Social, tais como: o processo da Supervisão, a natureza do ensino em Supervisão, o processo de avaliação do aprendizado do aluno e suas condições para agir como profissional.

As produções do período expressam que, especificamente neste papel, cabia ao supervisor esclarecer ao aluno que programa era desenvolvido na área prática e as implicações em relação à teoria; as condições de horário; o tipo de Supervisão, textos, relatórios etc.; a interpretação do campo onde se desenvolvia a experiência prática, suas condições, limitações etc.; propiciar o conhecimento da instituição campo de estágio (objetivo, programas, estrutura organizacional, clientela, prática do Serviço Social na instituição, limitações etc.). Esta tipificação de papel legitimava o supervisor como alguém que tinha o domínio de informações pertinentes à formação do aluno em Serviço Social.

O terceiro momento da Supervisão vai de 1974 a 1980. Apesar de o movimento de reconceituação ser um marco no Serviço Social a partir de 1965, e ser um movimento que pôs em cheque as práticas, profissionais, focalizando especialmente a crítica à prática, a crítica metodológica e a crítica ideológica — isto só rebateu na Supervisão em 1973, o que já afirmei no Capítulo I.

22. Id., p. 5
23. Id., p. 5

O enfoque teórico-cientificista torna-se muito forte no discurso, mas o seu rebatimento, na ação profissional, praticamente não se deu. Nesta medida, a revisão teórica realizada pelo movimento 1 reconceptualização foi impossível de ser implementada imediatamente — pois uma teoria, para ser operacionalizada, passa por um conjunto de mediações e que demandam um tempo — ocorrendo a ausência de possibilidade de prática. Quando as primeiras tentativas são pensadas neste sentido, há um colapso com a ausência dessa prática. Ademais, a produção vasta do Serviço Social nesta época é bastante heterogênea. Há uma aproximação do Serviço Social ao marxismo, mas que não se deu por fontes originais de Marx, e sim por um veio desviante e secundário, ou seja, por produções de intérpretes do marxismo, com posições diversificadas e/ou referendando-se a uma só corrente marxista, como já explicitado.

Não vou me ater a este movimento sobejamente analisado, criticado. Como e quando ele chega na Supervisão em Serviço Social? Por meio de um grupo de professores-supervisores da Escola de Serviço Social da Universidade Major de San Andrés, de La Paz, ligado ao grupo ECRO e coordenado por Teresa Sheriff — que traz uma produção sobre Supervisão, com um fundamento inovador e valores novos, rompendo com o passado, o qual ainda tinha o enfoque funcionalista. No entanto, há contradições e ecletismo na proposta, mesclando-se a vertente dialética com a humanista e grandemente influenciada por Paulo Freire, também já objeto de análise.

O questionamento do exercício tradicional da profissão impunha o questionamento das suas formas de ensino e, especificamente, da Supervisão. Esta, nesta concepção, visa a uma formação que capacite o aluno para manejar proposições de ação com racionalidade e compromisso, responsabilizando-se pelos efeitos da intervenção, com total identificação com a missão histórica dos povos latino-americanos.[24]

Neste período, como se configuram os papéis do supervisor? Partindo do pressuposto de que os papéis são condutas esperadas

---

24. SHERIFF, Teresa et alii. *Supervisión en Trabajo Social.* Buenos Aires, Editorial ECRO, série ISI/2, 1973. p. 25.

do supervisor e supervisionado e que se concretizarão em mudanças, fundamentadas na nova filosofia da Supervisão, apresentam esta visão os papéis fundamentais: *de supervisor-educador e supervisor-educando.*

O supervisor em seu papel de *educador* é um professor que ensina fazendo, levando em conta as circunstâncias determinadas pelo seu trabalho com a população.

"Quando dizemos que o supervisor ensina e aprende fazendo, referimo-nos ao fato de que este se mantenha em contato permanente com a realidade, para assim compreender o aluno. Isso só pode ser conseguido, a nosso ver, por meio de sua participação direta em um trabalho semelhante ao do supervisionado (...) para que assim a transmissão de conhecimentos, técnicas e especialmente o compromisso se dê ao estudante pelo método que se denominou 'demonstração', de forma simples 'exemplo'."[25]

O supervisor procura, ainda, como educador, estabelecer um equilíbrio e racionalização entre a ciência e a técnica, e colaborar na integração da teoria e da prática. Na instituição, ele deve contribuir para que haja uma avaliação constante de objetivos e programas, e um trabalho de qualidade, que atendam às expectativas e necessidades dos usuários e que sejam legitimados pela instituição. Assim, o supervisor tem a tarefa de ser um *dinamizador* para que a ação profissional seja eficiente e contínua.

O supervisor desenvolve seu papel de *supervisor-educando* quando ele dá valor à relação com o estudante e aprende com ele, quando compartilha com as experiências pessoais e profissionais do aluno-estagiário. Ao mesmo tempo, o supervisor deve ter tarefas e responsabilidades na instituição, como o têm os outros assistentes sociais e alunos-estagiários, auscultando dificuldades na execução prática e realizando mudanças necessárias nesta, para adequá-la à realidade social.

---

25. Id., p. 95. "Cuando hablamos de que el supervisor enseña y aprende haciendo, nos referimos al hecho importante de qué éste se manteña en contacto permanente con la realidad, para así comprinder al estudiante. Esto sólo puede lograrlo, a nuestro juicio, a través de su participación directa de un trabajo similar al de supervisado (...) para que así la transmisión de conocimientos, técnicas, y especialmente el compromiso se dé al estudiante por el método que se ha llamado 'demonstración', y en palabra simple 'ejemplo'."

No Brasil, um grupo de profissionais-supervisores aderiu a esta proposta.[26] Os cursos de formação de supervisores, ministrados por este grupo de professores-supervisores da PUC/SP, foram totalmente reformulados e referendados na proposta da Escuela de Servicio Social de La Paz. Houve algumas tentativas de prática de Supervisão acompanhadas por este grupo, até meados de 1980, quando o grupo, através das reflexões realizadas, tanto sobre a teoria quanto sobre a sua prática, fez críticas a esta proposta e propôs inovações. Cito alguns questionamentos e ponderações. A relação horizontal entre supervisor e supervisionado, como preconizada pelo grupo Sheriff, não é possível de ocorrer, pela própria diferenciação de papéis que tanto um como outro assumem ou devem assumir. Toledo, no tocante a esta questão, afirma:

"Nós enfatizamos muito, anos atrás, a relação do supervisor e do supervisionado como uma relação de igualdade. É claro que havia aí embutida toda uma proposta, ou uma resposta crítica à relação 'bancária', depositária do saber. (...) No fundo, era uma crítica ao próprio sistema de autoritarismo que ele (o estagiário) estava vivendo."

O objetivo final da Supervisão do grupo de La Paz — "a revolução comunitária" — pouco atingiu os profissionais assistentes sociais, as instituições campos de estágio, quase não extrapolando fora do Serviço Social. Compreende-se e valoriza-se esta posição quando é analisada sob o contexto sócio-econômico-político-histórico em que foi amadurecida e elaborada — em um momento em que a América Latina passava pelo regime da ditadura. Nesta medida, esta posição quanto à Supervisão em Serviço Social era a válvula de escape, uma resposta dada por esta categoria a si, ao Serviço Social e à população.

2. Alguns aspectos a serem considerados no desempenho do papel de supervisor

Relacionando o quadro real da Supervisão, averiguado neste estudo, e as exigências e responsabilidades do assistente social que assume a Supervisão de alunos em Serviço Social, ante a

---

26. A Faculdade de Serviço Social da PUC/SP foi vanguarda no Brasil desta concepção, divulgando-a pelos outros cursos de Serviço Social.

formação profissional, fica-me claro que não é qualquer profissional assistente social que pode ser supervisor.[27] O exercício prático da Supervisão reclama do profissional que quer, ou deve assumir esta função, um amadurecimento — o que significa que ele tenha competência profissional e adquira as qualidades, especialidades e habilidades imprescindíveis a esta ação supervisora. Neste sentido, requerem-se determinados critérios, requisitos, referências para o seu desempenho. Acredito que só assim, vista a Supervisão em Serviço Social sob este ângulo, como um processo dinâmico de constante busca, é que se podem garantir os parâmetros para salvaguardar a relação de unidade ensino-aprendizagem. Nesta medida, alguns aspectos devem ser considerados e são relevantes para a concretização do papel do supervisor:

a. a competência do supervisor;

b. a pessoa do supervisor;

c. as condições de trabalho;

d. a concepção de mundo (conhecimento da realidade);

e. a execução de ações selecionadas ou prioritárias.

a. A competência do supervisor

O desempenho, que a ação supervisora determina, supõe e integra a competência do supervisor. O exercer este papel requer, portanto, conhecimentos especializados e experiência prática ao nível teórico-metodológico, adquiridos através de constante preparo profissional e de exercício refletido sobre a prática. Nesta medida, supõe-se e espera-se que o profissional, que seja supervisor, manifeste um esforço de rigor teórico, conseqüência de uma postura investigativa e de ampliação de seu acervo cultural, obtida a partir da reflexão, da crítica e da sistematização das suas práticas profissionais. Espera-se, ainda, que possa fornecer subsídios para a construção de novos conhecimentos e que, a partir de uma reciclagem constante, esteja preparado para a crítica e o

---

27. Embora legalmente, na profissão, não temos garantia para tal exigência pelo atual regulamento da profissão. No entanto, o CRESS, o CFESS, a ABESS e alguns grupos de profissionais têm, nos últimos anos, estudado esta questão e existe a preocupação de mudá-la e legalizá-la, sob este novo enfoque. Há alguns entraves jurídicos para tal; veja-se documentos no CFAS e CRAS/SP — 9ª Região.

uso dos novos avanços científicos. Isto requer formação especializada, ou seja, o supervisor deve estar preparado para exercer sua ação supervisora; portanto, ele deve compreender e ter o domínio da relação da teoria-prática e, por exemplo, quanto aos objetivos do ensino e do estágio, o conteúdo, a coordenação e a execução do plano de estágio; as alternativas e opções; as inovações de conteúdo, de prática e de aprendizagem; o planejamento das ações da Supervisão, a avaliação de aprendizagem tanto do supervisor, como do supervisionado; a seleção de estratégias didáticas de aprendizagem, o "clima" de ensino-aprendizagem etc.

Em suma, além do que já afirmei, espera-se que o supervisor tenha *habilidades técnicas* — habilidades especializadas e básicas, dirigidas ao manejo de objetos, fatos, relações, com a capacidade de planejamento, de vivência profissional acumulada e consolidada na área específica de seu campo profissional etc.; *habilidades conceituais* — que permitem formar e realizar novos conceitos, novas idéias e com potencialidade de criação, de conhecimento da realidade etc.; e *habilidades sociais* — que fornecem o necessário para atuar em sistemas sociais.[28] Essa última habilidade deverá possibilitar um desempenho de papel que preveja um relacionamento construtivo, uma autoridade democrática, uma maturidade, o diálogo, a segurança etc.

b. A pessoa do supervisor

Não é só a questão da competência profissional do supervisor (escolaridade, domínio do conhecimento teórico e experiência na área de Serviço Social) que afeta o processo da Supervisão, mas também seu aspecto individual — suas características afetivas, culturais e de personalidade.

A percepção das diferenças entre supervisor e supervisionado devem ser evidenciadas e consideradas, como também as diferenças no modo de ler a realidade, a capacidade de estabelecer relacionamento profissional com pessoas de diferentes tipos, hierarquias e classes, a consciência da própria identidade de cada um — de

---

28. Anotações do Seminário "Educando para o Futuro", sobre exposição feita por Ulrich Peter Ritter, no Instituto Goethe de São Paulo, em julho de 1989, em São Paulo.

seres capazes de canalizarem suas energias criativas, ampliando os horizontes de possibilidades abertas, extensivas não só a eles, mas a todos os agentes envolvidos no processo da Supervisão em Serviço Social: unidade de ensino, unidade campo de estágio, população. Nesta medida, o processo da Supervisão determina e é determinado, também, pelas qualidades pessoais do supervisor e supervisionado, relativas aos seus conhecimentos teóricos e experiências no agir do Serviço Social, ligadas a fatores psicológicos e éticos que se revelam na relação entre eles, quando estes discutem, transmitem, avaliam suas vivências profissionais do cotidiano.

Em relação ao processo da Supervisão, isto significa que o supervisor e o supervisionado se potencializem como seres humanos coletivos e historicamente situados, ultrapassando suas necessidades e criando outras, compreendam sua própria individualidade (enquanto ser psicofísico), mas, também, a realidade social total (enquanto seres sócio-históricos) e executem conjuntamente as relações e o poder para o avanço na profissão, sem deixar de, na relação, expressar suas aspirações, seus sentimentos etc. Estes aspectos supõem e envolvem co-participação, diálogo, co-responsabilidade, exigindo interação contínua e relacionamento dinâmico entre eles e os outros agentes envolvidos neste processo.

c. As condições de trabalho do assistente social supervisor

Espera-se que, para o supervisor exercer sua ação supervisora, haja um mínimo de condições apropriadas, ou seja, que ele tenha um clima favorável para esta vivência. Portanto, deve haver uma preocupação em se dar importância ao que chamamos de *setting* (estrutura, armação). Nesta medida, alguns aspectos devem ser considerados. Em primeiro lugar, se o profissional vai ser supervisor, ele deve estar preparado para tal (como já abordei ao nível da competência). Outro aspecto relevante é o local — deve haver um lugar, um espaço apropriado para que o supervisor e o supervisionado possam sentar-se, refletir, discutir, sem serem incomodados por outras presenças ou interrupções — para que realmente o momento em que se processa a Supervisão seja resguardado e se alcance o seu objetivo. Desta forma, o lugar para se processar a Supervisão deve ser escolhido, programado, signiticando um espaço legitimado pelo supervisor e supervisionado, e onde eles consigam expressar-se livremente, movimentar-se e fazer uso dele como co-proprietários.

Outro aspecto importante é o tempo. Que haja realmente um tempo preestabelecido para a Supervisão e que ele seja respeitado. É imprescindível ser planejado o horário para tal tarefa, para que não se torne uma atividade de somenos significância, relegando-a a um: "Depois nós discutimos", "Mais tarde conversamos", "Qualquer dia a gente senta e discute", "Acho que amanhã dá tempo" etc.; depoimentos constantes dos alunos-estagiários nas aulas de PIP, referindo-se às respostas de seus supervisores à solicitação de se ter Supervisão, por parte do estagiário.

A importância de se determinar um horário se relaciona ao fato de a Supervisão realmente se concretizar e alcançar seus objetivos, pois quando não há horário para a Supervisão, esta se atém à solução de dúvidas imediatistas do aluno-estagiário, ligadas ao emergente da sua prática profissional. É o que denomino de "Supervisão de corredor". Esta forma de apenas dirimir dúvidas do momento, de obter informações imediatas para o atendimento emergente, fica no superficial, não dando espaço a que o supervisor e o supervisionado reflitam, discutam, dialoguem e sistematizem suas práticas profissionais vivenciadas conjuntamente.

Sintetizando, supõe-se que os agentes envolvidos na Supervisão tenham o acesso mínimo ao que precisam em termos materiais (livros, xerox, papel etc.), físicos e pedagógicos, necessários para o adequado desempenho da ação supervisora. A falta desses recursos torna as atividades dos assistentes sociais inoperantes, o que gera frustrações, pelo número de trabalhos não-colocados em prática ou interrompidos (pelas políticas internas e/ou pelas burocracias emperradas) e que acabam interferindo negativamente na prática profissional deles e dos estagiários.

d. A concepção de mundo do supervisor

A maneira de executar os papéis está determinada pela concepção que se tem de homem, de mundo, da profissão, dos profissionais, da educação etc. Nesta medida, dependendo da ótica pela qual se faz a leitura dessas realidades, é que se vai direcionar (sob esta ótica) a ação supervisora. Assim, a Supervisão se processará de uma forma mais aberta, democrática, ou mais fechada e autoritária, dependendo da concepção que o supervisor tenha dos elementos acima, a qual imprimirá determinada direção à ação supervisora. As visões de mundo, tanto do supervisor quanto do supervisionado, devem ser explicitadas e discutidas logo no início do processo, pois, se estas diferem muito entre eles, a relação entre ambos poderá tornar-se difícil, afetando negativamente o processo de ensino-aprendizagem.

Cada um — supervisor e supervisionado — enquanto um "ser singular", tem necessidades, crenças, anseios, aspirações, expectativas etc., que precisam ser satisfeitos e este fato os leva a uma valorização — que é diferenciada no sentido de que alguns valores se sobrepõem a outros, uma vez que eles buscam conciliar suas necessidades às suas possibilidades de alcançá-las e estabelecer prioridades no esforço de transcender às suas situações sócio-históricas. Oportunamente, Goldmann esclarece a respeito, afirmando que o homem, em uma certa situação, mudará esta situação, de tal modo que seja favorável às suas necessidades e, ao nível humano, às suas necessidades e conceitos afetivos.[29]

Nesta perspectiva, vale dizer que a valoração, a intencionalidade e o significado que o supervisor e o supervisionado imprimem é que vão explicitar a direção que pretendem dar ao agir profissional e à ação supervisora, práticas estas que sempre comportam um conteúdo valorativo. Deste modo, na Supervisão, há que se estabelecer critérios de escolha de prioridades a serem seguidas na prática profissional, pela leitura que é feita da realidade, conciliando-se critérios de urgência, de significância, de viabilização e de intencionalidade.

A intencionalidade que o supervisor e o supervisionado conferem à sua vivência prática tem uma dimensão subjetiva (ideologia), determinada pela valoração pessoal humana, e uma dimensão objetiva, determinada pelos valores sociais estabelecidos e pelo contexto sócio-histórico.

Nesta perspectiva, a questão da relação é de suma importância na Supervisão. Gostaria apenas de ressaltar que as visões de mundo do supervisor e supervisionado devem ser contextualizadas

29. Ver GOLDMANN, Lucien. Estructura: realidad humana y concepto metodológico, in *Los Lenguajes Críticos y las Ciencias del Hombre — Controversia Estructuralista*, Barcelona, Barral Editores, 1972, p. 117.

aqui para o processo da Supervisão, prevalecendo, portanto, não a individualidade de cada um ou a visão de mundo de cada um, mas o humano-genérico — o supervisor e o supervisionado como sujeitos coletivos, transindividuados — face a face, em um processo de amadurecimento conjunto e com intencionalidades e objetivos comuns, o que seria a "homogeneização" de que fala Heller.[30] Oportunamente, Goldmann, quando reflete sobre o sujeito coletivo, dá o exemplo de ele e Pierre levantarem uma cadeira e diz que

"(...) trata-se de saber que minha consciência do mundo só pode ser significativa se eu levar em consideração o fato de que, a meu lado, a consciência de Pierre, com a minha, constituem um conjunto que permite um comportamento confinante com o fato de levantar esta cadeira. O sujeito completo da ação e, implicitamente, a estrutura da consciência, só podem ser compreendidos se partimos do fato de que os homens agem conjuntamente e de que há uma divisão de trabalho."[31]

A Supervisão é, portanto, um processo em que tanto supervisor como supervisionado têm tarefas, papéis diferenciados a desenvolverem, mas que se estabelecem consciente e conjuntamente, impelidos por uma visão de homem e de mundo:

"Uma visão de mundo é precisamente esse conjunto de aspirações, de sentimentos e de idéias que reúne os membros de um grupo (mais freqüentemente, de uma classe social) e os opõe aos outros grupos."[32]

e. A seleção e execução de ações consideradas prioritárias no processo da Supervisão

O desenvolvimento da ação supervisora supõe a prática de ações relevantes e necessárias para o adequado desempenho de

30. Veja-se HELLER, Agnes. *O Cotidiano e a História*, 3ª ed., Rio de Janeiro, Paz e Terra, 1989. Veja-se, especificamente: "O meio para essa superação dialética (Aufhebung) parcial ou total da particularidade, para sua decolagem da cotidianidade e sua elevação ao humano-genérico, é a *homogeneização*." Esta significa, "por um lado, que concentramos toda nossa atenção sobre uma *única questão* e 'suspenderemos' qualquer outra atividade durante a execução da anterior tarefa; e por outro lado, que empregamos nossa *inteira individualidade humana* na resolução dessa tarefa. (...) esse processo se pode realizar tão-somente de modo tal que nossa particularidade individual se dissipe na atividade humano-genérica que escolhemos consciente e autonomamente, isto é, enquanto indivíduos" (p. 27).

31. GOLDMANN, Lucien. *A Criação Cultural na Sociedade Moderna*. São Paulo, Difusão Européia do Livro, 1972, p. 88.

32. _____. *Dialética e Cultura*. 2ª ed., Rio de Janeiro, Paz e Terra, 1979, p. 20.

papéis do supervisor junto ao estagiário de Serviço Social, para que sejam objetivadas as intencionalidades propostas e as possibilidades reais de intervenção profissional. Estas ações dizem respeito tanto ao nível pessoal, quanto profissional e pedagógico. Os objetivos eleitos, já *de per si*, delimitam, selecionam, priorizam ações. Explicando melhor, no processo do estágio e da sua Supervisão, efetuam-se constantes rompimentos, "suspensões", com a cotidianidade rotineira do Serviço Social nas instituições, e se passa conscientemente a ater-se a uma tarefa selecionada conjuntamente pelo supervisor e supervisionado. Esta "suspensão" suprime a heterogeneidade entre supervisor e supervisionado, apropriando-se como seres genéricos, como "inteiramente homens",[33] identificando a realidade escolhida no cotidiano como um todo estruturado, contextualizado historicamente. Nesse movimento, o cotidiano é percebido e apreendido conscientemente e com possibilidades de transformação deste cotidiano — da atividade prática profissional, como também do pessoal coletivo dos agentes envolvidos no processo da Supervisão.

Nesta medida, supervisor e supervisionado, como sujeitos coletivos, direcionam suas energias vitais, suas formas de receber sensações, suas capacidades intelectuais, suas aptidões e habilidades, seus sentimentos, suas paixões, suas idéias, suas ideologias etc., como bem disse Heller,[34] e se concentram na reflexão e concreção das atividades selecionadas. Existe uma elevação consciente de ambos ao humano-genérico. Isto evidencia que, no cotidiano da prática do Serviço Social, espera-se, ao nível do estágio supervisionado, transformar este cotidiano em uma prática educacional, vivencial — o que se traduz na necessidade de constantes "suspensões dialéticas", no contexto histórico e de forma totalizante.

---

33. Configura-se como o *Menschen ganz* de Georg Lukács, em a *Ontologia do Ser Social*, São Paulo, Ciências Humanas, 1979. Ver, ainda, sobre estas questões: HELLER, Agnes, 1989, especialmente as pp. 17 a 27; NETTO, José Paulo. *Para a crítica da vida cotidiana* e FALCÃO, Maria do Carmo. O conhecimento da vida cotidiana: base necessária à prática social, in NETTO, José Paulo & FALCÃO, Maria do Carmo. *Cotidiano: Conhecimento e Crítica*, 2ª ed., São Paulo, Cortez, 1989.

34. HELLER, Agnes. Op. cit., p. 17.

Somente este tipo de atividade — do trabalho inovador, criador[35] — que se concretiza pelas constantes suspensões dialéticas no exercício profissional, é que vai conduzir a uma sistematização dessa mesma prática e dar um salto na produção sobre o Serviço Social. Este incessante movimento conduzirá à superação e ultrapassagem da visão anterior e a uma nova visão do Serviço Social e da realidade sócio-histórica. A prática burocrática, tarefeira, basista, rotineira, do senso comum, sem a "suspensão", sem a "homogeneização",[36] não dará conta de eliminar o cancro eclético, pragmático e deformante da teoria-prática do Serviço Social.

Sintetizando, a seleção do concreto-fazer-profissional faz-se importante na Supervisão em Serviço Social, e determina a sua qualidade, não só para o processo de ensino-aprendizagem do aluno-estagiário e do supervisor, como para a categoria profissional e a população, sua usuária.

Falcão aponta três perspectivas para apreender a vida cotidiana e que podem se reportar ao agir profissional cotidiano: uma primeira que é a busca do real e da realidade, em que é

"(...) preciso ter claro que a vida cotidiana compreende o dado sensível e prático, o vivido, a subjetividade fugitiva, as emoções, os afetos, hábitos e comportamentos, e o dado abstrato, isto é, as representações e imagens que fazem parte do real cotidiano, sem, no entanto, perder-se no imaginário."[37]

A segunda perspectiva diz respeito à totalidade que é histórica e na qual se torna possível o "conhecimento dos fatos como conhecimento da realidade"; a terceira perspectiva diz respeito "às possibilidades da vida cotidiana enquanto motora de transformações globais"[38] na sociedade. Isto implica que o concreto-real deve ser analisado em sua totalidade, consagrando-se como fruto

---

35. O "trabalho criador" é uma das formas de suspensão da vida cotidiana, de ultrapassagem do singular ao humano-genérico, apontada por LUKÁCS, 1979. Heller também aponta o trabalho como uma forma, mas há especificações na visão de cada um dos autores; ver HELLER, 1989.

36. Encontram-se estes conceitos mais explicitados e desenvolvidos por HELLER, op. cit., 1989, principalmente nas pp. 20 a 27.

37. FALCÃO, Maria do Carmo. Vida cotidiana: o centro de atenção de hoje. In NETTO, José Paulo & FALCÃO, Maria do Carmo. *Cotidiano: Conhecimento e Crítica*. 2ª ed., São Paulo, Cortez, 1989, p. 20.

38. Id., p. 21.

de reflexão entre supervisor e supervisionado, em um processo conjunto de ensino-aprendizagem e desencadeando em contínuas superações. Portanto, a mera dissolução de dúvidas imediatas, relacionadas à intervenção profissional, e o ensino do manejo da rotina de trabalho do Serviço Social são insuficientes e deixam lacunas relevantes na formação profissional, além de não oferecerem suporte necessário para a sistematização da prática profissional. Neste sentido, é imprescindível o planejamento do conteúdo a ser refletido e trabalhado, levando-se em conta a contextualidade histórica (mais ampla e do Serviço Social), do estágio e do aluno-estagiário e o enlace com o próprio conhecimento.

Desta forma, é preciso atentar para o movimento teórico-prático do Serviço Social e, nesse movimento, priorizar e eleger determinados conceitos, conteúdos expressivos que sejam objetos de análise no processo da Supervisão. Essa prioridade na seleção de substratos é determinada pela própria atividade prática, ante as exigências do real que pode modificar o intencional (o planejado, os objetivos, a própria atividade, os procedimentos metodológicos). Portanto, entre a teoria e a prática se insere um trabalho de educação da consciência, de planificação e ordenação dos conteúdos, das estratégias e dos projetos concretos de ação, enquanto trajetória imprescindível para a garantia e as possibilidades reais e efetivas do agir profissional.

3. Os papéis do supervisor hoje

O desempenho de papéis é fruto da concretização da prática profissional. Nesta medida, o que é constatado, analisado e desvelado sobre o concreto-real da prática da ação supervisora de alunos, em Serviço Social, é dorido e agravante. Salvo algumas exceções de práticas eficientes e dignas, a prática da Supervisão se configura setorizada, com experiências pulverizadas, com tessitura superficial e não-socializada, desvelando uma atuação desarticulada e negativa da prática, na afirmação da sua ausência na execução (embora, no discurso, ou melhor dizendo, em "caráter oficial", essa prática seja afirmada).

Esse mesmo "fazer-de-conta" pode-se verificar na estrutura institucional onde é atribuído ao profissional o "papel de supervisor", tanto pela instituição de ensino, como pela instituição campo de estágio; no entanto, esta legalidade não passa de formal, pois nem sequer as condições mínimas para a execução desse papel lhe são dadas, tais como "tempo" e "espaço", sem falar da formação para a execução dessa especificidade, reciclagem para desenvolvê-la no contexto atual, além da não-remuneração específica para tal desempenho.

O acúmulo de tarefas, das funções atribuídas ao supervisor, enquanto profissional da instituição, faz com que a Supervisão fique relegada a segundo plano ou até inexista — prejuízo que reflete na qualidade da Supervisão e no preparo físico e psíquico do supervisor.

A constatação da falta de atualização e de conhecimento do supervisor pode ser determinada ainda por outras razões. Pode ser oriunda dos próprios Cursos de Serviço Social deficitários e/ou desconexados com a prática profissional e/ou com a realidade social mais ampla; pode advir do próprio profissional, pela não-apreensão devida do conteúdo nos cursos de formação de assistentes sociais e empobrecido pela crítica e pela ausência de reciclagem constante.

Este panorama agravante, dorido mas real, reflete diretamente no processo, podendo se esboçar um painel veraz da Supervisão em Serviço Social nos últimos tempos. É preocupante o pouco destaque que se dá à sua produção teórica. Basta citar que, durante a década de 80, apenas um livro foi editado e cinco artigos[39] versam sobre o assunto, na revista *Serviço Social e Sociedade*, a qual me parece ser o veículo privilegiado de infor-

---

39. O livro é de autoria de VIEIRA, Balbina Ottoni, *Modelos de Supervisão em Serviço Social*, Rio de Janeiro, Agir, 1981. Quanto aos artigos, vejam-se in *Serviço Social & Sociedade*, São Paulo, Cortez, o nº 15, ano V, ago. 1984: BRUGINSKI, Zenilda B., Proposta metodológica para Supervisão em Serviço Social de comunidade, pp. 30 a 43; TOLEDO, Laisa R. Di M. C., Considerações sobre a Supervisão em Serviço Social, pp. 67 a 81; RICO, Elizabeth de M., Considerações sobre a proposta de normatização do exercício da Supervisão e credenciamento de instituições — campos de estágio, pp. 103 a 124. Participei deste artigo, enquanto Comissão de Redação: o nº 24, ano VIII, agosto de 1987: SILVA, Ademir Alves da. *A questão dos estágios e o mercado de trabalho*, pp. 124 a 138; o nº 29, ano X, abril de 1989: OLIVA, M. H. B. *A formação profissional — questões metodológicas e experiências de estágio*, pp. 149 a 160: o nº 31, ano X, set./dez. 1989: MELO, Lindinalva A. de & ROCHA, Roberta M. da. *O programa de empréstimos nas empresas — uma experiência de estágio curricular de alunos da UFPE*, pp. 39 a 55.

mações, de sistematizações e de trocas de experiências, dos diferentes pensamentos da categoria.

No entanto, é necessário entender esta questão teórico-prática da Supervisão na totalidade, ou seja, é preciso situá-la na contextualidade do Serviço Social, buscando respostas para as condições que caracterizam a realidade do Serviço Social hoje (a crise de sua identidade), incluindo a Supervisão. Aliás, a identidade profissional é resultante da articulação da representação dos vários papéis que o assistente social desempenha. Nesta perspectiva, a identidade profissional exterioriza-se na prática profissional.

Feitas essas reflexões, posso, agora, volver-me à questão: Quais são os papéis do supervisor em Serviço Social, hoje? Ou, quais deveriam sê-los? O que desvendaram os discursos das professoras, supervisoras e alunas-estagiárias entrevistadas?

Tentarei reproduzi-los, referenciando-me nas reflexões anteriores, aqui enunciadas, e nas pistas que a realidade concreta da Supervisão hoje indicam (principalmente das autoras aqui contempladas).

Nesta medida, contextualizando os papéis do supervisor hoje, há que se fazer o resgate dos ainda significativos, bem como de outros papéis hoje relevantes, como é o caso do papel "educador" e "avaliador". É preciso, também, reapropriar aqueles sepultados e/ou esquecidos, por conta da radicalidade das ideologias reinantes e da ditadura — como é o caso do papel de "autoridade" — desvelando a nova visão que estes papéis propugnam, e verificando que outros papéis são relevantes. Patente fica que a Supervisão em Serviço Social reclama, hoje, o desempenho de papéis múltiplos e intensamente mutáveis, ante a realidade sócio-histórica brasileira e a exigência da intervenção profissional nessa mesma realidade.

Como prioritários, indico os seguintes papéis, hoje, do supervisor de alunos.

a. Papel de educador

Como educador, o supervisor partilha com o supervisionado a responsabilidade pelo processo de ensino-aprendizagem. Desta forma, o desempenho do papel de educador faz com que o supervisor oriente e acompanhe todo o processo educativo junto com o estagiário desde o seu início. O supervisor, enquanto educador, ao desvelar o sentido que atribui ao que pensa fazer: educar, conscientizar, organizar, participar, sistematizar, pesquisar, comprometer-se e, ainda, perguntar, expor, incentivar, executar, coordenar, explicar, ilustrar, operar — na verdade se defronta com diferentes modalidades de educar que existem imbricadas neste papel e em sua forma prática de operacionalização no ensino, em seu planejamento de ação e de desenvolvimento. Assim, pode existir um supervisor educador democrático, como aquele que assume formas de poder (o que discorro no item d, "Papel de autoridade"). No entanto, essas estratégias devem ser expressas pelo supervisor e supervisionado em uma rede de participações mútuas. Isto implica que o supervisor, enquanto educador, deve conhecer o estagiário e compreendê-lo; deve procurar, a cada momento, os motivos, as dificuldades, as maneiras de sentir, de reagir diante de certas situações para que as interações entre ambos se desenvolvam de modo efetivo, no processo da construção do ensino-aprendizagem partilhado. Neste sentido, o supervisor deve propiciar um clima facilitador de aprendizagem, uma atmosfera de respeito mútuo, de interesse compreensivo, o que o impele a um compromisso de direcionar esta aprendizagem para aspectos prioritários e pertinentes à formação profissional — em termos das ações, condutas, procedimentos, percepções, práticas de vida, experiências profissionais, referências teóricas etc. Isto significa que o supervisor, como educador, deve propiciar oportunidades de aprendizagem e, pela prática da Supervisão, refletir conjuntamente sobre elas, no sentido de ser um treinamento profissional, de retenção de experiências, em que o estagiário vai adquirindo destrezas e habilidades, o manejo e a aplicação de procedimentos adequados às ações determinadas, mutáveis e variadas. Oportunamente, Luckesi e grupo[40] discorrem sobre esta idéia e a reforçam, afirmando que ao educador compete estimular e ordenar inteligentemente o processo de ensino-aprendizagem, de modo que não seja anulada a criatividade do supervisionado. Esta ação educadora deve ser um incentivo à criatividade, à crítica,

---

40. LUCKESI, Cipriano et alii. *Fazer Universidade: uma Proposta Metodológica.* 2ª ed., São Paulo, Cortez. 1985, p. 43.

ao debate, ao estudo, à ação e à reflexão do aluno-estagiário, marcando a co-responsabilidade dele e do supervisor, na condução do próprio processo.

Considero o papel de "educador" como sendo o primordial e o mais significativo do supervisor, no desempenho de sua ação supervisora. Os outros papéis deste decorrem e lhe são auxiliares e/ou complementares. Como educador supõe-se que ele deva ser possuidor de conhecimentos e de ações que lhe possibilitem ser competente, mas que também tenha condições adequadas de trabalho.

Estevão ressalta o papel de educador do supervisor, conferindo-lhe uma percepção peculiar. Observe-se:

"(...) eu fico pensando que o supervisor tem um papel meio de 'mãe', que vai contra todas as coisas... O supervisor tem um papel de educador, no sentido de Paulo Freire — educador e aprendiz — educador-educando, um papel de transferir, de pensar; não de ser um modelo, mas de ser meio que exemplo, não de estar passando uma visão profissional, mas de estar criando alguma condição para que o estagiário, o estudante, possa se formar. Eu falo 'mãe' no bom sentido; não no sentido de proteger, sufocar, mas de educação. Educação de mostrar vários caminhos: você pode escolher um!"

A docente se refere ao papel de supervisor educador relacionando-o diretamente com o papel de mãe; porém, explicita qual é o modelo de mãe na sua representação. A mãe não é um modelo a ser copiado. Diz que é como que um exemplo de profissional. Ainda aqui é preciso esclarecer que não se vê como o exemplo ideal, perfeito. É um exemplo que suscita no supervisionado idéias, desejos, modelos de um assistente social. O próprio estagiário estará se autogestando nesse relacionamento e, ao mesmo tempo, trazendo para o supervisor novos conteúdos, novas abordagens, novas conceituações teórico-práticas, que estarão também influindo na imagem do supervisor e contribuindo para seu crescimento. Quando o supervisor está aberto para essa troca, a Supervisão se torna para ele uma nova fonte rica de informações e suscitadora de progressos em sua vida. O contato faz fluir uma energia e vida nova.

Marques destaca, também, o papel de educador, comparando-o com o que desempenha enquanto mãe; porém enfoca o compartilhar e a co-responsabilidade de se trabalhar em conjunto no processo de ensino-aprendizagem:

> "Por exemplo: você vai estar de alguma maneira fazendo uma ponte para questões relacionadas. Então é um trabalhar em conjunto; é uma realidade toda inserida uma na outra; é um jeito global de ver as coisas, fazendo uma síntese com a minha vivência pessoal, do novo. É um processo que eu tenho vivido ultimamente de aprendizagem das minhas crianças, da vida. A aprendizagem do bem e do mal, a dificuldade delas de assumir quando fazem alguma bobagem, até de se perdoar quando fazem alguma bobagem; como é que você vai corrigir um comportamento, se você não aceita sua falha e não tenta corrigir, o que é um pouco a visão dialética, que é um pouco isso no cotidiano da gente?"[41]

A imagem que Marques traz para o modelo de supervisor educador é a da ponte. O supervisor vai mostrando ao estagiário a ponte, a ligação entre as questões relacionadas entre si. Procura, assim, superar, com este, as fragmentações e dicotomizações e aceitar as limitações como aspectos de uma realidade única. No momento em que se admite a própria fragilidade, pode-se, então, partir para uma atuação mais adequada e direcionada aos objetivos do Serviço Social, e mais condizente com a teoria. Entretanto, a capacidade de se criticar, e ao próprio trabalho, exige um clima de confiança mútua que permita à díade supervisor-supervisionado estar examinando a prática, à luz da teoria.

Marques, ao comparar-se como modelo de supervisor desempenhando o seu papel de educador, já manifestado, conclui:

> "Eu defino o papel do supervisor como aquele que oferece um modelo de matrização do papel. O aluno participa com o supervisor em tudo o que é fundamental para o desenvolvimento do papel profissional. Diante de uma realidade, ele questiona o que é importante ser conhecido sobre ela, que instrumentos vai usar para conhecê-la,

---

41. Este depoimento já se faz presente em meu estudo; aliás, vários outros depoimentos, tanto das docentes, quanto das supervisoras e alunas-estagiárias. O que ocorre é que o significado que a fala desvela contém variadas conotações. O instrumento escolhido — "análise de conteúdo" — justamente se apropria para este tipo de documentos, como diz Badin: "Pode ser útil fazer várias análises do mesmo texto, cada uma baseada em um elemento diferente — será muitas vezes interessante avaliar a inter-relação dos resultados obtidos em cada análise". (BADIN, L. *Análise de Conteúdo*. Lisboa, Edição 70, 1977, p. 148).

desde o conhecimento do jornal até uma pesquisa sistematizada da população, da instituição."

Eu diria, resumindo: representando as mais variadas tipologias de papéis de educador, não se pode esquecer que, para o desempenho deste papel, é, portanto, imprescindível que o supervisor ensine fazendo e pense no que faz; é imprescindível que ele esteja bem informado da realidade, como um todo articulado, e de sua função supervisora — estudando, reciclando-se, pesquisando, refletindo sobre sua prática profissional, incluindo a de Supervisão. Em suma, é indispensável que ele, como educador, seja, por sua vez, educado.[42] Portanto, cabe ao supervisor ser um motivador, um facilitador do processo de ensino-aprendizagem. Ele e o supervisionado comprometer-se-ão com a reflexão, criando-a, provocando-a, permitindo-a e lutando continuamente para conquistar espaços outros que assegurem essa reflexão e uma nova visão e vivência da Supervisão e do Serviço Social.

b. Papel de transmissor de conhecimentos-experiências e de informações

O supervisor assume, aqui, o papel de "transmissor do saber teórico-prático". Toledo ressalta a importância desse papel, quando afirma que:

"A Supervisão fica cada vez mais necessária, principalmente agora, para ajudar esse aluno a pensar, a esclarecer dúvidas etc. Neste sentido, ela tem uma dimensão formativa e também informativa, porque os alunos hoje estão carecendo de muitas informações."

O desempenho desse papel deve ser contextualizado e analisado, ou seja, parte-se do pressuposto de que o conhecimento e as informações não são completas e acabadas — daí poderem e necessitarem ser discutidas em seu teor teórico-prático, em suas limitações e em seus avanços, até como patamar de novas descobertas. É um saber relativizado e que supõe um novo saber. Embora se espere que o supervisor esteja munido de competência

---

42. MARX, Karl H. & ENGELS F. Teses sobre Feuerbach. In *Obras Escolhidas*. São Paulo, Alfa-Omega, v. 3, s/d., p. 208.

ao nível do saber teórico-prático, exercerá sua função de transmissor desse saber como alguém que sabe. Mas o supervisionado também tem um cabedal de conhecimento e os dois como sujeitos coletivos, querem saber muito mais. Isto significa que o desenvolvimento deste papel leva o supervisor e o supervisionado a refletirem e a aprenderem conjuntamente. É o que se depreende da fala de Marques:

"Esse é meu ponto de vista — que a gente discrimine melhor o processo, diga um pouco o que pensa a respeito das coisas, se coloque claramente e permita que essa relação se estabeleça com liberdade, sem perder de vista o que achamos importante teoricamente e transmitir isso. A transmissão da informação ainda é um papel importante e, no que diz respeito à Supervisão, ela tem que ser dada de um modo peculiar, ela não pode assumir o todo do processo, ela tem um volume específico."

Para Marques, o ensino da teoria ao supervisionado faz parte da tarefa do supervisor. Salienta, também, que a mundivisão do supervisor é algo importante que deve ser expresso. Entretanto, ressalta que o volume desse conteúdo a ser transmitido é específico e restrito. Aqui ela deixa entrever que é papel da faculdade instrumentar o aluno com referencial teórico-prático.

Desta forma o profissional assistente social, pela peculiaridade de sua intervenção, detém ou precisa deter uma gama intensa de informações, para imprimir direções adequadas de encaminhamentos e atendimentos realizados. Assim, o domínio de recursos de várias esferas, tanto da instituição campo de estágio, quanto da comunidade, da realidade regional, municipal, estadual, federal, faz-se necessário. A retenção de tais informações deve ser socializada e trocada com o supervisionado.

Além do mais, é indispensável a busca constante de aquisição de novas informações, à medida que a realidade e o contexto sócio-histórico a requerem, não olvidando a informática.

c. Papel de facilitador

Este é um papel complementar do papel de educador. O supervisor deve ser aquele que facilita a aprendizagem para o estagiário, ou seja, aquele que encoraja a focalização no processo, no vivenciar a maneira pela qual a aprendizagem ocorre.

O esforço do supervisor é dirigido no sentido da aprendizagem do supervisionado, e não no sentido de reforçar o seu desempenho inadequado. Privilegia-se, aqui, a cooperação, a confiança, a compreensão, o respeito à autonomia do aluno, como valores.

As idéias que Marques aqui coloca desvelam a sua visão nesta perspectiva, ressaltando-se a sua vivência como supervisora e como elemento facilitador da aprendizagem, sendo o aluno sujeito desse processo:

> "(...) recurso sócio-psicodramático como uma das estratégias, e a considero a mais adequada, porque ela permite a integração da expressão de toda vivência do indivíduo: vai-se procurando fazer com que o aluno integre todo o nível de abstração que ele conseguiu e apreendeu do conteúdo teórico; ele vai dar um tratamento peculiar a isto, segundo as idéias dele, enquanto sujeito que está vivendo aquilo. Desta forma, o mesmo conteúdo teórico dado para todos vai ser vivido experiencialmente por cada um de uma maneira peculiar: o contacto, o como está se dando essa vivência, a leitura de como isso está se dando e o seu esclarecimento. São papéis da Supervisão: ajudar o aluno a clarear, 'a tirar o véu', a ver melhor o que ele está vivendo; fazer uma leitura ampliada do cotidiano dele e do todo de sua prática. Isso é o grande forte da Supervisão!"

Segundo esta docente, a integração do conteúdo aprendido e apreendido pode ser favorecida pelo emprego do recurso sócio-psicodramático que permite ao supervisionado vivenciar de maneira subjetiva os conteúdos teórico-práticos. Enfatiza as dialéticas entre teoria e prática, subjetividade e objetividade, profissão e cotidiano, através das quais o desenvolvimento e o amadurecimento do supervisionado se processam.

Nesta medida, como agente facilitador, o supervisor vai auxiliando o aluno, ou melhor, vai agindo e utilizando estratégias que tornem o processo de ensino-aprendizagem motivador e suave, como diz Morais:

> "O supervisor é aquele que está junto do estagiário para estar facilitando que muito disso aconteça"

(refere-se ao treino gradativo prático-profissional, à reflexão para que se "tenha uma prática consciente"). Esta postura permite aceitar os diferentes níveis de performance do estagiário, de acordo com suas potencialidades. O aprendiz-estagiário é o centro deste processo de aprendizagem e seu estágio tende a levá-lo a uma ruptura, frente à política supervisora tradicional. É o que Ventura parece manifestar quando afirma que:

"Muitas vezes a gente critica muitas coisas; sai daqui (da faculdade) criticando tudo, mas não se ajuda a construir uma coisa nova! Acho que essa é uma grande tarefa! Não digo nova, uma coisa inédita, fantástica, criativa, que nunca aconteceu! Mas digo, uma postura nova dentro daquilo que já tem! É lógico, a gente não tem que ficar sentado, pensando na construção de uma novidade! As questões já são dadas e dentro disto é que a gente pode ser criativa!"

À medida que se direciona para essa ruptura, há condições favoráveis para se chegar a uma nova síntese e se criar algo novo, em conjunto. Contudo, é relevante marcar a importância do reconhecimento da finitude do humano e sua aceitação, tanto do supervisor, quanto do supervisionado. Assim, ambos estarão facilitando o processo de desenvolvimento mútuos.

d. Papel de autoridade

Este é um papel que precisa ser resgatado na Supervisão em Serviço Social e no próprio Serviço Social. O longo período da ditadura, cunhado pelo autoritarismo da época, fez com que seus reflexos se alastrassem na ação profissional. No entanto, alguns profissionais assistentes sociais, que atuam na prática, como educadores e/ou como supervisores — com posições mais abertas — embora em alguns casos sofressem essa influência, logo passaram a questioná-la, considerando-a negativista, reacionária, autoritária e ditatorial, como claramente diz o depoimento de Toledo (já citado, mas muito expressivo em relação ao papel de autoridade):

"Nós enfatizamos durante muitos anos a relação do supervisor e do supervisionado como uma relação de igualdade. É claro que havia, aí, toda uma proposta, ou uma resposta crítica da relação 'bancária', depositária do saber. O professor ou o supervisor sabe mais do que o aluno. Na questão da *Supervisão*, se dava aquela imagem do sujeito mais alto que estava numa posição maior, que joga as coisas para o aluno e ele tem que absorver tudo... No fundo, era crítica ao próprio sistema de autoritarismo que ele estava vivendo.

Então a gente tinha um medo de cair no autoritarismo ou de ser autoridade! A gente confundiu muito tempo autoridade com autoritarismo!"

Tentando desfazer a conotação autoritária do papel de autoridade do supervisor e imprimindo-lhe uma nova configuração, parti analisando a fala de Toledo e o sentido da palavra autoridade na conjuntura atual. Optei pela idéia de autoridade advinda de "autor", na medida em que considero o supervisor como o autor que se apropria do papel de autoridade, que lhe é legitimado pela sua competência, competência esta que compreende o domínio teórico-metodológico-operativo do Serviço Social, o âmbito do conhecimento da realidade institucional onde atua, da experiência prática refletida e do contexto mais global. Explicitando melhor, o exercício do papel de autoridade é validado pelo saber do profissional, o que implica, é evidente, as qualidades especializadas descritas anteriormente, exigindo-lhe um conhecimento maior do que o de um assistente social não-supervisor, um conhecimento dos valores do Serviço Social e da Supervisão, bem como de requisitos considerados adequados ao seu exercício. Nesta direção, Toledo também se posiciona:

"(...) o supervisor sabe mais do que o aluno... Sem dúvida, o supervisor pode ter condições de orientar melhor o caminho, ou seja, a direção do caminho é dele porque ele tem a experiência acumulada, ele tem um conhecimento acumulado que facilita isto e, até, uma posição na instituição — seja na instituição-escola ou trabalho — não se pode negar isto! Então, ele pode dar uma direção, um caminho, que também pode ser questionado. Mas cabe a ele dar uma direção, ter uma iniciativa, sem dúvida nenhuma."

Portanto, o papel de autoridade está relacionado à posição que o profissional ocupa enquanto supervisor, o que lhe imprime a legitimidade nesse papel. Ao papel de autoridade estão ligadas as diversas e diferentes atividades inerentes ao exercício da sua ação supervisora, enquanto a competência do saber-fazer operativo o credencia como profissional que tem condições de efetivamente desenvolver este papel. Neste sentido, o exercício deste papel dá-se em um processo contínuo de acumular conhecimento, junto com o saber competente, o que lhe confere seu poder correspondente, poder que é partilhado junto com o aluno-estagiário, atendendo às suas necessidades demandatárias. Portanto, é um poder-autoridade democrático, participativo e responsável, caracteres estes (de ambos) que significam criar, com o poder da presença, o direito à participação, ao diálogo, à opinião etc.

Concebendo e exercendo, assim, o seu papel de autoridade, o supervisor pode minimizar o "poder institucional" (que lhe é auferido como representante da hierarquia organizacional e institucional) a que Toledo se refere, pois o modo peculiar de exercê-lo é atenuado pela relação partilhada e democrática, processada entre supervisor e supervisionado.

Gostaria, ainda, de pontuar alguns aspectos já ressaltados e analisados no decorrer deste trabalho. A marca do contexto ditatorial fez com que supervisores assumissem posições diversas: houve supervisores que encarnaram o papel de autoridade autoritária, sendo os mandadores, os controladores, os fiscalizadores, os doutrinadores do supervisionado. Em contrapartida, outros supervisores com os quais compactuo, ávidos pela democracia, pela abertura, partiram para a superação desta visão fechada de poder. Cabe-me alertar, aqui, que o exercício do papel de autoridade democrática não significa que o profissional deixe o supervisionado "sem rumo" no desenvolvimento de seu estágio, alegando o supervisor adotar a "linha não-diretiva" — desculpa essa que por vezes ocorre, mas que na verdade significa omissão no seu papel de autoridade. Inúmeros depoimentos revelam esta omissão, especialmente os das estagiárias.

Concluindo, o fato de este papel imprimir determinadas tarefas — como: coordenar ações, designar atividades, dar sugestões, direcionar a entrevista ou a reunião de Supervisão, rever programas e planos, avaliar atividades e desempenhos, orientar situações etc. — faz com que este não se atenha apenas ao caráter legal instituído, o qual delega ao supervisor a responsabilidade da condução do processo de ensino-aprendizagem. A realização do conjunto dessas atribuições só é possível na medida em que este é estabelecido entre supervisor e supervisionado; é constituído pelo acervo desta especialidade em Serviço Social; desenvolve esse processo sob uma autoridade democrática em que os pressupostos supõem a participação responsável (afastando posições dogmáticas e fechadas e diminuindo a desigualdade existente entre supervisor e supervisionado); a maturidade, a eficácia, a competência profissional; a efetivação de um pacto de trabalho entre supervisor e estagiário que se concretizará na elaboração e execução conjunta de um plano de estágio, onde a co-responsabilidade, o respeito mútuo são valores prioritários. Parece-me que esta visão, e sua conseqüente vivência, corresponderá ao máximo de suas consciências coletivas possíveis.

Nesta perspectiva, o supervisor deve exercer este papel enquanto agente coordenador democrático do processo de ensino-aprendizagem, cabendo-lhe direcionar, imprimir direção à Supervisão e à ação, na busca de determinados objetivos pre-fixados conjuntamente entre supervisor e supervisionado.

Este papel, portanto, está intimamente relacionado à situação pedagógica da aprendizagem, havendo certas normas, certas ordens, certa disciplina, associadas a uma determinada organização no estágio (de horário, de ações planejadas, de Supervisão sistemática, de documentação etc.), que deve ser discutida e planejada conjuntamente. Relaciona-se, ainda, este papel ao desenvolvimento do próprio estágio, devendo haver diretrizes atinentes a outros aspectos pedagógicos da Supervisão, a aspectos materiais e físicos da transmissão do conhecimento, da reflexão sobre a prática vivenciada, da avaliação do processo, além de um determinado auto-domínio do supervisor e estagiário, somando-se a um esforço comum de ambos para atingir os objetivos propostos. Presume-se o alcance destes somente na medida em que exista sistematização de suas práticas profissionais concretizadas, sistematização esta que depende de uma autoridade, no sentido de uma visão ampla e global dos vários aspectos da Supervisão e do Serviço Social e da contextualidade sócio-histórica. Esta autoridade assumida democraticamente faz com que o aluno seja considerado como sujeito histórico que partilha na execução desse papel, o que os depoimentos de Marques (já citados e que desvendam a luta para extinguir os resquícios da era do autoritarismo em sua vida pessoal e profissional) e de Toledo deixam entrever. Destaco, novamente, o adequado depoimento de Toledo:

> "(...) o aluno, ele tem uma autoridade, que lhe confere o seu papel, que lhe confere o seu saber e que lhe confere o seu potencial. Então a relação se dá nisto — é uma relação de autoridades, com debates a partir de alguma coisa, de uma referência, do saber do supervisor e do aluno."

e Papel de avaliador

Este é um papel que acompanha o supervisor desde os primórdios da execução da ação supervisora em Serviço Social. A ótica e a intencionalidade deste papel, no contexto histórico, já foi desvelada acima. No entanto, qual deve ser, hoje, o foco deste papel?

O papel de avaliador é fundamental no processo de ensino-aprendizagem. O seu desempenho na Supervisão deve se dar em um processo contínuo, enquanto um procedimento pelo qual o supervisor e o supervisionado confrontam os objetivos do estágio com todas as experiências e atividades desenvolvidas por ambos, no contexto histórico da ação profissional, para verificar se os objetivos estão sendo realizados através das atividades, e se, no decorrer destas, emergiram novas necessidades que exigem alterações dos objetivos iniciais. Em outras palavras, a execução do papel de avaliador desencadeia no supervisor e no supervisionado um processo privilegiado de criticidade, de criatividade coletiva, por meio do qual não apenas se determina se os objetivos propostos foram ou não alcançados, mas se exerce um esforço de superação dialética dos pontos de estrangulamento da ação.

É executando tal papel que emergem com maior clareza as contradições e os problemas vividos na prática. Isto permite, entre supervisor e supervisionado, desenvolver-se o espírito crítico, a auto-análise objetiva, a revisão dos progressos e retrocessos profissionais teórico-práticos realizados, os procedimentos de trabalho, as mudanças etc. Ficam evidentes o compromisso e o descompromisso, os equívocos e as ambigüidades da prática desempenhada por ambos. Portanto, o desempenho do papel de avaliador conduz supervisor e supervisionado a ter uma visão real de si e da prática profissional vivenciada, checando-se constantemente e indagando-se "onde estão" no processo de formação profissional. Isto significa propiciar condições para "um olhar para trás" que permita um "olhar para a frente". Nesta medida, a execução desse papel de avaliador torna-se a "consciência do processo da Supervisão", impelindo a um *feedback* constante. Vale lembrar ainda dois pontos. A atividade prática deve ser avaliada pelos seus atos práticos e não pelos seus discursos, programas ou projetos, mas sim, mais exatamente, pelos resultados experienciados. Outro ponto é que o supervisionado é o principal agente do processo de ensino-aprendizagem, sendo, portanto, ele o principal avaliador da extensão e da significância de sua aprendizagem.

CAPÍTULO IV

Um resgate conclusivo sobre a Supervisão em Serviço Social na formação do assistente social e a indicação de algumas possibilidades

O estudo aqui realizado engendra uma visão da realidade da Supervisão, imbricada no contexto do Serviço Social enquanto totalidade e no contexto sócio-histórico mais amplo que a engloba. Nesta perspectiva, substratos analisados extrapolam a Supervisão em Serviço Social, balizando e delatando outros conteúdos conclusivos mas relevantes e atinentes ao Serviço Social.

Há, atualmente, na sociedade, diferentes desafios, que demandam diversas e múltiplas atividades profissionais de assistentes sociais e, conseqüentemente, dos supervisores. Suas respostas têm em vista não só atender às prioridades da população e das demandas institucionais, mas, também, desenvolver a competência profissional ante as exigências de uma tecnologia moderna, que faz com que se tenha que rever e implantar, na Supervisão em Serviço Social, novos papéis ao lado dos já existentes, óbvio é que os que permanecem devem ser revistos sob a luz do contexto sócio-econômico-cultural atual da educação, da profissão, ou seja, do concreto-real e da proeminência da hodiernidade.

O questionamento desta temática perpassa pela polêmica instaurada no Serviço Social, relacionando-a à compreensão dos profissionais sobre a relação teoria-prática. Essa relação entre o *pensar* o Serviço Social e o *fazer* o Serviço está hoje esvaecida e desconectada. Com isto, há um corte, não apenas entre a teoria e a prática, mas, também, entre os teóricos e os práticos assistentes sociais; há uma distância entre o ideal preconizado pelo Serviço Social e o que realmente é praticado. É comum ouvir-se na categoria: "Vocês, os teóricos... e nós, os práticos...", o que corrobora com a extensão da questão.

Estes dados, além de outros, interpolam-se nos pronunciamentos das entrevistadas, onde, através do perfil de supervisor ou das tipologias de supervisores que delineiam, pode-se detectar a necessidade de ordenar e aprofundar os seus substratos, desenvolvendo idéias conclusivas a respeito. Nesta perspectiva, existem assistentes sociais que se dedicam exclusivamente à ação prática, e, pelas próprias condições precárias de trabalho, muitas vezes aliadas à pouca motivação, dedicam-se pouco ou quase nada à reflexão de seu vivenciar profissional cotidiano. Quando esta reflexão se faz, há uma autocrítica, no sentido da necessidade urgente e prioritária da sistematização de suas práticas profisionais, mas existe um "medo" de expor as idéias ao público da categoria profissional mais ampla. Esse medo de se colocar, de se posicionar profissionalmente é desencadeado e determinado pela patrulha ideológica instalada, tanto no âmbito interno, quanto no externo do Serviço Social e das instituições onde os assistentes sociais atuam. Desvela-se uma patrulha interna e externa e cria-se uma posição contraditória. De um lado, internamente, por força da reformulação do currículo no Curso de Serviço Social, exigiu-se e se iniciaram as discussões sobre o conteúdo curricular. Porém, a não-liberdade de se expor verbalmente desencadeava debates tímidos, camuflados, onde as concepções eram veladas por uma parte da categoria. Esta configuração atinge, também, a sala de aula, que, por um tempo, tinha permanecido como espaço de liberdade dos docentes, como afirma Toledo. Estes fatos reais, sentidos por parte da categoria, são reflexos dos anos pós-reconceituação até meados de 1985, quando segmentos minoritários tomaram posições mais radicais (esquerdistas de diferentes vertentes marxistas), em órgãos da categoria e eventos significativos da profissão, como em congressos nacionais e estaduais, seminários, cursos etc., parecendo estar o Serviço Social direcionado e solidificado teoricamente apenas nesta posição. Tal postura, embora tenha levado a avanços,[1] contribuiu para que segmentos da categoria velassem sua posição ante a radicalidade, não se abrindo ao debate, ao confronto. Apropriadamente, José Paulo Netto afirma que a

"(...) efetiva diferenciação não está explicitada. Nesta eventualidade, a polêmica pode esvaziar-se, dado que distintos protagonistas, representantes de outras tendências, não se fazem ouvir — e a perda é coletiva..."[2]

Eu diria perda coletiva não só pelo não-confronto e debate, por conta do radicalismo que suponho impremeditado (já por mim afirmado), mas pela rejeição que o Serviço Social sofreu antes do marco reconceituado.

Além disso, o fato de o Serviço Social brasileiro direcionar sua formação, tendo como fundamento referências marxistas desviantes e desfiguradas, levou o profissional assistente social a perder-se na direção de sua prática e a alimentar uma crítica infundada e imobilista, desaproveitando as oportunidades de trabalhos que a realidade nos apresentava. Assim, parafraseando Schaff, eu diria que a falta das respectivas investigações na literatura marxista fez, no decorrer das décadas, com que se fixasse, na cabeça de assistentes sociais, um determinado estereótipo do marxismo,[3] que não dava conta de responder e imprimir direção para a prática profissional. Toledo percebe claramente estes aspectos, reforçando as defasagens, desvios, suas conseqüências e as perdas de oportunidades profissionais.

Outro aspecto pertinente, analisado e retratado no presente estudo, é de que a idéia da existência de uma homogeneidade na categoria é utópica e inconsistente. Para que o debate profissional ocorra de uma forma competente, madura, é imprescindível que sejam explicitados dois momentos indissociáveis: um conhecimento profundo e originário do saber que se persegue; um respeito ao pluralismo, não desmerecendo conhecimentos outros de colegas

---

1. Avanços concebidos por nós, pois "balançaram a estrutura" do Serviço Social, e, de uma certa forma, a "hegemonia camuflada" nos Cursos de Formação de profissionais assistentes sociais, conduzindo e provocando reflexões e revisões no seio destes e da profissão.

2. NETTO, José Paulo. O Serviço Social e a tradição marxista. *Serviço Social & Sociedade*. São Paulo, Cortez, ano X, n° 30, maio/ago. 1989, p. 100.

3. SCHAFF, Adam. *O Marxismo e o Indivíduo*. Rio de Janeiro, Civilização Brasileira, 1967, p. 57.

a cujas idéias não aderimos, tendo uma postura crítica, aberta, fundamentada desses conhecimentos. Não dá para criticar algo de que não se tenha conhecimento adequado e suficiente — erro que se propagou no Serviço Social, principalmente nos últimos vinte e cinco anos e que há uns seis anos se procura corrigir.

Relacionado a estes vetores, as falsas direções no agir, a insegurança, a falta de parâmetros, a marca da censura, a omissão na formação profissional, por vezes conduzem o profissional a agir fortuitamente, o que leva Toledo a afirmar com muita propriedade:

> "Também não podemos transformar a profissão num casuísmo — de cada um atuar com sua própria resposta sobre o conteúdo da profissão..."

Dessa forma, a defasagem teórico-prática do profissional, originada,. talvez, por sérios problemas de formação e/ou de acomodação do profissional, cria sérios problemas para a legitimação atual da profissão na sociedade, que, aliada à falta de reflexão e embasamento crítico, têm-se constituído em um desconhecimento e empobrecimento profissional cada vez mais acentuados.

Em conseqüência, há a desvalorização do papel dos assistentes sociais na execução das políticas sociais e da assistência social. Por vezes, o assistente social é mero executor daquelas, perdendo sua significância social, científica, técnica e política, para não dizer da configuração de profissionais assistentes sociais que reduzem a sua prática a atividades tarefeiras, basistas, que se concentram ao nível imediatista, do emergencial, do "bom senso", do "olhômetro" e do "achômetro". Oportunamente Lúcia Castilho diz:

> "Aqui entre nós, há uma prática que parece que não se sustenta em nada! As raízes e os pressupostos estão dispersos, não explicitados..."[4]

Assim, neste contexto tão complexo e tão contraditório, manifestou-se o profissional ativista. Este é obrigado, ou ele se obriga, a trabalhar muito com um salário cada vez mais achatado, ficando esmagado pelo seu cotidiano tarefeiro e burocrático, e

---

4. Ver depoimento de Lúcia Castilho no artigo: Portugal/Brasil em Serviço Social: ontem, hoje e certamente amanhã, de autoria de FERNANDES. Manuela L.. in *Serviço Social & Sociedade*, São Paulo. Cortez, ano X. nº 30. maio/ago. 1989. p. 145.

não conseguindo, ou não se dando chance de perceber, a relação entre teoria-prática do Serviço Social e a sociedade. Nesta medida, instala-se o ativismo desenfreado que faz com que o assistente social não tenha tempo e condições adequadas para refletir sobre sua ação, ou, então, parte para um discurso vazio e inócuo que não leva a nada. É impressionante o tempo que se perde no Serviço Social, por exemplo, com reuniões longas e inúteis, onde muitas vezes não se discute o cerne da questão, mas apenas o acidental alienado e alienante.

As queixas veementes das alunas quando relatam seus estágios e a Supervisão, e o conteúdo analisado das docentes e supervisoras esboçam, também, um perfil de um profissional desanimado, acomodado, tímido e a reprodução de uma prática medíocre, reducionista, conformista, rotineira e débil. Este retrato de profissional revela um descrédito, um descaso pela profissão, o que reflete a crise de identidade profissional. Refletindo sobre estas sérias constatações, minha análise me diz que o Serviço Social tem a 'cara' dos profissionais que o estão fazendo! Justifica-se, aqui, o desabafo aflito de Estevão:

> "Eu não sei explicar! É como se o Serviço Social fosse alguma coisa meio sem alma! A profissão não tem alma; ela tem coisas mecânicas, chatas — para sobreviver e não para viver! É triste!"

Infelizmente, a marca da degeneração da prática profissional aqui se expressa. Algumas análises sobre a temática já foram publicadas.[5] Por outro lado, existem outras produções que vêm sendo realizadas, destacando-se diferenciados e pertinentes aspectos da prática profissional dos últimos anos, como se pode verificar em artigos da Revista *Serviço Social & Sociedade*, em teses de mestrado e de doutorado, especialmente da década de 80. Porém, como analisa Suely Gomes Costa,[6] estas produções diluem-se e distanciam-se do *locus* teórico relativo à atividade do assistente social, além de a sistematização da prática profissional ser acentuadamente débil. Há

---

5. Ver, especialmente: SILVA, Ademir Alves da et alii, Relatório final da pesquisa: análise da prática profissional nas instituições campos de estágio — PUC/SP, *Cadernos PUC/SP*, São Paulo, EDUC-Cortez, n° 10, novembro de 1980.
6. COSTA, Suely G. Formação profissional e currículo de Serviço Social: referências para debate. *Serviço Social & Sociedade*. São Paulo, Cortez, ano X, n° 32, maio/ago. 1990, p. 21.

"profundas indecisões quanto ao fazer profissional, quando sabe-se que qualquer curso profissional tem sua existência histórica demarcada na capacidade de responder a necessidades humanas, através de um conjunto de conhecimentos sempre atualizado, com vistas a produzir bens e serviços de utilidade identificável, pelo que adquire credibilidade social. As profissões são redefinidas nas transformações que as atividades humanas e as formas de organização social experimentam historicamente; superam, assim, seus arcaísmos, se modernizam ou se extinguem."[7]

Myrian Veras Baptista também percebe um

"Serviço Social brasileiro hoje, que, de certa forma, vem se distanciando (...) e, mesmo, desqualificando a sua prática".[8]

Além disso, essas

"reiteradas crises de identidade que o Serviço Social tem experimentado vêm freqüentemente conectadas a uma percepção deformada da sua natureza e estatutos profissionais".[9]

Neste sentido, *o resgate da ação supervisora em Serviço Social, na medida em que incide sobre a sua prática, só se efetivará à medida que se resgate o Serviço Social como profissão, em sua totalidade,* abarcando, especialmente, a busca sólida e coerente de uma teoria que referende a sua prática e, por sua vez, uma prática competente e que se legitime junto à população e à sociedade mais ampla e que remeta seus conhecimentos à teoria. Com isto quero reforçar que o problema não é, antes, o da ausência ou definhamento de produções significativas de Supervisão em Serviço Social hoje, nem a falta de precisão sobre os papéis do supervisor, ante a demanda da prática social hodierna. A questão é mais ampla e profunda, pois se situa e está determinada pelo perfil apresentado pela profissão.

---

7. COSTA, Suely G. Formação profissional e currículo de Serviço Social: referências para debate. *Serviço Social & Sociedade*, São Paulo, Cortez, ano X, n° 32, maio/ago. 1990, p. 21.

8. Ver depoimento de Myrian Veras Baptista no artigo: Portugal/Brasil em Serviço Social: ontem, hoje e certamente amanhã, de autoria de FERNANDES, Manuela L., in *Serviço Social & Sociedade*, São Paulo, Cortez, ano X, n° 30, maio/agosto de 1989, p. 156.

9. NETTO, José Paulo. O Serviço Social e a tradição marxista. *Serviço Social & Sociedade*. São Paulo, Cortez, ano X, n° 30, maio/agosto de 1989, p. 99.

A clarividência da desvalorização do papel profissional se evidencia, conseqüentemente, na transparência da desvalorização do papel de supervisor. A Supervisão em Serviço Social é um reflexo deste contexto histórico. Nesta medida, as lacunas, as imprecisões teóricas, a precariedade e as deformações das práticas sociais, as atividades não-explícitas ou desviantes no cotidiano da ação profissional, ou, até, o esvaziamento do conteúdo dessa prática, são alguns exemplos que delineiam o retrato real do Serviço Social — uma imagem de crise e desfiguração de identidade profissional.

E o que isto manifesta? O que é hoje esta profissão que se denomina de Serviço Social? Uma aluna da disciplina de PIP, parcialmente, dá a resposta:

"Ninguém explica muito o que é Serviço Social! É uma miscelânea de profissões!"

Não é sem razão que permeia entre nós, profissionais, um certo mal-estar, uma situação de insegurança e desconforto. A própria categoria vê perdido o seu reconhecimento. Fica translúcido que a falta de reflexões ou análises superficiais sobre o Serviço Social conduzem a tal visão de não-transparência do que é o Serviço Social, de algo confuso, enigmático e polivalente. Urge repensar, desnudar o Serviço Social, situando-o no hoje, através de sua gênese e do contexto sócio-econômico. Há um embrião de análises genéticas nesta direção, realizadas, principalmente, nos meios acadêmicos de programas de pós-graduação em Serviço Social.

Ao meu ver, no momento em que estamos negando nossa identidade profissional, estamos negando a existência da própria profissão. A alienação está aqui presente. As análises dos depoimentos explicitaram-na. Existe uma alienação face à natureza e ao produto do trabalho profissional (o que Marx denomina de fetichismo da mercadoria), ou seja, existe uma auto-alienação de nosso trabalho profissional, enquanto assistentes sociais. Existe uma identidade-mito, uma identidade-fetiche, uma identidade-idealizada, pela não-superação das contradições existentes na categoria e pelo cultivo da reprodução do permanente, da mesmice, da manutenção destas identidades.

As determinações do contexto externo e interno, as posições e experiências divergentes profissionais, as contradições, os conflitos e as fragilidades exercem um forte efeito no modo como os próprios assistentes sociais percebem o Serviço social, e é dessa forma que essa visão é passada e percebida pela sociedade. "A identidade (profissional) tem fronteiras fluidas e incertas, na medida em que as relações cotidianas são flutuantes e ambíguas."[10] E esse é o nosso concreto-real! Não podemos negá-lo!

A manifestação da identidade dá-se sempre através da atividade que se efetiva, o que, por sua vez, é concretizado pelo desempenho de papéis. É indispensável, portanto, repensar esses papéis, recriá-los, produzi-los e exercê-los adequadamente às demandas atuais.

É preciso buscar, balizar, "re-marcar", "re-cunhar" o lugar constituinte, específico, legítimo e significativo do Serviço Social no mundo do trabalho e da sociedade, especialmente agora, quando as chances reais de consegui-lo despendem de maiores esforços. Nesta perspectiva, cabe a nós criarmos e recriarmos essa identidade em condições conjunturais históricas que se modificam continuamente, pois, como já afirmei, a identidade não se afirma isoladamente, mas na totalidade da contextualidade. Ela implicará a ratificação global do Serviço Social diante da sociedade, enquanto uma matriz expressiva do real, na medida em que se direcionar para o futuro, projetando conhecimentos e ações substantivas, consubstanciados pelas novas exigências e desafios do processo histórico hodierno. Ou melhor dizendo, desta forma, a identidade do Serviço Social vai se configurando no próprio processo da contribuição significante da categoria profissional na realidade ideo-sócio-histórica. Portanto, o que é preciso entender e resgatar é a especificidade das manifestações competentes e atuais no conjunto das relações gerais do Serviço Social. Não quero com isto dizer que se deva classificar, rotular, ordenar os assistentes sociais dentro de parâmetros a serem seguidos, tanto no ensino, quanto no exercício profissional. O pluralismo deve ser engendrado e cada vez mais ratificado no Serviço Social! Não se pode olvidar que o fazer é sempre atividade no mundo, em relação com os

---

10. MOORE JUNIOR, Barrington. *Injustiça — as Bases Sociais da Obediência e da Revolta*. São Paulo, Brasiliense, 1987, p. 657.

outros. Nesta perspectiva, é relevante se repensar urgentemente e com carinho o Serviço Social como um todo!

Isto significa que na medida em que se busca a superação do Serviço Social real, desvelado neste estudo, inevitavelmente se tentará a ultrapassagem da Supervisão real na formação dos assistentes sociais. Isto implica uma revisão do projeto do Curso de Serviço Social, onde se resgate em seus conteúdos a unidade teoria-prática, imprimindo significância igualitária aos dois pólos dialéticos/unívocos. Neste sentido, a prática de estágio do aluno e a Supervisão dessa vivência devem retomar o seu real e devido valor no curso, cabendo esta responsabilidade à unidade de ensino. Portanto, é preciso buscar e identificar um movimento possível da Supervisão em Serviço Social hoje! Há que se repensar em formas alternativas possíveis de transpor as defasagens e deficiências apontadas em relação a ela. Sob esta ótica, o estágio supervisionado deve ser efetiva e globalmente integrado ao conteúdo do projeto do curso, concebendo o processo de ensino-aprendizagem como possibilidade criadora, pressupondo:

• a integração dos componentes que subsidiam a formação profissional, unidade de ensino-unidade campo de estágio, docentes-alunos-estagiários-supervisores e usuários;

• a vinculação entre o pensar e o agir;

• a inventividade e a irrepetibilidade da ação profissional.

Nesta visão, tanto supervisor, quanto supervisionado, são sujeitos ativos do processo de ensino-aprendizagem e da produção de um saber-fazer-profissional de conhecimentos. Isto exigirá mudanças de todos os implicados. Exigirá do supervisor e do aluno a co-vivência, a co-ação, a co-responsabilidade, como sujeitos co-participantes do processo educativo. Exigirá do supervisor um preparo sistemático e aprofundado que o leve a rever constantemente o seu trabalho; exigirá que haja uma prática constante, sistemática dos alunos, supervisores, educadores de Serviço Social e população que gerará consciência das necessidades de transformação; exigirá que se recupere a vivência social do aluno-estagiário, em uma perspectiva crítica, ampliando-a através da articulação com as práticas sociais, e que o aluno possa estabelecer, no cotidiano de sua prática, as relações que se constituem entre a população e a prática executada, e se firmem novas propostas do agir profissional.

Sob este prisma, termino com as reflexões de uma aluna[11] de 3º ano do Curso de Serviço Social (em 1990), que refletem, a partir de uma postura crítica, de um compromisso definido, o sentido que a questão do estágio supervisionado tem em sua formação profissional:

"Gostaria, em primeiro lugar, de colocar algumas concepções minhas do significado que a sala de aula e o estágio possuem. Para mim, ambos são um espaço de ação, no qual se desenrolam mais intensamente as articulações e contradições entre o eu e o outro, entre a tradição e a revolução, entre a criatividade e o conformismo, entre a fala dialógica e a fala impositória, entre a difusão de idéias entre as pessoas e a infusão de idéias sobre as pessoas."

"A sala de aula/estágio, a meu ver, é, antes de tudo, a emergência do conceito em si, o horizonte dos meus possíveis, um instante inovador, um lugar existencial que compõe, com outras dimensões do existir, a trama da história social dos indivíduos. Neste caso, a Supervisão deve ser um espaço revolucionário, espaço plural de liberdade e de diálogo com o mundo e com os outros. Acho que estas idéias de revolução, de pluralidade, de liberdade e diálogo compõem o princípio fundador da Supervisão. É um ponto de partida, ou um dos pontos inaugurais da ruptura, do começo; momento de encontro entre o cotidiano e a história. Percebo o estágio como uma forma de manifestar uma liberdade, pois neste processo deve haver a possibilidade institucionalizada de uma transgressão: passagem do meu mundo, meus conhecimentos, minhas intencionalidades, em direção ao plural, ao político. E é no evento desta relação supervisor-supervisionado (educadores e educandos mútuos) que deve ser a transmissão do estoque de conhecimentos e os conteúdos que representam as balizas que cada um de nós descobre para o nosso existir. (...) Apesar de me encontrar limitada por algumas questões institucionais e várias outras, trazidas pelo sistema no qual estamos inseridos, tenho investido e acreditado neste espaço, relação e tempo, como um instante inovador, reflexivo e referencial de minha formação."

Portanto, descortina-se a possibilidade de uma transformação da prática — de um devir — onde há a dimensão do possível, do inovador, da compreensão do indivíduo enquanto ser social-histórico; onde o momento de encontro entre o cotidiano e a história se podem fazer presentes; onde a Supervisão em Serviço

---

11. Trecho retirado, com a aprovação da aluna Débora de Queiroz Pereira, de um trabalho seu, realizado na disciplina PIP, ministrada por mim.

Social "deve ser um espaço revolucionário, espaço plural de liberdade e de diálogo com o mundo e com os outros".

O estágio supervisionado configura-se, assim, um "ponto de partida, ou um dos pontos inaugurais da ruptura", onde a liberdade pode ser expressada em sua forma mais verdadeira, pois deve haver a "possibilidade institucionalizada de uma transgressão", onde o processo da Supervisão ultrapasse o contexto supervisor-supervisionado e chegue ao plural político e se propague o patrimônio de conhecimentos advindos de cada um.

Bibliografia

Livros e Artigos

ADORNO, T. W. & HORKHEIMER, M. *La Sociedad: Lecciones de Sociología*. Buenos Aires, Proteo, 1969.

AGUIAR, Márcia A. *Supervisão-Escolar e Política Educacional*. São Paulo, Cortez — Secretaria de Educação, Cultura e Esportes do Estado de Pernambuco, 1991.

ALMEIDA, M. Eugênia. *Supervisão*. Rio de Janeiro, Legião Brasileira de Assistência, 1965.

ALMEIDA, M. Fátima Lima de. *Uma Sistematização de Supervisão de Programa a Nível Institucional*. Tese de Mestrado. Pontifícia Universidade Católica de São Paulo, 1976.

ALVES, Nilda (coord.) et alii. *Educação e Supervisão: o Trabalho Coletivo na Escola*. 4ª ed., São Paulo, Cortez, 1988.

AMARAL, Sueli G. do. *O Estudante da Faculdade de Serviço Social da PUC/SP e seu Perfil*. Dissertação de Mestrado. Pontifícia Universidade Católica de São Paulo, 1987.

ANDER-EGG, Ezequiel. *Reconceptualización del Servicio Social*. Buenos Aires, Humanitas, 1971.

ARAÚJO, Arcelina R. Conferência de Supervisão em grupo. *Debates Sociais*. Rio de Janeiro, CBCISS, ano VI, nº 11, 1970.

ASSOCIAÇÃO BRASILEIRA DE ENSINO DE SERVIÇO SOCIAL. A Metodologia no Serviço Social. *Cadernos ABESS*. São Paulo, Cortez, nº 3, mar. 1989.

ABESS. Ensino em Serviço Social: pluralismo e formação profissional. *Cadernos ABESS*. São Paulo, Cortez, n° 4, maio 1991.

AUSTIN, Lucille N. An evaluation of Supervision. *Social Casework*. New York, v. 37, n° 8, 1956.

_____. *Basic Principles of Supervision. Techniques of Staff and Student Supervision.* New York, Family Welfare Association of America, 1957.

_____. Case conference. *Social Casework*. New York, v. 3, n. 8, 1957.

_____. *Princípios Básicos de Supervisão.* Trad. Eunice Vieira Vilela. Belo Horizonte, Escola de Serviço Social de Belo Horizonte, 1965.

_____. Supervision of the experimented social worker. *Principles and Techniques of Social Casework*. New York, Family Welfare Association of America, 1952.

_____. *The Changing Role of the Supervision. Ego-Oriented Casework: Problems and perspectives.* New York, Howard J. Parad. FSAA, 1963.

BADIN, L. *Análise de Conteúdo*. Lisboa, Edições 70, 1977.

BANDUCCI, Luiza. *Palestras sobre Supervisão*. São Paulo, Escola de Serviço Social de São Paulo, 1963.

BAPTISTA, M. Veras. O estruturalismo genético de Lucien Goldmann e o estudo da prática do Serviço Social. *Serviço Social & Sociedade*. São Paulo, Cortez, ano VII, n° 21, ago. 1986.

BARRILI, Heloisa S. C. *A Contribuição das Teorias de Aprendizagem para a Supervisão em Serviço Social — uma Proposta Rogeriana.* Dissertação de Mestrado. Pontifícia Universidade Católica do Rio Grande do Sul, 1985.

BASSIT, Ana J. (org.) et alii. Identidade: teoria e pesquisa. *Cadernos PUC/SP*. São Paulo, EDUC, n° 20, 1985.

BERDENAVE, Juan Días et alii. *Estratégias de Ensino-Aprendizagem.* 6ª ed., Petrópolis, Vozes, 1984.

BERGER, Peter L. & LUCKMANN, Thomas. *A Construção Social da Realidade.* 4ª ed., Trad. Floriano de Souza Fernandes. Petrópolis, Vozes, 1978.

BERL, Fred. *Uma Tentativa para Conceituar Supervisão.* Porto Alegre, Escola de Serviço Social — PUC/RS, 1961.

BOSI, Ecléa. *Memória e Sociedade.* São Paulo, T. A. Queiroz, 1979.

BOWERS, S. *Introdución a la Supervisión.* Madrid, Euramérica, 1960.

BRUGINSKI, Zenilda B. Proposta metodológica para Supervisão em Serviço Social de comunidade. *Serviço Social & Sociedade.* São Paulo, Cortez, ano V, n° 15, ago. 1984.

BUBER, Martin. *Eu e Tu.* 2ª ed., Trad. Newton Aquiles Von Zuben. São Paulo, Cortez & Moraes, 1979.

BUNDESREPUBLIK DEUTSCHLAND. *Anforderungen an eine berufsqualifiziererende ausbildung der sozialarbeit/sozialpädagogen.* Stellungnahme des Deutschen Vereins für offentliche und private Fursorge. Bonn, Bundesrepublik Deutschland, 17 März, 1983.

BURIOLLA, Marta A. F. et alii. *Relatório de Andamento do Projeto de Pesquisa: Atuação do Serviço Social junto à Clínica Psicológica da PUC/SP.* São Paulo, Setor de Serviço Social da Clínica Psicológica da PUC/SP, novembro de 1981.

_____. & VICINI, Yara S. *Levantamento da Problemática Referente ao Estágio de Alunos de Serviço Social nas Instituições — CRAS/SP — 9ª Região.* São Paulo, Comissão de Supervisão de Estágio do CRAS/SP — 9ª Região, 1981.

CAMPOS, Barreto. *Conteúdo de Supervisão em Serviço Social.* São Paulo, Escola de Serviço Social de São Paulo, s/d.

CANDAU, Vera M. & LELLIS, I. A. *Rumo a uma Nova Didática.* 2ª ed., Petrópolis, Vozes, 1989.

CANEVACCI, Massimo. *Dialética do Indivíduo.* 2ª ed., São Paulo, Brasiliense, 1984.

CARVALHO, Alba M. P. *A Questão da Transformação e o Trabalho Social.* São Paulo, Cortez, 1986.

_____. O projeto de formação profissional do assistente social na conjuntura brasileira. *Cadernos ABESS.* São Paulo, Cortez, n° 1, 1986.

CARVALHO, Alba M. P. et alii. Projeto de investigação: a formação profissional do assistente social no Brasil. *Serviço*

Social & Sociedade. São Paulo, Cortez, ano V, n° 14, abr. 1984.

CASTILHO, Lúcia. Supervisão em Serviço Social. *Debates Sociais*. Rio de Janeiro, CBCISS, ano V, n° 46, 1972.

CBCISS. *Documento Síntese de Milford — Contribuição das Ciências Sociais à Formação para o Serviço Social*. Rio de Janeiro, CBCISS, ano I, n° 2, 1949.

_____. Documento de Teresópolis — metodologia do Serviço Social. *Debates Sociais*. Rio de Janeiro, CBCISS, suplemento n° 4, nov. 1970.

_____. *Teorização do Serviço Social*. Rio de Janeiro, Agir, 1986.

CHIZZOTTI, Antonio. *Pesquisa em Ciências Humanas e Sociais*. São Paulo, Cortez, 1991.

CIAMPA, Antonio C. *A Estória do Severino e a História da Severina*. São Paulo, Brasiliense, 1987.

CORRIGAN, P. & LEONARD, P. *A Prática do Serviço Social no Capitalismo. Uma Abordagem Marxista*. Rio de Janeiro, Zahar, 1983.

COSTA, Sueli G. Formação profissional e currículo de Serviço Social — referências para debate. *Serviço Social & Sociedade*. São Paulo, Cortez, ano X, n° 32, maio/ago. 1990.

CRAS/SP. *Considerações sobre a Proposta de Normatização do Exercício da Supervisão e Credenciamento de Instituições — Campos de Estágio*. São Paulo, Comissão de Supervisão e Estágio — CRAS/SP, 9ª Região, jun. 1983.

CURY, Carlos R. J. *Educação e Contradição*. São Paulo, Cortez, 1985.

_____. *Ideologia e Educação Brasileira*. 2ª ed., São Paulo, Cortez, 1984.

DANTAS, J. Lucena. A teoria metodológica do Serviço Social. Uma abordagem sistêmica. *Debates Sociais*. Rio de Janeiro, CBCISS, suplemento n° 4, nov. de 1970.

DAVIS, Cláudia & OLIVEIRA, Zilma de. *Psicologia na Educação*. São Paulo, Cortez, 1991.

EUROPEAN ASSOCIATION FOR RESEARCH AND DEVELOPMENT — EARDHE. *Higher Education by the Year 2000*. Congress preparatory papers. Frankfurt. v. IV, 1984.

FALEIROS, V. P. Confrontos teóricos do movimento de reconceituação do Serviço Social na América Latina. *Serviço Social e Sociedade*. São Paulo, Cortez, ano VIII, n° 24, ago. 1987.

FAMILY SERVICE ASSOCIATION OF AMERICA. *Administration, Supervision and Consultation*. New York, FSAA, 1955.

_____. *Supervision and Staff Development*. New York, s. 1, 1966.

FAMILY WELFARE ASSOCIATION OF AMERICA. *Field Supervision of Casework Students*. New York, FWAA, 1942.

FAUSTINI, Loyde et alii. *Supervisão Pedagógica em Ação*. São Paulo, Secretaria da Educação de São Paulo — CENP, 1981.

FERNANDES, Manuela L. Portugal/Brasil em Serviço Social: Ontem, Hoje e Certamente Amanhã. *Serviço Social & Sociedade*. São Paulo, Cortez, ano X, n° 30, maio/ago. 1989.

FEUERBACH, Ludwig. Grundsätze der Philosophie der Zukunft. *Kleine philosophische Schriften*. Leipzig, F. Meiner Verlag, 1950.

FLEURI, R. Matias. *Educar para quê?* 3ª ed., São Paulo, Cortez — Universidade Federal de Uberlândia, 1990.

FONSECA FILHO, J. *Psicodrama da Loucura*. São Paulo, Ágora, 1980.

FORACCHI, Marialice. M. *O Estudante e a Transformação da Sociedade Brasileira*. São Paulo, Nacional, 1965.

_____. *A Juventude na Sociedade Moderna*. São Paulo, Pioneira-Universidade de São Paulo, 1972.

FOUCAULT, Michel. *Microfísica do Poder*. São Paulo, Brasiliense, 1982.

_____. *Vigiar e Punir*. 5ª ed., Trad. Ligia M. P. Vassallo. Petrópolis, Vozes, 1987.

FREIRE, PAULO. *Educação como Prática da Liberdade*. 7ª ed., Rio de Janeiro, Paz e Terra, 1977.

_____. *Educação e Mudança*. Rio de Janeiro, Paz e Terra, 1979.

FREIRE, PAULO. *Pedagogia do Oprimido*. Rio de Janeiro, Paz e Terra, 1975.

FREITAG, Barbara. *Escola, Estado e Sociedade*. 6ª ed., São Paulo, Moraes, 1986.

FURLANI, Lúcia M. *Autoridade do Professor: Meta, Mito ou Nada Disso?* 2ª ed., São Paulo, Cortez, 1990.

GADOTTI, Moacir. *Concepção Dialética da Educação*. 3ª ed., São Paulo, Cortez, 1984.

GAERTNER, Adrian. *Supervision*. Kassel, Gesamthochschule Bibliothek Kassel, 1979.

GARCIA, G. Relação pedagógica como vínculo libertador. *Introdução à Psicologia Escolar*. São Paulo, Queiroz Editora, 1981.

GOESCHEL, Dieter. *Neue Buchreibe: Beitrage zur Supervision*. Kassel, Gesamthochschule Universität Kassel, 14 November, 1984.

_____. *Theorie und Praxis*. Kassel, Gesamthochschule Kassel Universität Verlag, 1984.

GOLDMANN, Lucien. *A Criação Cultural na Sociedade Moderna*. Trad. Rolando Roque da Silva. São Paulo, Difusão Européia do Livro, 1972.

_____. *Ciências Humanas e Filosofia — o que é a Sociologia?* 8ª ed., Trad. Lupe Cotrim Garande e José Arthur Gianotti. São Paulo, Difel, 1980.

_____. *Dialética e Ciências Humanas*. Trad. João Arsênio Nunes. Lisboa, Presença, 1972.

_____. *Dialética e Cultura*. 2ª ed., Trad. Luiz Fernando Cardoso. Rio de Janeiro, Paz e Terra, 1979.

_____. *Epistemologia e Filosofia Política*. Lisboa, Presença, 1984.

_____. Estructura: realidad humana y concepto metodológico. *Los Lenguajes Críticos y las Ciencias del Hombre — Controversia Estructuralista*. Trad. José Manuel Llorca. Barcelona, Barral Editores, 1972.

_____. *A Sociologia do Romance*. 2ª ed., Trad. Álvaro Cabral. Rio de Janeiro, Paz e Terra, 1976.

GRÁCIO, Sérgio et alii. *Sociologia da Educação I — Funções da escola e reprodução social*. Lisboa, Livros Horizonte, 1982.

GRZEIDAK, L. M. Moura. *A Dinâmica da Construção do Agir Profissional*. Dissertação de Mestrado. Pontifícia Universidade Católica de São Paulo, 1987.

HABERMAS, J. *Para a Reconstrução do Materialismo Histórico*. São Paulo, Brasiliense, 1983.

HELLER, Agnes. *O Cotidiano e a História*. 3ª ed., Trad. Nelson Coutinho e Leandro Konder. Rio de Janeiro, Paz e Terra, 1989.

HERRMANN, Leda A. F. *Conferência de Supervisão em Serviço Social no Curso de Graduação em Serviço Social: Subsídios para seu Conteúdo Programático*. Dissertação de Mestrado. PUC/SP, Pontifícia Universidade Católica de São Paulo, 1977.

HOLCOMB, Emerson. Uma análise do trabalho de Supervisão. *Debates Sociais*. Rio de Janeiro, CBCISS, nº 52, 1972.

HORKHEIMER, M. *Sobre el Concepto del Hombre y Otros Ensayos*. Buenos Aires, Sur, 1970.

IAMAMOTO, M. CARVALHO R. *Relações Sociais e Serviço Social no Brasil*. São Paulo, Cortez/CELATS, 1983.

JUNQUEIRA, Helena I. *Necessidade e Possibilidade da Proteção Familiar na Capital: a Assistência Paroquial Completando e Suprindo a Proteção Familiar por Intermédio dos Centros Familiares*. Trabalho de conclusão de curso. Escola de Serviço Social de São Paulo, 1938.

_____. Os princípios básicos na aplicação dos métodos do Serviço Social. *Boletim da Comissão Estadual de São Paulo da Legião Brasileira de Assistência*. São Paulo, LBA, v. II, nº 4, mar./abr. 1958.

_____. *Ponto 1: Conceito de Supervisão*. São Paulo, Escola de Serviço Social de São Paulo, 1949.

_____. *Ponto 2: o Método de Supervisão de Alunos e de Assistentes Sociais*. São Paulo, Escola de Serviço Social de São Paulo, 1949.

JUNQUEIRA, Helena I. *Ponto 3: A Conferência Individual da Supervisão.* São Paulo, Escola de Serviço Social de São Paulo, 1949.

_____. *Ponto 4: Curso de Supervisão: Reunião de Pessoal.* São Paulo, Escola de Serviço de São Paulo, 1949.

_____. *Ponto 5: O Papel dos Outros Instrumentos da Supervisão.* São Paulo, Escola de Serviço Social de São Paulo, 1949.

_____. *Ponto 6: O Processo de Avaliação.* São Paulo, Escola de Serviço Social de São Paulo, 1949.

_____. *Ponto 7: Sumário: a Boa Supervisão como Meio de Garantir: o Bom conceito de Serviço Social Dentro e Fora da Obra. II - o Exercício da Liderança Dentro e Fora da Obra.* São Paulo, Escola de Serviço Social de São Paulo, 1949.

_____. *Ponto 8 e 9: Sumário: Princípios Gerais que Devem Orientar o Trabalho de Supervisão. Qualidades a Serem Desenvolvidas pelos Supervisores.* São Paulo, Escola de Serviço Social de São Paulo, 1949.

_____. Quase duas décadas de reconceituação do Serviço Social: uma abordagem crítica. *Serviço Social e Sociedade.* São Paulo, Cortez, ano II, n° 4, dez. 1980.

_____. Supervisão-Conceito-Objetivos-Funções do Supervisor. *Pasta n° 9.3.* Departamento de Trabalhos Práticos. São Paulo, Escola de Serviço Social de São Paulo, out. 1962.

_____. Supervisão de auxiliares sociais e de voluntários. *Pasta n° 9.3.* Departamento de Trabalhos Práticos. São Paulo, Escola de Serviço Social de São Paulo, out. 1962.

KAPLAN, Abraham. *Conduta da Pesquisa.* São Paulo, Herder-EDUSP, 1972.

KARSH, Úrsula M. *Uma Avaliação do Uso de Objetivos Educacionais na Programação do Estágio do Ciclo Profissional do Curso de Serviço Social.* Dissertação de Mestrado. Pontifícia Universidade Católica de São Paulo, 1975.

_____. *Convenção Nacional de ABESS-PUC/SP.* São Paulo, ABESS, jun. 1971.

_____. *Curso Intensivo para Assistentes Sociais Docentes de Escolas de Serviço Social e/ou Chefes de Bem-Estar Social,*

Campo de Estágio das Escolas: Área Amazônica e Região Sul, 25/11/1968 a 31/01/1969. São Paulo, Escola de Serviço Social de São Paulo, 1968.

KARSH, Úrsula M. Dificuldades e solução encontradas na formação de assistentes sociais. *Cadernos de Serviço Social.* Rio de Janeiro, ano I, n° 5, nov. 1949.

_____. Ensino e prática do Serviço Social de casos. *Debates Sociais.* Rio de Janeiro, CBCISS, n° 78, 1956.

KFOURI, Nadir G. *Estabelecimentos Particulares cujo Objetivo É Prestar Assistência aos Menores Órfãos e Abandonados no Município da Capital.* Trabalho de conclusão de curso. Escola de Serviço Social de São Paulo, 1939.

_____. *Introdução à Supervisão de Alunos.* São Paulo, Escola de Serviço Social de São Paulo, 1964.

_____. La Supervisión. *Documentación Social.* Madrid, Cartas Españolas, ano V, n° 21, enero/marzo de 1965.

_____. *Objetivos da educação para o Serviço Social ao nível da Graduação.* São Paulo, Escola de Serviço Social de São Paulo, 1968.

_____. O ensino e a prática do Serviço Social em face do espírito cristão. *Service Social dans le Monde.* Bruxelles, 14ᵉ année, n° 4, 1955.

_____. Reuniões de supervisores. Escola de Serviço Social. *Pasta Coletânea de Documentos sobre Supervisão.* São Paulo, Escola de Serviço Social de São Paulo, s/d. Mimeografado.

_____. *Supervisão de Serviço Social de Casos — Diretrizes para o seu Processamento das Distintas Séries Escolares.* São Paulo, Escola de Serviço Social de São Paulo, nov. 1964.

_____. *Supervisão em Serviço Social de Casos.* 3ª ed., São Paulo, Escola de Serviço Social de São Paulo, 1967.

_____. *Supervisão em Serviço Social de Casos: Curso Intensivo para Assistentes Sociais.* São Paulo, Escola de Serviço Social de São Paulo, 1960.

KILLNER, S. Noemi. *A Importância da supervisão para a formação profissional.* Trabalho de Conclusão de Curso — Faculdade de Serviço Social — PUC/SP, São Paulo, 1979.

KISNERMANN, Natálio. *Serviço Social de Grupo*. 3ª ed., Petrópolis, Vozes, 1980.

_____. *Sete Estudos sobre Serviço Social*. Petrópolis, Vozes, 1979.

_____. *Temas de Serviço Social*. São Paulo, Cortez & Moraes, 1976.

KOSIK, Karel. *Dialética do Concreto*. Rio de Janeiro, Paz e Terra, 1969.

KRUSE, Herrmann. *Introducción a la Teoria Científica del Servicio Social*. Buenos Aires, Editorial, ECRO, série ISI/1, 1972.

KUTSCH, Gerard. Quantidade, qualidade e planejamento universitário. *Educação Brasileira*. São Paulo, Cortez, ano VIII, n° 7, 1981.

LIMA, Boris. *Contribuição à Metodologia do Serviço Social*. 3ª ed., Trad. Yone Grossi. Belo Horizonte, Interlivros, 1978.

LIMA, Leila. Marchas e contramarchas del Trabajo Social: repensando la reconceptualización. *Acción Crítica*. Lima, CELATS/ALAETS, n° 6, dez. 1979.

LÓPEZ, E. Mira Y. *Como Estudar e como Aprender*. São Paulo, Mestre Jou, 1968.

LUCKESI, Cipriano et alii. *Fazer Universidade: uma Proposta Metodológica*. 2ª ed., São Paulo, Cortez, 1985.

LUKÁCS, Georg. *Ontologia do Ser Social. Os Princípios Ontológicos de Marx*. São Paulo, Ciências Humanas, 1979.

MALHEIROS, Ugo J. Considerações sobre o termo Supervisão. *Revista de Cultura Social*. Rio de Janeiro, ano XV, n° 77, s/d.

MALUFE, J. Roberto et alii. Aspectos da Identidade Social do Universitário da PUC/SP: um Estudo Exploratório. São Paulo, EDUC, n° 5, jun. 1985.

MARQUEZ, M. A. Necessidade de Supervisão. *Textos de Supervisão: Diversos*. São Paulo, PUC/SP, s/d. Mimeografado.

MARX, Karl H. *A Ideologia Alemã. Feuerbach*. São Paulo, Grijalbo, 1977.

_____. *Crítica da Educação e do Ensino*. Lisboa, Moraes, 1978.

_____. Introdução à crítica da economia política. *Os Pensadores*. Trad. José Arthur Gianotti. São Paulo, Abril Cultural, 1974.

MARX, Karl H.. *Manuscritos econômicos-filosóficos. Os Pensadores.* Trad. José Carlos Bruni. São Paulo, Abril Cultural, 1974.

_____. *Para a Crítica da Economia Política e Outros Escritos.* São Paulo, Abril Cultural, 1982.

_____. *Teses sobre Feuerbach.* Trad. Waltensir Dutra. Rio de Janeiro, Zahar, 1965.

_____ & ENGELS, F. *A Ideologia Alemã.* Trad. Waltensir Dutra. Rio de Janeiro, Zahar, 1ª parte, 1965.

_____. *Gesamtausgabe.* Berlin, Dietz Verlag, 1ª parte, 1962.

_____. Teses sobre Feuerbach. In *Obras Escolhidas,* São Paulo, Alfa-Omega, v. 3, s/d.

MEDEIROS, L. & ROSA, S. *Supervisão Educacional: Possibilidades e Limites.* São Paulo, Cortez, 1985.

MEIRELLES, Jacyra F. *Algumas Famílias Operárias e suas Condições de Vida.* Trabalho de conclusão de curso. Escola de Serviço Social de São Paulo, 1945.

MELO, Lindalva A. de & ROCHA, Roberta M. da. O programa de empréstimos nas empresas — uma experiência de estágio curricular de alunos da UFPE. *Serviço Social e Sociedade.* São Paulo, Cortez, ano X, nº 31, set./dez. 1989.

MELLO, J. G. Fernandes de. *Supervisão de Voluntários em Trabalho de Comunidade.* São Paulo, Escola de Serviço Social de São Paulo, s/d.

MOORE JUNIOR, Barrington. *Injustiça — as Bases Sociais da Obediência e da Revolta.* Trad. João Roberto Martins Filho. São Paulo, Brasiliense, 1987.

MORENO, Jacob. *Psicodrama.* Trad. Álvaro Cabral. São Paulo, Cultrix, 1975.

_____. Lugar y significado del self. Barcelona, Momento, ano I, nº 2, 1974.

MULLER, Irving. Características específicas de Supervisão em Serviço Social de grupo. *Debates Sociais.* Rio de Janeiro, CBCISS, ano VI, nº 68, 1973.

NEILL, A. Sutherland. *Liberdade sem Medo.* 19ª ed., São Paulo, Ibrasa, 1980.

NETTO, José Paulo. A crítica conservadora à reconceptualização. *Serviço Social & Sociedade*. São Paulo, Cortez, ano II, n° 5, mar. 1981.

_____. *Ditadura e Serviço Social: uma Análise do Serviço Social no Brasil Pós-64*. São Paulo, Cortez, 1991.

_____. Notas para discussão da sistematização da prática e teoria em Serviço Social. *Cadernos ABESS, Metodologia no Serviço Social*. São Paulo, Cortez/ABESS, n° 3, mar. 1989.

_____ & FALCÃO, Maria do Carmo. *Cotidiano: Conhecimento e Crítica*. 2ª ed., São Paulo, Cortez, 1989.

NOGARE, Pedro D. *Humanismos e anti-humanismos*. 10ª ed., Petrópolis, Vozes, 1985.

NOGUEIRA, M. Alice. *Educação, saber, produção em Marx e Engels*. São Paulo, Cortez/Autores Associados, 1990.

OLIVA, M. H. B. A formação profissional — questões metodológicas e experiências de estágio. *Serviço Social & Sociedade*. São Paulo, Cortez, ano X, n° 29, abr. 1989.

OLIVEIRA, João B. A. E. *Tecnologia Educacional: Teorias da Instrução*. 6ª ed., Petrópolis, Vozes, 1978.

OLIVEIRA, Zilma M. R. de. *Educação da Espontaneidade: uma Perspectiva na Formação de Professores*. Dissertação de Mestrado. Pontifícia Universidade Católica de São Paulo, 1978.

ONU. *O Conteúdo da Formação para o Serviço Social. Teoria e Método — Ensino Prático ou Supervisão*. Trad. Departamento de Trabalhos Práticos da Escola de Serviço Social — PUC/SP. São Paulo, 1965, Cap. XII do "Training for Social Work — Third Internacional Survey", United Nations.

PAIVA, Vanilda et alii. *Educação Permanente & Capitalismo Tardio*. São Paulo, Cortez, 1985.

PARODI, Jorge. El significado del Trabajo Social en el capitalismo y la reconceptualización. *Acción Crítica*. Lima, CELATS-ALAETS, n° 4, 1978.

PATTO, N. H. (org.) et alii. *Introdução à Psicologia Escolar*. São Paulo, Queiroz Editora, 1981.

PETTES, Dorothy E. Supervisão em Serviço Social — um método de treinamento de estudantes e desenvolvimento de profissionais. *Debates Sociais.* Rio de Janeiro, CBCISS, ano VI, n° 68, 1973.

PICONEZ, Stella B. (coord.) et alii. *A prática de Ensino e o Estágio Supervisionado.* Campinas, Papirus, 1991.

PINTO, Denise T. *As Atribuições do Serviço Social Mediante a Prática de Estágio.* Trabalho de conclusão de curso. Faculdade de Serviço Social da PUC/SP, 1980.

PONTIFÍCIA UNIVERSIDADE CATÓLICA DE SÃO PAULO. A prática como desafio para o ensino do Serviço Social — São Paulo. *Cadernos da PUC/SP.* São Paulo, EDUC, n° 20, 1985.

PRESTES, N. Alves. *Supervisão Pedagógica.* São Paulo, Cortez & Moraes, 1976.

REYNOLDS, Bertha. *Learning and Teaching in the Practice of Social Work.* New York, Rinehart, 1942.

REZENDE, A. Muniz de. *Concepção Fenomenológica da Educação.* São Paulo, Cortez, 1990.

RIBEIRO, A. M. Pia. *Instrumento de Supervisão: Conferência Individual.* São Paulo, Escola de Serviço Social de São Paulo, 1969.

_____. Supervisão do Serviço Social. *Seminário de Serviço Social — Campina Grande.* Rio de Janeiro, Departamento Nacional do SESI, 1966.

_____. *Supervisão em Serviço Social.* São Paulo, Escola de Serviço Social de São Paulo, 1964.

RICO, Elizabeth de M. Considerações sobre a proposta de normatização do exercício da Supervisão e credenciamento de instituições — campos de estágio. *Serviço Social & Sociedade.* São Paulo, Cortez, ano V, n° 15, ago. 1984.

ROBINSON, Virginia. *Supervision in Social Casework.* North Caroline, University of Caroline Press, 1936.

_____. *The Dynamics of Supervision under Functional Controls — a Process in Social Casework.* Philadelphia, University of Pensylvania Press, 1949.

_____. *Training for Pratice in Social Casework.* Philadelphia, University of Pensylvania Press, 1942.

RODRIGUES, M. Lúcia. Metodologia de ação: o estar em questão do Serviço Social. *Serviço Social & Sociedade*. São Paulo, Cortez, ano VII, n° 21, ago. 1986.

ROGERS, Carl R. & ROSENBERG, Rachel L. *A pessoa como Centro*. São Paulo, EPU-EDUSP, 1977.

RYAN, Genevieve Mary. *Serviço Social de Casos e Supervisão*. Rio de Janeiro, Associação Brasileira de Assistentes Sociais, 1952.

SANTOS, Leila Lima. El movimiento de reconceptualización: diez añoz después. In ALAYON, N. et alii. *Desafío al Servicio Social*. Buenos Aires, Humanitas, 1976.

_____. *Textos de Serviço Social*. 3ª ed., São Paulo, Cortez, 1985.

SAVIANI, Dermeval. *Educação: do Senso Comum à Consciência Filosófica*. São Paulo, Cortez, 1987.

SCHAFF, Adam. *O Marxismo e o Indivíduo*. Rio de Janeiro, Civilização Brasileira, 1967.

SENAI. *Supervisão em Serviço Social — Documento de Discussão*. IV Seminário de Estudos para Assistentes Sociais. São Paulo, SENAI — Departamento Regional, 1953.

SERGIOVANNI, T. J. & STARRATT, R. *Supervisão: Perspectivas Humanas*. Trad. Loyde Faustini. São Paulo, EPU, 1986.

SESI. *Formação de Estagiário e Assistentes Sociais num Serviço de Família em Setor Urbano*. Rio de Janeiro, SESI, s/d. Mimeografado.

_____. *Supervisão em Serviço Social*. São Paulo, Departamento Regional do SESI, 1953.

SÈVE, Lucien. *Marxismo e a Teoria da Personalidade*. Lisboa, Livros Horizontes, v. I e II, 1979.

SHERIFF, Teresa et alii. *Supervisión en Trabajo Social*. Buenos Aires, Editorial ECRO, série ISI/2, 1973.

SILVA, Ademir Alves da. A questão dos estágios e o mercado de trabalho. *Serviço Social & Sociedade*. São Paulo, Cortez, ano VIII, n° 24, ago. 1987.

SILVA, Ademir Alves da et alii. Relatório final da pesquisa: análise da prática profissional nas Instituições, Campos de Estágio — PUC/SP. *Cadernos PUC/SP*. São Paulo, EDUC-Cortez, n° 10, nov. 1980.

SILVA, Maria O. da. *Formação Profissional do Assistente Social.* São Paulo, Cortez, 1984.

SILVA, Naura S. F. C. de. *Supervisão Educacional.* Petrópolis, Vozes, 1981.

SILVA FILHO, Domício R. da. *Extensão Universitária da Universidade Federal do Rio Grande do Norte — A Questão do Ensino Prático.* Dissertação de Mestrado. Pontifícia Universidade Católica de São Paulo, 1978.

SILVA JUNIOR, Celestino A. *Supervisão em Educação: do Autoritarismo Ingênuo à Vontade Coletiva.* São Paulo, Loyola, 1984.

SILVEIRA, Nádia D. R. *Universidade Brasileira — A Intenção da Extensão.* São Paulo, Loyola, 1987.

SOUZA, Maria I. *Questões Teórico-Práticas do Serviço Social.* São Paulo, Cortez, 1985.

SPOSITO, Marília P. (coord.) et alii. *As Especificidades do Curso Superior Noturno: o Trabalhador-Estudante.* São Paulo, Faculdade de Filosofia Medianeira, s/d. Mimeografado.

STILES, Evelyn. Uma perspectiva histórica da Supervisão. Trad. Escola de Serviço Social de São Paulo. In *Pasta nº 5.2: Documentação Coligada sobre Supervisão.* São Paulo, Departamento da Prática do Serviço Social, da Faculdade de Serviço Social da PUC/SP, s/d. Mimeografado.

STUDENTWEK KASSEL. *Student/in in Kassel, 1987-1988.* Kassel, Gesamthochschule Kassel Universität, 1987.

TERASSOVICH, Eliana M. S. *A Disciplina de Supervisão em Serviço Social no Curso de Graduação em Serviço Social: Subsídios para seu Conteúdo Programático.* Dissertação de Mestrado. Pontifícia Universidade Católica de São Paulo, 1978.

TOLEDO, Laisa R. Di M. C. Considerações sobre a Supervisão em Serviço Social. *Serviço Social & Sociedade.* São Paulo, Cortez, ano V, nº 15, ago. 1984.

_____. *Estudo do Plano Prático do Curso de Serviço Social da Faculdade de Serviço Social — PUC/SP em Confronto aos Objetivos Educacionais.* Dissertação de Mestrado. Pontifícia Universidade Católica de São Paulo, 1978.

TOWLE, Charlotte. *Supervision, some General Principles in the Light of Human Needs and Behavior Motivation in Common Human Needs.* Chicago, NASW, 1957.

————. *The Learner in Educacion for the Professions.* Chicago, University of Chicago Press, 1954.

————. *The place of help in Supervision. Social Service Review.* Chicago, v. 38, n. 4, December 1963.

————. *The role of Supervision in the union of cause and function on Social Work. Social Service Review.* Chicago, v. 36, n. 4, December 1962.

VÁZQUEZ, Adolfo S. *Filosofia da Práxis.* Rio de Janeiro, Paz e Terra, 1978.

VERNA, Célia. *Estudo Exploratório sobre o Processo de Supervisão em Serviço Social.* Trabalho de conclusão de curso PUC/SP, 1978.

VIEIRA, Balbina Ottoni. *Aperfeiçoamento de Assistentes Sociais para a Supervisão.* II Congresso Panamericano de Serviço Social. Rio de Janeiro, CBCISS, 1961.

————. *Avaliação em Supervisão.* Rio de Janeiro, Instituto Social — PUC/RJ, n° 2, 1970.

————. *Critérios de Escolha dos Primeiros Trabalhos a Serem confiados ao Supervisado.* Rio de Janeiro, Instituto Social — PUC/RJ, n° 12, 1970.

————. *Etapas do Controle dos Conhecimentos Teóricos e Práticos.* Rio de Janeiro, Instituto Social — PUC/RJ, n° 14, 1970.

————. *Exigências da Formação Profissional.* Rio de Janeiro, Instituto Social — PUC/RJ, n° 18, 1970.

————. Formação de supervisores em Serviço Social. *Debates Sociais.* Rio de Janeiro, CBCISS, ano XII, n° 156, 1979.

————. Formação de supervisores em Serviço Social. *Debates Sociais.* Rio de Janeiro, CBCISS, ano XIII, n° 25, 1977.

————. *Formação Profissional para o Serviço Social. Formação de Supervisores em 21 Escolas de Serviço Social no Brasil.* Dissertação de Mestrado. Pontifícia Universidade Católica do Rio de Janeiro, 1975.

VIEIRA, B. O. *Intervenção em Supervisão*. Rio de Janeiro, Instituto Social — PUC/RJ, n° 4, 1971.

_____. *Modelos de Supervisão em Serviço Social*. Rio de Janeiro, Agir, 1981.

_____. *O Diagnóstico em Supervisão*. Rio de Janeiro, Instituto Social — PUC/RJ, n° 22, 1970.

_____. *Reflexão sobre a Supervisão de supervisores em Serviço Social*. *Debates Sociais*. Rio de Janeiro, CBCISS, ano V, n° 42, 1972.

_____. *Reflexões sobre a Formação de Supervisores em Serviço Social*. Rio de Janeiro, CBCISS, n° 45, 1971.

_____. *Relatórios para Supervisão*. Rio de Janeiro, Instituto Social — PUC/RJ, n° 16, 1970.

_____. *Serviço Social, Processo e Técnica*. Rio de Janeiro, Agir, 1969.

_____. *Supervisão em Grupo*. Rio de Janeiro, Instituto Social — PUC/RJ, n° 20, 1970.

_____. *Supervisão em Serviço Social*. Rio de Janeiro, Agir, 1973.

_____. *Supervisão em Serviço Social — Histórico*. Rio de Janeiro, Instituto Social — PUC/RJ, n° 6, 1970.

_____. *Uma experiência de Supervisão de assistentes sociais em Serviço Social de grupo*. *Debates Sociais*. Rio de Janeiro, CBCISS, ano I, n° 1, out. 1965.

VIOLANTE, M. Lúcia. Identidade e marginalidade. *Cadernos PUC/SP*. São Paulo, EDUC, n° 20, 1985.

VYGOTSKI, L. S. *A Formação Social da Mente*. São Paulo, Martins Fontes, 1984.

WANDERLEY, L. E. *Educar para Transformar*. Petrópolis, Vozes, 1984.

_____. *O Que é Universidade*. São Paulo, Brasiliense 1983.

WATZLAWICK, P. et alii. *Pragmática da Comunicação Humana*. Trad. Álvaro Cabral. São Paulo, Cultrix, 1967.

WIJNBERG, M. H. & SCHWARTZ, M. C. *Modelos de Supervisão de Aluno*. Trad. CBCISS. Rio de Janeiro, CBCISS, ano XII, n° 156, 1979.

WILLIAMSON, Margarerth. *Supervisão, Novos Processos e Padrões.* Trad. Marília Diniz Carneiro. Rio de Janeiro, Departamento Nacional do SESC, 1965.

_____. *Supervisión en Servicio Social de Grupo.* Buenos Aires, Humanitas, 1969.

_____. *Supervision — New Patterns and Processes.* New York, FSSA Press, 1961.

YAZBECK, M. C. *Estudo da Evolução Histórica da Escola de Serviço Social de São Paulo no Período de 1936-1945.* Dissertação de Mestrado. Pontifícia Universidade Católica de São Paulo, 1977.

_____et alii. Projeto de revisão curricular da Faculdade de Serviço Social - PUC/SP. *Serviço Social & Sociedade.* São Paulo, Cortez, ano V, n° 14, abr. 1984.

Documentos e Legislação Consultados

BRASIL. MINISTÉRIO DA EDUCAÇÃO E CULTURA. *Conselho Federal da Educação. Resolução n° 242/70,* de 13 de março de 1970; fixa o currículo mínimo e estabelece a duração do Curso de Serviço Social.

_____. *Conselho Federal da Educação. Resolução n° 412/82,* de 15 de agosto de 1982; dispõe sobre o novo currículo mínimo do Curso de Serviço Social.

_____. *Decreto n° 994/62,* de 15 de maio de 1962; regulamenta a Lei n° 3.252/57.

_____. *Decreto n° 35.311,* de 2 de abril de 1954; regulamenta a Lei n° 1.889.

_____. *Decreto n° 87.497,* de 18 de agosto de 1982; regulamenta a Lei n° 6.494/77.

_____. *Lei n° 1.889,* de 13 de junho de 1953; dispõe sobre os objetivos do ensino de Serviço Social, sua estruturação, as prerrogativas dos portadores de diploma de assistentes e agentes sociais.

_____. *Lei n° 3.252/57,* de 27 de agosto de 1957; dispõe sobre o exercício da profissão de assistente social.

BRASIL. MEC. *Lei nº 6.494*, de 07 de dezembro de 1977; dispõe sobre estágios de estudantes de estabelecimentos de ensino superior e de ensino profissionalizante do 2º grau e supletivo e dá outras providências.

_____. *1º Seminário de Supervisão Pedagógica.* Brasília, Cadernos 8a a 8d, 1976.

_____. *Seminários de Supervisão Pedagógica.* Brasília, MEC, 1981.

ESCOLA DE SERVIÇO SOCIAL DE SÃO PAULO. *Pasta nº 3: Textos sobre Supervisão.* Departamento de Trabalhos Práticos. São Paulo, Escola de Serviço Social de São Paulo, s/d.

_____. *Pasta nº 5.2.: Documentação Coligida sobre Supervisão.* São Paulo, Escola de Serviço Social de São Paulo, s/d.

_____. *Pasta nº 4.2.: Reuniões com Supervisores Representantes,* São Paulo, Escola de Serviço Social de São Paulo, 1965.

ESCUELA DE SERVICIO SOCIAL. Condiciones para optar a las becas de la Escuela de Servicio Social Dr. Alejandro del Rio. Santiago de Chile, 1954, In *Pasta nº 4.2:*. Documentação de Supervisão em Serviço Social. São Paulo, Escola de Serviço Social de São Paulo, 1963.

DITADURA E SERVIÇO SOCIAL
José Paulo Netto

O que ocorreu no Serviço Social brasileiro nos últimos 25 anos? Que processos determinaram a extraordinária renovação experimentada por ele? Como e por que os assistentes sociais desenvolveram, neste período, concepções e propostas tão diferentes? Quais as relações entre esta renovação e a ditadura militar? Como a teorização do Serviço Social se relaciona com a cultura e a sociedade brasileiras?

A estas indagações pretende responder — de forma rigorosa e original — este livro de José Paulo Netto. Com uma sólida fundamentação histórico-crítica, a argumentação do autor (conhecido ensaísta de filiação marxista) percorre os principais documentos do Serviço Social, analisando-os na sua estrutura interna e na sua vinculação com o processo histórico-social e político-ideológico vivido pelo país no pós-64.

Conjugando dialeticamente história, política e cultura, José Paulo Netto oferece uma panorâmica inclusiva — e extremamente provocadora — dos caminhos e descaminhos do Serviço Social no Brasil da modernidade. Um texto severo, um livro combativo, uma obra polêmica.

SERVIÇO SOCIAL
Identidade e alienação
Maria Lúcia Martinelli

Obra madura, crítica, profunda, *Serviço Social: identidade e alienação* é um dos primeiros estudos de natureza rigorosamente hermenêutica sobre o Serviço Social enquanto existente em si e em suas relações com a sociedade capitalista, onde teve sua origem e desenvolvimento. Indispensável para o estudo da história do Serviço Social e para a compreensão do real significado da profissão na sociedade do capital, de sua participação no processo de reprodução das relações sociais, tal obra aborda questões originais e complexas, praticamente intocadas nos textos de Serviço Social, como a identidade profissional, a alienação, o fetiche da prática e a consciência de classe da categoria profissional. Desvendando as contradições e antagonismos que marcam a prática do Serviço Social no Brasil, a autora afirma que exatamente por ser contraditória, tal prática abre espaços para novas totalizações sintonizadas com o nível de desenvolvimento das contradições sociais, com os anseios de liberdade e democracia da sociedade brasileira. Esta é a tarefa para a qual conclamam a categoria profissional, pois a ela cabe assumir o sentido histórico da profissão, lutando por novas propostas de prática, autenticamente sociais e capazes de impulsionar o processo de transformação social da realidade.

GRÁFICA PAYM
Tel. (011) 4392-3344
paym@terra.com.br